VON DER RESIDENZ ZUR HAUPTSTADT
PARIS IM HOHEN MITTELALTER

Andreas Sohn

Von der residenz zur Hauptstadt

Paris im hohen Mittelalter

Jan Thorbecke Verlag

In Liebe meiner Ehefrau Michaela
und unseren Kindern Katharina, Benedikt und Theresa

In dankbarem Gedenken meinem Vater

Gedruckt mit Hilfe der Geschwister Boehringer
Ingelheim Stiftung für Geisteswissenschaften
in Ingelheim am Rhein

Für die Schwabenverlag AG ist Nachhaltigkeit ein wichtiger Maßstab ihres Handelns.
Wir achten daher auf den Einsatz umweltschonender Ressourcen und Materialien.
Dieses Buch wurde auf FSC®-zertifiziertem Papier gedruckt. FSC (Forest Stewardship Council®)
ist eine nicht staatliche, gemeinnützige Organisation, die sich für eine ökologische und
sozial verantwortliche Nutzung der Wälder unserer Erde einsetzt.

Bibliografische Information der Deutschen Nationalbibliothek
Die Deutsche Nationalbibliothek verzeichnet diese Publikation in der Deutschen
Nationalbibliografie; detaillierte bibliografische Daten sind im Internet
über http://dnb.d-nb.de abrufbar.

Umschlaggestaltung: Finken & Bumiller, Stuttgart
Umschlagabbildungen: Kathedrale Notre-Dame in Paris (oben, © Fotolia/mirubi),
königliche Residenz auf der Pariser Île de la Cité nach dem Monatsbild Juni
im Stundenbuch des Herzogs Johann II. von Berry (unten, © akg-images/Erich Lessing)
Druck: CPI – Ebner & Spiegel, Ulm
Hergestellt in Deutschland
ISBN 978-3-7995-0734-9

INHALT

VORWORT

Je mehr ich mich im Studium und danach für die Geschichte Frankreichs interessierte, desto stärker wandte ich mich auch der Vergangenheit und Gegenwart von Paris zu. Die Reisen dorthin wurden vor und nach der Promotion häufiger, die Aufenthalte an der Seine länger und in wachsendem Maße mit eigenen Forschungen gefüllt. So lag es gewissermaßen nahe, für meine öffentliche Antrittsvorlesung als Privatdozent an der Westfälischen Wilhelms-Universität Münster – nach der 1995 erfolgten Habilitation – das Thema »Von der Residenz zur Hauptstadt. Paris im hohen Mittelalter« zu wählen.

Ohne es damals ahnen zu können, hatte ich damit ein Sujet (und den späteren Titel meines Buches) gefunden, das mich in der Folgezeit immer mehr beschäftigte und faszinierte – zumal nach meiner Berufung als Universitätsprofessor für mittelalterliche Geschichte an die Universität Paris XIII im Jahre 2001. Seither sind zahlreiche Beiträge von mir zu einzelnen, auch epochenübergreifenden Aspekten der Stadt- und Residenz-, Ordens- und Kloster-, Bistums- und Universitätsgeschichte sowie zur Geschichtsschreibung von Paris erschienen. Nun ist die Zeit gekommen, eine Synthese vorausgegangener Forschungen und Veröffentlichungen, fokussiert auf eine Schlüsselepoche der Seinestadt, nämlich das hohe Mittelalter, und die Hauptstadtthematik in Frankreich vorzulegen.

Hierzu hat mich über die Jahre hinweg der Direktor des Deutschen Historischen Instituts Paris, Professor Dr. Werner Paravicini, ermutigt – auch nach seinem Eintritt in den Ruhestand. Meine Forschungen zu Stadt und Residenz(en) erfolgten in Abstimmung mit ihm, dem langjährigen Vorsitzenden der Residenzen-Kommission der Akademie der Wissenschaften zu Göttingen. Ihm sei deshalb hier als erstem mein herzlicher Dank bezeugt.

Zwei Gelehrten, mit denen ich in intensivem wissenschaftlichen Austausch stand, war es nicht vergönnt, das Erscheinen des vorliegenden Bandes zu erleben: zum einen dem Historiker und Archäologen Michel Fleury (1923–2002), der vor allem als Directeur d'études an der École pratique des Hautes Études, IVe Section, und als Vizepräsident und Generalsekretär der Commission du Vieux Paris jahrzehntelang wirkte, zum anderen dem interdisziplinär ausgerichteten Liturgiewissenschaftler Pierre-Marie Gy OP (1922–2004), der als Professor am Pariser Institut catholique lehrte. Beiden bin ich für die gewährte Gastfreundschaft und zahlreiche Gespräche – zum einen im Hôtel Chalon-Luxembourg, dem prächtigen, von der historischen und archäologischen Denkmalkommission der Stadt Paris genutzten Adelspalais aus dem 17. Jahrhundert, zum anderen im der Wissenschaft zugetanen Dominikanerkonvent Saint-Jacques – sehr dankbar.

Einige Kollegen aus der Communauté scientifique möchte ich des weiteren namentlich erwähnen: Anregungen, Zuspruch und Kritik äußerten die emeritierten Universitätsprofessoren Dr. Jacques Verger (Universität Paris IV-Sorbonne), mein Vorgänger an der Universität Paris XIII, und Dr. Heribert Müller (Universität Frankfurt am Main). Für die Kenntnis des Umlandes von Paris in der Frühen Neuzeit erwiesen sich Gespräche mit Universitätsprofessorin Dr. Marie-José Michel und Universitätsprofessor Dr. Robert Muchembled an der Universität Paris XIII als dienlich, was mir erlaubte, den Blick für spezifisch mittelalterliche Entwicklungen in der Île-de-France zu schärfen. Dr. Holger Kruse gewährte mir Einsicht in seine unveröffentlicht gebliebene Kieler Habilitationsschrift (2002), welche den Handelsmessen der Pariser Region vom hohen Mittelalter bis zum frühen 16. Jahrhundert gewidmet ist; der Schwerpunkt der Untersuchung liegt angesichts der Quellenlage verständlicherweise im späten Mittelalter. Gespräche über archäologische Ausgrabungen, welche das Vexin betrafen, konnte ich mit Bruno Lepeuple (Universität Rouen) und besonders mit Christophe Toupet (Musée archéologique du Val-d'Oise in Guiry-en-Vexin) führen. Begehungen im Gelände ergänzten den Austausch. Ihnen allen gilt mein aufrichtiger Dank.

Manche Archive und Bibliotheken habe ich für meine Forschungen in den vergangenen Jahren in Paris und im Umland aufgesucht. Genannt seien hier mit meinem Dank nur die folgenden: das französische Nationalarchiv und die französische Nationalbibliothek, die Bibliothèque historique de la Ville de Paris, die Bibliothèque Sainte-Geneviève, die Bibliothèque du Saulchoir, die Bibliotheken der École nationale des chartes, der École nationale supérieure (Rue d'Ulm) und des Deutschen Historischen Instituts Paris.

Gerne bin ich in den vergangenen Jahren Einladungen zu Vorträgen im Deutschen Historischen Institut Paris, auf Symposien der Residenzen-Kommission der Akademie der Wissenschaften zu Göttingen, auf dem Deutschen Historikertag, in Akademien und Seminarveranstaltungen von Stiftungen in Politik und Kirche gefolgt, um über vielfältige Aspekte des Phänomens »Paris« in diachronem und synchronem Zugriff zu referieren. Die so eröffneten Möglichkeiten zu Präsentation und Diskussion meiner Forschungsergebnisse habe ich zu schätzen gelernt.

Daß dieses Buch erscheinen konnte, ermöglichten finanzielle Zuschüsse von der Geschwister Boehringer Ingelheim Stiftung für Geisteswissenschaften in Ingelheim am Rhein, von den Erzbistümern Freiburg, München und Freising sowie Paderborn, ferner von den Bistümern Mainz und Trier. Hierfür danke ich in gebührender Weise, zudem einem weiteren Förderer, der ungenannt bleiben möchte, für den gewährten Druckkostenzuschuß. In meinen Dank möchte ich außerdem Dr. Herbert Meßner (Graz) für das Korrekturlesen und die Lektorin Daniela Naumann vom Jan Thorbecke Verlag für die gute Zusammenarbeit einschließen.

Im Laufe der Zeit ist eine enge Bindung an die Stadt Paris (und ihr Umland) entstanden, die für mich weitaus mehr als nur ein »Forschungsobjekt« meiner wissenschaftlichen Interessen darstellt. Da ich in ihr nun schon länger als ein Jahrzehnt kontinuierlich wohnen und arbeiten kann, wurde sie mir zu einem vertrauten Lebensraum (sofern man das bei einer Millionenstadt dieser Größenordnung sagen kann) und ich zum Wahl-Pariser.

Wenn man vom Flughafen Roissy-Charles de Gaulle aus in westlicher Richtung startet und das Flugzeug eine lange Linkskurve zieht, um zum Beispiel Kurs auf die Alpen zu nehmen, hat man von einem Fensterplatz auf der linken Seite eine faszinierende Aussicht auf das eigentliche, in mehr als 2000 Jahren gewachsene Stadtgebiet von Paris – mit den markanten topographischen Fixpunkten und einer riesigen, die Kapitale umgebenden Agglomeration. Auch aus der Luft vermag man zu erahnen, warum Paris in seiner Geschichte bis heute Schriftsteller und

Dichter, Wissenschaftler und Künstler, Politiker und Staatsmänner (und ihre weiblichen Pendants), Bischöfe und Kardinäle, Lehrende und Studierende in den Bann gezogen hat. Im Mittelalter war dies nicht anders als heute.

Dieses Buch widme ich in Liebe und Dankbarkeit meiner Ehefrau Michaela, Universitätsprofessorin an der Universität Graz, und unseren Kindern Katharina, Benedikt und Theresa, die anfangs noch vom Kinderwagen aus Pariser Luft schnupperten, sich später gerne den Wind an und auf der Seine um die Haare wehen ließen und sich dem urbanen Memorialraum spielerisch näherten. Mein Vater, Ing. Benno Sohn (1931–2011), nahm wie stets Anteil an der Manuskripterstellung, erlebte allerdings nicht mehr den Abschluß und das Erscheinen des Buches. Seinem Andenken sei dieses in Dankbarkeit und enger herzlicher Verbundenheit ebenfalls gewidmet.

Paris, im Advent 2011 Andreas Sohn

1. Einleitung

Einige Jahre nach dem Fall der Berliner Mauer 1989 und der deutschen Wiedervereinigung 1990 hat der Publizist Uwe Schultz feinsinnig angemerkt: »Das Land in der Mitte Europas hat die größten Schwierigkeiten mit seiner Mitte.«[1] Wer die deutsche Geschichte im europäischen Kontext bis ins Mittelalter zurückverfolgt, wird ihm wohl kaum widersprechen wollen. Die Frage nach der Hauptstadt Deutschlands beziehungsweise der Deutschen war so gut wie immer virulent – mal impliziter, mal expliziter.

Im Verlauf des 20. Jahrhunderts wurden die deutschen Diskussionen zu bestimmten Zeiten intensiver geführt: so zwischen den beiden Weltkriegen, in der Anfangsphase der Bundesrepublik Deutschland und nach der Wiedervereinigung. Wie sich der öffentliche und wissenschaftliche Diskurs entwickelt hat, spiegelt sich in überaus zahlreichen Beiträgen[2]. Als sich der Deutsche Bundestag am 20. Juni 1991 mit einer knappen Mehrheit gegen Bonn und für Berlin als Hauptstadt des wiedervereinten Deutschland entschied, fand die Debatte nur ihren formalrechtlichen Abschluß. Um Rolle und Bedeutung Berlins, um die Ausgestaltung der Hauptstadtfunktionen wird weiterhin gerungen – und auch um ihre memoriale Vergegenwärtigung[3].

Wenn man den Blick über die Grenzen Deutschlands hinaus richtet, ist festzustellen, daß das Hauptstadtproblem und damit die Frage nach Rolle und Genese urbaner, polyfunktionaler Zentren in den letzten Jahren und Jahrzehnten nicht nur in Europa, sondern auch in anderen Teilen der Welt ein neues, größeres Interesse gefunden hat: so zum Beispiel in Afrika, im Nahen Osten, in der Kaukasusregion und in Ozeanien[4]. Im Zeichen der Globalisierung sind hiermit die Diskussionen um die Zukunftsfähigkeit solcher urbanen Zentren (mit ihrer jeweiligen *agglomération*) und die vornehmlich wissenschaftlichen Versuche verbunden, diese terminologisch angemessen zu erfassen. Der weltweite öffentliche Diskurs entwickelt sich nicht allein um den Terminus »Hauptstadt«, sondern auch um Begriffe wie »Metropole« (auch »Metropolregion«), »Megastadt«, »Megalopole«, *World City* und *Global City*[5].

In Europa haben der Fall der Berliner Mauer 1989 – als signifikantes ankündigendes Ereignis tiefgreifender Umwälzungen – und der Zusammenbruch der Sowjetunion und des von ihr dominierten Machtimperiums dazu beigetragen, daß sich die Frage nach d e r Hauptstadt beziehungsweise d e n Hauptstädten mit besonderer Aktualität in Mittel-, Ost- und Südosteuropa stellt[6]. Dort wirken teilweise die Prägungen nach, die sich aus der Zeit des habsburgischen Vielvölkerstaates ergeben haben. Was den europäischen Einigungsprozeß anbelangt, dürften dessen geplante Vertiefung und Ausweitung von seiten der Europäischen Gemeinschaft dazu beitragen, daß der öffentliche Diskurs über die Rolle eines politischen und administrativen Mittelpunktes mit größerer Nachdrücklichkeit als zuvor geführt werden wird – zumal im Zeichen der aktuellen Staatsschuldenkrise. Welche Funktionen mit der Stadt beziehungsweise der urbanen und administrativen Chiffre »Brüssel« verbunden sein werden, läßt sich vermutlich nicht ohne heftige Kontroversen klären[7]. In einzelnen Mitgliedsstaaten der Europäischen Gemeinschaft können national und regional bestimmte publizitätsträchtige Debatten eigene, mitunter überraschende Akzentsetzungen erhalten, so zum Beispiel in Italien. Am 16. September 1996 wurde Venedig mit bizarren historischen Legitimisierungsversuchen und einer pseudonationalen politischen Symbolik zur »Hauptstadt Padaniens« proklamiert – ein ephemeres Ereignis[8].

Ein regelrechter Wettstreit ist um die Auszeichnung als »Kulturhauptstadt Europas« entbrannt, die von der Europäischen Gemeinschaft beziehungsweise der Europäischen Union seit 1985 jährlich verliehen wird – an eine oder mehrere Städte[9]. Im Jahre 2003 konnte sich allein Graz in Österreich mit dem Titel schmücken, 2004 Lille und Genua, 2005 Cork in Irland und 2006 Patras in Griechenland. Ihre Nachfolge traten 2007 Luxemburg und Hermannstadt (Sibiu) in Rumänien, 2008 Liverpool und Stavanger, 2009 Linz in Österreich und Vilnius in Litauen an. Nachdem Weimar, die Stadt Goethes und Schillers, 1999 diese Auszeichnung führen durfte, zierte sich 2010 wieder eine deutsche Stadt, nämlich Essen, das Ruhrgebiet repräsentierend, als »Europäische Kulturhauptstadt« (neben Fünfkirchen [Pécs] in Ungarn und Istanbul in der

Türkei)[10]. Ihr folgten 2011 Turku in Finnland und Tallinn in Estland nach; 2012 sind Guimarães in Portugal und Marburg (Maribor) in Slowenien die ausgewählten Städte.

Andere »Hauptstadt-Titel« sind ebenfalls heutzutage von Städten und ihren führenden Repräsentanten sehr begehrt und werden gerne für Marketingstrategien eingesetzt. In den Massenmedien und der Werbung begegnen uns so die Hauptstadt (auch im Plural) der Liebe, des Kinos, der Mode, des Parfüms, des Weines, des Bieres, des Sports, des Fußballs, der Technologie, der Automobilproduktion – oder einer Landschaft, Gebirgsregion usw. Weitaus nüchterner mag da die öffentlich-rechtlich formalisierte hauptstädtische Bezeichnung im Rahmen eines Bundeslandes oder eines Kantons oder welcher staatlichen Gliederungseinheit auch immer klingen.

Es kennzeichnet die inner- und außerwissenschaftlichen Diskussionen in Deutschland, daß ein vergleichender Blick auf andere Nationen und staatliche Gebilde gerichtet wurde – und wird. Am häufigsten wurde wohl Bezug auf Frankreich genommen, was nicht mit der gemeinsamen fränkischen Geschichte erklärt werden kann, und dies auch schon lange, bevor die deutsch-französische Aussöhnung nach dem Zweiten Weltkrieg im Zeichen der europäischen Einigung allmählich Gestalt annahm und zu vielfältigen, engen Kooperationen nicht nur im Bereich von Forschung und Wissenschaft geführt hat. Paris erschien vielfach als »exemplarische Hauptstadt«[11], ja als »Idealtyp einer Hauptstadt«[12] im Sinne des Soziologen Max Weber (1864–1920)[13]. Was Deutschland nicht vergönnt war, schien Frankreich seit langen historischen Zeiten seine unverwechselbare Prägung zu verleihen. Darüber, wann diese französische Entwicklung einsetzte, sei es im Verlauf des Mittelalters, sei es in der Frühen Neuzeit, gingen die Meinungen indes auseinander.

Einen großen Widerhall nicht nur in der deutschen Geschichtswissenschaft fand eine Festschrift, die zum 90. Geburtstag Friedrich Meineckes im Jahre 1952 erschien und den Titel »Das Hauptstadtproblem in der Geschichte« trug. Der Deutschland bis zum 19. Jahrhundert gewidmete Beitrag von Wilhelm Berges ist thesenhaft mit »Das Reich ohne Hauptstadt« überschrieben, was seither zum geflügelten Wort geworden ist[14]. Gustav Roloff behandelt in der Festschrift Frankreich und stellt im Unterschied zu Deutschland heraus, »daß die französischen Könige von Anfang an in Paris eine anerkannte Hauptstadt ihres angestammten Machtgebietes besaßen ... so galt es ... stets als selbstverständlicher Sitz ihrer Zentralgewalt ...«[15]. Ähnliches läßt sich im achten Band der zweiten Auflage des Lexikons für Theologie und Kirche nachlesen: »Mit der Thronbesteigung Hugo Capets (987–96) wurde Paris endgültig Hauptstadt.«[16] Diese Ansicht vertrat schon zu Beginn des 20. Jahrhunderts der französische Mediävist Louis Halphen[17]. Und der Berliner Historiker Ernst Pitz machte sich diese Auffassung 1991 in seiner Darstellung des europäischen Städtewesens und Bürgertums zu eigen: »... Paris ..., das seit der Wahl Hugo Capets zum König im Jahre 987 wieder (anstelle von Laon) zur Hauptstadt Frankreichs aufrückte.«[18]

Eine solche Vorstellung ist bis heute weit verbreitet, in Politik, Wissenschaft und Kultur, auch im öffentlichen Diskurs. Damit ist nicht selten die Anschauung verbunden, daß Paris für die Rolle als Hauptstadt Frankreichs geradezu prädestiniert war und die Entwicklung zur Kapitale fast zwangsläufig und geradlinig verlief. Läßt sich dies indes den Quellen tatsächlich entnehmen? Oder handelt es sich hierbei um eine sehr langlebige historische Mythenbildung?

Wenn im folgenden die Entwicklung von Paris zur Hauptstadt behandelt werden soll, bedarf es im Zusammenhang der methodologischen Grundierung der Untersuchung einer Klärung, wie dieser Begriff adäquat in bezug auf das Mittelalter verwendet und in die geschichtstheoretischen Diskussionen zur Stadtforschung eingeordnet werden kann – auch im Hinblick auf den zu führenden interdisziplinären und interkulturellen Dialog. Hierbei sind vor allem die Politik-, Sozial- und Wirtschaftswissenschaften zu beachten. Wer hofft, bei dem schon erwähnten Soziologen Max Weber, dem so wichtige, auch die Geschichtswissenschaft anregende Studien wie zur Stadtbildung in verschiedenen Kulturkreisen – mit der Entwicklung des Idealtyps der »okzidentalen Stadt« – zu verdanken sind, fündig zu werden, wird enttäuscht. In seinem 1921 zum erstenmal, posthum veröffentlichten Buch »Die Stadt« findet sich keine irgendwie geartete theoretische Grundlegung des Begriffs »Hauptstadt«[19].

Es liegt nahe, bei dessen Bestimmung und inhaltlicher Füllung von der europäischen Geschichte und Begriffstradition auszugehen. Das –

metaphorisch gesprochen – Gesicht Europas gewann neue Züge in der Zeit vom 11. bis zum 13. Jahrhundert, in der wegweisende Weichenstellungen für die weitere Entwicklung des Kontinents vollzogen wurden. Eine Zäsur, der eine weltgeschichtliche Bedeutung nicht abzusprechen ist, betraf die Urbanität, wie der Historiker Joachim Wollasch zu Recht betont:»Aus einem Europa der Klöster wurde ein Europa der Städte. Diese lösten die Klöster als Kristallisationspunkte des sozialen Lebens ab.«[20] So ergaben sich allmählich städtische Landschaften, in denen sich urbane Gebilde unterschiedlichen Zuschnitts vom näheren und weiteren Umland immer stärker abhoben und einen Bezugs- und Mittelpunkt für das Leben der Menschen darstellten. Diesen Städten kamen mehr und mehr »zentralörtliche Funktionen« zu, um einen Begriff zu verwenden, der wesentlich von dem Ökonomen und Geographen Walter Christaller (1893–1969) geprägt worden ist[21]. In seiner 1933 vorgelegten Dissertation, die Robert Gradmann an der Universität Erlangen betreute, entwickelt er die »Theorie der zentralen Orte«, die sich auf eine Analyse Süddeutschlands stützt, der Entwicklung von Siedlungen mit urbanen Funktionen nachgeht und Gesetzmäßigkeiten für die Raumstrukturierung im Zusammenhang mit Verkehr, Verwaltung und Markt offenlegen will. Besonders Dienstleistungen galt das Interesse Christallers, dessen Theorie der Ökonom August Lösch (1906–45) aufgriff und im Blick auf Standort und Verteilung von Industrie(betrieben) und Handel weiter entwickelte[22].

Die Geschichtswissenschaft, auch die Mediävistik, hat sich in einem langen Rezeptionsprozeß die Theorie der zentralen Orte zunutze gemacht, in bezug auf ihren historischen Gegenstand appliziert, als Raumkonzept verfeinert und ausgebaut sowie in einer fortschreitenden Elaborierung theoretische Fundierungen geliefert, welche der Entstehung und Entwicklung von »Städtenetzen« dienen[23]. So hat die historische Zentralitätsforschung zur Stadtgeschichte wichtige Beiträge leisten können. Daß die vergleichsweise jüngere Residenzenforschung, die von der Residenzen-Kommission der Akademie der Wissenschaften zu Göttingen maßgeblich angeregt wurde, auch dem Phänomen der Zentralität Beachtung schenkte, über das Studium der Stadt-(Um)Land-Beziehungen hinausschritt, Residenz und Hof zusammensah, diesen in seinen vielfältigen Erscheinungsformen und Wirkungsweisen zu begreifen suchte, ergänzte die bis dahin üblichen methodischen Zugänge stadthistorischer Forschung[24]. Für bestimmte Aspekte des hohen und späten Mittelalters konnte die Residenzenforschung auf Studien und Ergebnisse der Pfalzenforschung zurückgreifen, die vor allem am (inzwischen aufgelösten) Max-Planck-Institut für Geschichte in Göttingen betrieben wurde und auf das Repertorium der Königspfalzen ausgerichtet war[25]. Leitend war für die Arbeit der Residenzen-Kommission, daß Residenz im »strengsten Sinne« – um Werner Paravicini zu zitieren – »nur dort, wo der Herrscher sich aufhält«, vorgefunden werden kann und »alles andere ... Hauptort, schließlich Hauptstadt« ist[26]. Begriffliche Weiterungen konnten für die konkreten Untersuchungen je nach wissenschaftlichem Standpunkt, Epoche und thematischer Schwerpunktsetzung in der nunmehr vielfältigen Residenzenforschung vorgenommen werden.

Es überrascht nicht, daß die deutsche und französische Geschichtswissenschaft trotz aller Gemeinsamkeiten im Verlauf des 20. Jahrhunderts unterschiedliche Wege beschritten und verschiedene Schwerpunkte gesetzt haben, auch hinsichtlich Stadt und Residenz sowie besonders bezüglich des Phänomens der »Hauptstadt«[27]. Aufs Ganze gesehen sind im Blick auf diese Thematik die wissenschaftlichen Veröffentlichungen in Frankreich viel begrenzter als im deutschsprachigen Raum. So konnte bezeichnenderweise im Jahre 1967 ein deutscher Historiker, nämlich Carlrichard Brühl, mit Bezug auf einen thematischen Ausschnitt feststellen: »Il est étonnant de constater que le problème des capitales pendant le haut Moyen Âge n'a pas été étudié en France.«[28] Daß das Problem der Hauptstädte während des hohen Mittelalters in Frankreich nicht erforscht ist, trifft auch heute noch zum Teil zu[29].

Ein weiterer Unterschied zwischen Deutschland und Frankreich, der wohl aus unterschiedlichen Wissenschaftsprägungen und historischen Entwicklungen von Staat und Gesellschaft resultiert, ist zu benennen. Von französischer Seite wird häufig der Sinn von »capitale« beziehungsweise Hauptstadt ganz selbstverständlich vorausgesetzt. Ein Beispiel lieferte 1996 die Ausstellung »Paris, de Clovis à Dagobert« im Pariser Rathaus, die anläßlich des nationalen Gedenkens an die Taufe des Frankenkönigs Chlodwig vor 1500 Jahren konzipiert worden war. Der Pariser Bürgermeister Jean Tiberi schreibt im Vorwort des Ausstellungskataloges: »En cette année Clovis, il appartenait à la Mairie de Paris d'évoquer la période au cours de laquelle, pour la première fois dans son histoire, Paris a été la capitale.«[30] Wenn hier oder an anderer Stelle des Ausstellungskataloges oder auf den Schautafeln die Entscheidung Chlodwigs herausgestellt wird, Paris zur »capitale« des frühen Merowingerreiches zu bestimmen, geschieht dies, ohne den Begriff inhaltlich zu erklären. So wird gleichsam von einem allgemein gültigen, die historischen Epochen übergreifenden Verständnis von Kapitale ausgegangen.

Deshalb stellt sich noch drängender die Frage, wie der Begriff »Hauptstadt« definiert werden kann. In der »Encyclopédie«, die Denis Diderot (1713–84) und Jean le Rond d'Alembert (1717–83) herausgaben, findet sich unter dem Stichwort »Capital« die knapp gefaßte Erklärung: »... il vient du Latin *caput*, & se dit en différentes occasions, pour marquer la relation de chef ou principal; ainsi *ville capitale* signifie la première ville d'un royaume, d'une province, d'un état, comme Paris est la *capitale* de France ...«[31] Hier kommt eine grundlegende Beziehung zum Ausdruck, die sich in einer Hierarchisierung von urbanen Gebilden manifestiert; auch der heute so beliebte englische, in viele Sprachen, Lebens- und Wirtschaftsbereiche übernommene Begriff *ranking* ließe sich jetzt verwenden. Damit wird eine Vorstellung von einem temporären oder immerwährenden Wettbewerb verbunden, der sich zwischen Städten eines geographischen Raumes beziehungsweise eines politischen Ganzen vollzieht.

Außerdem ist – hier auch die etymologische Wurzel des Begriffes beachtend, die im Französischen eher als im Deutschen hervorspringt[32] – ein weiteres grundlegendes Verständnis des Wortes Haupt-stadt beziehungsweise *Capitale* zu berücksichtigen. Wie sich das Haupt zum Körper verhält, ist die Rolle einer Stadt in einem räumlichen beziehungsweise politischen Ordnungsgefüge aufzufassen. Insofern ist im Begriff eine inhaltliche Singularisierung gegeben. Jedweder inflationäre Gebrauch des Wortes – auch wenn mit einem Zusatz versehen – führt letztlich zu einer Verflachung und Nivellierung des Sinngehalts. Interessanterweise gibt es eine signifikante Parallele in der Theologie, in welcher die in den paulinischen Schriften des Neuen Testamentes grundgelegte Relation von Haupt (Christus) und Leib (Kirche) christologisch und ekklesiologisch weiter entfaltet – und bewahrt worden ist[33].

So zeichnet sich eine semantische Grundlage ab, auf welcher der Begriff Haupt-stadt inhaltlich gefaßt werden kann. Analog zum Verhältnis von Haupt und Körper gestaltet sich dasjenige in einem urbanen und ländlichen Beziehungsgeflecht. Aus diesem ragt eine städtische Einheit heraus, die für das Ganze eine steuernde und leitende Rolle ausübt. Anders gewendet: Diese Stadt kommt einem Zentrum gleich, das somit über zentral-örtliche, nicht statische, sondern dynamische, das heißt in der Geschichte sich entwickelnde und verändernde Funktionen verfügt. Diese sind als politisch-administrative, wirtschaftliche, kirchlich-religiöse und kulturelle zu benennen. Die Schlußfolgerung liegt auf der Hand: Je mehr ein Ort diese vier Zentralitätsfunktionen ausübt, desto eher kann er als Hauptstadt gekennzeichnet werden.

Diese inhaltliche Füllung des Begriffs Haupt-stadt, die eine angemessene Anwendung auch auf die Vormoderne beziehungsweise das Mittelalter erlaubt und im übrigen die Symbolhaftigkeit des Phänomens nicht ausgrenzt, kann in ihrer resultativen Bestimmung Elemente von Definitionen aufgreifen, die schon in Politik, Wissenschaft, Kultur und anderen Bereichen gesellschaftlichen Lebens geäußert worden sind, geht aber über diese Versuche hinaus. Um nur wenige Beispiele anzuführen: Edith Ennen, die vornehmlich als Stadthistorikerin hervorgetreten ist, hat – wie zuvor schon Georg von Below – vorgeschlagen, darunter den »Sitz der zentralen Organe und Behörden eines Staates« zu verstehen[34]. Hingegen hat Carlrichard Brühl in Anlehnung an Aloys Schulte ein topographisches Kriterium benannt: das Vorhandensein von Höfen, Palästen etc., welche der Beherbergung der hohen Geistlichkeit und des hohen Adels in unmittelbarer Nähe des Königs dienten[35]. Wenn man diesem Kriterium beipflichten wollte, wäre zu prüfen, ob Bischöfe und Äbte sowie weltliche Adelige nicht zuvor von Zeit zu Zeit am Königshof zugegen waren und andere Unterkünfte benutzt haben, zum Beispiel ein Abt das Kloster seines Ordens oder seiner Kommunität am Ort des Hofes. Zweifel daran, daß eine ausschließlich juristisch-administrative oder sozialtopographische Begriffsbestimmung ausreichte, hat schon Hermann Heimpel in einer Rede geäußert, die er vor rund 70 Jahren in der Aula der Universität Leipzig gehalten hat. Er wies darauf hin, daß der Begriff Hauptstadt auch »vom Miteinander staatlicher Macht, wirtschaftlicher Kraft, kultureller Blüte« geprägt ist[36].

Eine ähnliche explikatorische Spannweite kann sich im übrigen auch in Frankreich finden lassen. Der Mediävist Robert-Henri Bautier umschrieb eine Kapitale als »une ville … qui est à la source de l'autorité publique, d'où rayonne la pensée politique et qui, en principe, constitue un exemple pour le pays«[37]. Im Unterschied hierzu waren dem Schriftsteller Victor Hugo (1802–85) Hauptstädte erschienen als »Trichter, in die alle geographischen, politischen, sittlichen und intellektuellen Strömungen eines Landes, alle Triebe eines Volkes einmünden«[38]. Somit kann er Hauptstädte als »Brunnen der Zivilisation« begreifen[39].

Ausgehend von den vier benannten Untersuchungsebenen, der politisch-administrativen, wirtschaftlichen, kirchlich-religiösen und kulturellen, soll im folgenden nicht einfach ein weiterer Datierungsversuch unternommen werden, wann Paris Hauptstadt wurde, sondern – von einem tiefergehenden kausalhistorischen Ansatz geleitet – an einem konkreten Beispiel geklärt werden, wie es überhaupt zur Bildung von Zentren in der Geschichte gekommen ist. Indem die Entstehung der Kapitale Paris analytisch verfolgt wird, soll also zugleich in exemplarischer Weise eine Antwort zu der von Theodor Schieder aufgeworfenen Frage beigesteuert werden, nach welchen »Regeln« eine Hauptstadtwerdung in der Geschichte abläuft[40]. Es erübrigt sich fast der Hinweis, daß kein genaues Datum angegeben werden kann, weil Paris nicht in einem formalen rechtlichen Akt als Hauptstadt gegründet worden ist. Daher können wir nur von einer Hauptstadt-werdung oder einer Hauptstadtbildung sprechen.

Die vorliegende Untersuchung, die sich neben der Zentralitätsforschung besonders der Residenzenforschung (und damit auch der Residenzen-Kommission der Akademie der Wissenschaften zu Göttingen und ihrem Vorsitzenden Werner Paravicini) verbunden weiß, stellt die Frage in den Mittelpunkt: Welche Antriebskräfte oder Faktoren bewirkten, daß sich Paris von einer unter mehreren kapetingischen Königsresidenzen – Compiègne, Senlis, Orléans, Étampes, Melun etc. – zu einer Hauptstadt entwickelt hat? Eine Antwort hierauf ermöglicht erst eine zeitliche Einordnung.

Als chronologischer Rahmen für die Untersuchung ist das hohe Mittelalter (gemäß der gewöhnlichen historischen Epocheneinteilung der deutschen Mediävistik beziehungsweise Geschichtswissenschaft) gewählt worden, wofür sich in Frankreich die Bezeichnung »Moyen Âge classique« oder »Moyen Âge central« einzubürgern beginnt. Damit wird die Zeit in den Blick genommen, die als europäische Schlüsselepoche des grundlegenden Wandels – von einem »Europa der Klöster« zu einem »Europa der Städte«, wie oben ausgeführt – charakterisiert worden ist. Für Frankreich bietet es sich an, vom 10. Jahrhundert auszugehen, das von Niedergang und Auflösung spätkarolingischer Herrschaft und von dem Machtwechsel zu einer neuen Adelsfamilie, den Robertinern oder Kapetingern, geprägt ist. Diese Dynastie sollte einschließlich ihrer Seitenlinien die Geschicke Frankreichs bis zur Französischen Revolution bestimmen. Die Untersuchung wird sich bis ins 13. Jahrhundert hinein erstrecken und damit die Königsherrschaft Philipps II. (1180–1223) einschließen – und gegebenenfalls hier und da in die Zeit Ludwigs IX. des Heiligen (1226–70) ausgreifen, um einzelne Phänomene genauer erfassen zu können.

Seit langem haben Paris und die Île-de-France das große Interesse von Historikern, Geographen, Urbanisten, Politologen und Soziologen gefunden[41]. Eine Vielzahl von Forschern, in wachsendem Maße auch von Forscherinnen, und Einrichtungen in Wissenschaft und Kultur hat sich der Geschichte von Stadt und Region zugewandt und widmet sich dieser Vergangenheit (und mitunter auch der Gegenwart). Es fällt immer schwerer, die Publikationsflut zu überschauen beziehungsweise zu erfassen – sogar für diejenigen, die über eine ausgewiesene Sachkenntnis verfügen. Ein Überblick über Entwicklungstendenzen der Paris betreffenden Geschichtsschreibung seit dem 16. Jahrhundert hat die Vielfalt der historischen Forschung aufweisen können[42], die sich auf das Mittelalter beziehenden Bände der »Nouvelle histoire de Paris« haben instruktive Einblicke in das städtische Leben dieser Jahrhunderte eröffnen können[43]. Beiträge zum Urbanismus in Vergangenheit und Gegenwart sind ebenfalls nicht ohne Interesse für die Mediävistik[44]. Weitere Veröffentlichungen zielen auf die Seinestadt als Metropole[45] oder urbanen Memorialraum[46]. Eine von Anmerkungen freie, eindrucksvolle Darstellung der (mehr als) 2000jährigen städtischen Geschichte von Paris legte Jean Favier im Jahre 1997 auf knapp 1000 Seiten vor[47]. Es fehlen nicht mediävistisch ausgerichtete Studien, die expressis verbis dem Aufstieg der Seinestadt zur Kapitale gewidmet sind[48]. Siedlungsgenetische Untersuchungen mit entsprechenden Implikationen kommen hinzu[49] – und eine wahre Fülle von Beiträgen zu einzelnen Aspekten des politischen, wirtschaftlichen, religiösen und kulturellen Lebens an der Seine im Mittelalter.

Seit dem 19. Jahrhundert ist die Erschließung und Edition von Quellen zum mittelalterlichen Paris weiter vorangeschritten. So werden in willkommener Weise die bis dahin verfügbaren Publikationen aus der sogenannten »Collection verte« der »Histoire générale de Paris« ergänzt, in der für das Hochmittelalter die Robert de Lasteyrie zu verdankende Edition zu Stadt und Topographie von Paris besonders wichtig ist[50]. Daß das eigentliche Stadtarchiv einem Brand des Rathauses infolge des Kommuneaufstandes 1871 weitestgehend zum Opfer fiel, führte zum Verlust zahlreicher, auch serieller Quellen, die allenfalls im begrenzten Maße partiell durch andere Überlieferungen, zum Beispiel aus Stiften und Klöstern, ersetzt werden können[51]. Daher ist die ergiebige stadtarchäologische Forschung, die zu einem bedeutenden Teil von der »Commission du Vieux Paris« angeregt und betrieben worden ist, um so wichtiger für die Geschichtsforschung und die Urbanistik geworden[52]. Diese archäologische und historische Denkmalkommission der Stadt Paris kann auf ein mehr als 100jähriges Bestehen (und Arbeiten) zurückschauen. Es versteht sich, daß die Dichte der landesarchäologischen Forschung im großflächigen Umland, in der Île-de-France, trotz zu verzeichnender Fortschritte daran nicht heranreicht. Die vorliegende Untersuchung stützt sich wesentlich auf die edierte Überlieferung, wie zum Beispiel Urkunden, Chroniken, Briefe, Stadtbeschreibungen, Necrologien und Inschriften, und die Ausgrabungsergebnisse stadtarchäologischer Forschungen[53]. Herangezogen sind ferner Quellen, die noch nicht in Editionen vorliegen und die schon in früheren Studien des Verfassers zumindest teilweise beachtet worden sind.

2. Zentrierung von Politik und Verwaltung in Paris

2.1 Geologie und Topographie des Pariser Beckens

Wie weit Spuren der menschlichen Besiedlung des mittleren Seineraumes zurückreichen, ist eine Frage, die immer wieder gerne in Pariser Salons und Massenmedien gestellt wird. Als im Jahre 1992 in Bercy, einem direkt an der Seine gelegenen Stadtteil, wo das französische Finanzministerium seinen Sitz mit einem ultramodernen, in den Fluß vorspringenden Bau finden sollte, eine Ausgrabung der Commission du Vieux Paris prähistorische Einbäume, Pirogen, aus dem Erdreich zutage förderte, regte der Aufsehen erregende archäologische Fund die wissenschaftlichen Reflexionen und auch die Spekulationen und Phantasien so mancher Zeitgenossen an[54]. Bezeugten die gefundenen neolithischen Pirogen, die zwischen 4800 und 4400 vor Christi Geburt datiert wurden, eine menschliche Ansiedlung auf oder in der Nähe der Île de la Cité[55]? Wiesen sie gar auf die ersten »Pariser« hin?

Bei der öffentlichen Diskussion geriet häufiger aus dem Blick, daß dieser Name freilich von dem keltischen Stamm der Parisii herrührt, der um die Mitte des 3. Jahrhunderts vor Christi Geburt nahe des Zusammenflusses von Seine und Marne seßhaft wurde. Sie ließen sich dort nieder, wo die Seine leichter zu überqueren war und sich eine größere Insel erhob. Der Ort, von Hügeln umgeben, lag in einem waldreichen, mit fruchtbaren Tertiär- und Kreideböden gesegneten Becken, das später auch den Namen des keltischen Stammes tragen sollte (Bassin parisien).

Dem menschlichen Einwirken auf die natürlichen Gegebenheiten gingen Jahrtausende und Jahrhunderte voran, in denen sich die geologische Formation des Pariser Beckens entwickelte[56]. Dieses entstand zwischen dem Armorikanischen Massiv, dem Zentralmassiv und den Ausläufern des Rheinischen Schiefergebirges. Die Schichtstufenlandschaft ist dadurch gekennzeichnet, daß sich zu ihrer Mitte hin waldreiche Ebenen ausbildeten, die von Flüssen durchzogen werden. Die Seine entspringt 471 Meter über dem Meeresspiegel auf dem Plateau von Langres und durchfließt in zahlreichen Schleifen von Südosten nach Nordwesten das Becken, das zuweilen auch nach ihr benannt wird, um unterhalb von Rouen in den Ärmelkanal zu münden. Dort, wo das antike *Lutetia* entstehen sollte, beträgt die Höhe zwischen 30 und 40 Meter über dem Meeresspiegel[57]. Die umgebenden Plateaus wie im Norden und Osten sind etwa 150 bis 200 Meter hoch gelegen. Zwei größere Nebenflüsse münden oberhalb und unterhalb von *Lutetia* beziehungsweise Paris in die Seine: die Marne und die Oise. Den späteren Départements gaben sie ihre Namen. Das Gefüge der Ströme im Pariser Becken, zu denen noch die Aisne, die Yonne, der Loing, die Essonne, die Bièvre und die Eure (und andere) zählen und die in Antike und Mittelalter schiffbar waren, reichte bis in die Picardie und die Champagne sowie nach Burgund.

Weder im geographischen Mittelpunkt Galliens noch in dem des Pariser Beckens entstand freilich *Lutetia*. Eine Ansiedlung erfolgte dort, wo sich die Seine den Weg vorbei an einigen Hügeln gebahnt hatte und mehrere Inseln umspülte[58]. Am leichtesten war es, den Fluß über das größte Eiland, nicht ganz in dessen Mitte gelegen, zu überqueren. An der westlichen Spitze dieser Insel befanden sich drei kleinere Inseln, die im Laufe des Mittelalters zusammenwachsen sollten, an der östlichen Spitze eine weitere, der Gleiches widerfuhr. Die heutige Île Saint-Louis entstand im beginnenden 17. Jahrhundert aus zwei fast gleich großen Inseln: die Île Notre-Dame im Westen und die Île aux Vaches im Osten. Außerdem war die Zone, welche der Boulevard Morland und der Quai Henri IV im vierten Arrondissement begrenzen, damals vom Wasser der Seine umspült[59]. Bis in das 20. Jahrhundert hinein wurden die Inseln und die angrenzenden Uferzonen von Überschwemmungen heimgesucht; die gewaltigste vom Ausmaß her war vielleicht diejenige im Jahre 1910[60]. Erstmals ist eine Überschwemmung für das Jahr 583 bezeugt, doch dürfte die Seine schon in der Antike über die Ufer getreten sein[61]. Im Unterschied zu Rom sind aus dem mittelalterlichen Paris keine Inschriften zu diesen Naturkatastrophen erhalten, epigraphische Zeugnisse mit Angaben des Wasserstandes sucht man somit vergeblich an den Häuserwänden der Seinestadt.

Die antike Topographie, die bis ins Hochmittelalter hinein nahezu unverändert blieb, unterschied sich in einer anderen Hinsicht erheblich von derjenigen des 19., 20. oder 21. Jahrhunderts. Die Seine teilte sich in einen Hauptarm und einen nördlichen Seitenarm, der etwa vom heutigen Quai de la Rapée in Höhe des Pont d'Austerlitz ausging und in Form eines Halbkreises unterhalb der Hügel Charonne, Belleville, Montmartre (mit 129 Metern der höchste) und Chaillot verlief[52]. Beide Flußläufe trafen ungefähr bei der heutigen Place de l'Alma wieder zusammen. Sümpfe erstreckten sich besonders um den nördlichen Seinearm herum; auch das Gelände innerhalb des von ihm beschriebenen Halbkreises auf dem rechten Ufer prägten teilweise Moraste. Ein kleiner Seitenarm umgab südlich die größte Insel. Das linke Seineufer durchzog ein Fluß, die Bièvre, die noch vor der Teilung der Seine in diese mündete und seit dem 19. Jahrhundert den Blicken der Pariser entzogen ist[63]. Einen Eingriff in den Lauf der Bièvre nahmen die Regularkanoniker von Saint-Victor 1148 nahe ihres Stiftes vor: sie bauten einen Kanal, der ihnen Flußwasser zuführte. Dann teilte sich dieser, um (schräg) gegenüber der Kathedralkirche und der Île aux Vaches in die Seine zu münden.

Im Tal der Bièvre, auch in der Hügelzone von Sainte-Geneviève, finden sich reiche Vorkommen von hartem Kalkstein, der den Bewohnern der Stadt seit der Antike als Baumaterial diente. Geologen sprechen vom »calcaire lutétien«[64]. Vorkommen an Gips(stein) auf dem rechten Seineufer, so in der Hügelzone von Montmartre, ergänzten den geologischen Reichtum. Die Stadt besaß in unmittelbarer Nähe Steinbrüche – wie Rom, Neapel oder Syrakus. Nicht weit von *Lutetia* beziehungsweise Paris erstreckten sich riesige Wälder, deren Ausmaße beispielsweise der Forêt de Montmorency nur noch andeuten kann. Sehr verbreitet waren Eichen. Das milde, regenreiche und vom Meer beeinflußte Klima prägte auch die eher kalten Monate des Jahres, was Julian, den seine Truppen in *Lutetia* im Jahre 360 zum Kaiser ausriefen, veranlaßt hatte, dort mehrmals sein Winterquartier aufzuschlagen[65].

2.2 Die Seinestadt und die Île-de-France in Antike und Frühmittelalter

Mit dem Ausgreifen des *Imperium Romanum* nach Norden und Nordwesten wurde auch der mittlere Seineraum das Eroberungsziel römischer Legionäre. Im Zuge des »Gallischen Krieges« rückten die Truppen von Julius Cäsar vor und bezwangen unter seinem Heerführer Labienus

52 vor Christi Geburt auch den keltischen Stamm der *Parisii*. Damit war die keltische Flußsiedlung dem römischen Weltreich einverleibt, das Gallien von Lyon aus regierte. Wie an manch anderem gallischen Ort gründeten die Römer auch hier eine Stadt auf dem linken Seineufer, die sich von der Hügelkuppe abwärts bis zum Fluß erstreckte und auch die große Insel einbezog; im Süden reichte das *oppidum* nicht über die Bièvre hinaus[66]. Die unwirtlichen, schwierigen Bodenverhältnisse infolge von Morasten auf dem rechten Ufer mögen sie mit davon abgehalten haben, sich dort niederzulassen. Das Forum entstand auf der Spitze des Hügels, zwischen dem Boulevard Saint-Michel und der Rue Saint-Jacques, und zwar dort, wo die Rue Soufflot zum Pantheon führt. Vom Forum lief der *cardo*, die römische Hauptverkehrsachse, dessen Verlauf der Rue Saint-Jacques entspricht, den Hügel abwärts bis hin zur großen Insel. Mehrere Theater und Thermen gehörten zum Bild der Stadt *Lutetia*, die unbefestigt blieb. An der Rue Monge, nahe bei den ehemaligen Gebäuden der Universität Paris VII – Denis Diderot, sind noch beachtliche Reste des Amphitheaters erhalten. Die nördlichen Thermen erstrecken sich jetzt im Bereich des Musée national du Moyen Âge (früher Musée de Cluny), weitere sind in der Nähe zu lokalisieren.

Für die Entwicklung der Stadt im Mittelalter wurde unter anderem bedeutsam, daß Paris in römischer Zeit erstmals eine urbane Prägung gewann, ein Straßennetz mit zwei Brücken erhielt, eine Reihe öffentlicher Gebäude und Villen entstehen sah, die später als »Steinbruch« (neben natürlichen Vorkommen) für Bauten genutzt wurden, und eine Wehrmauer aus wuchtigen Steinquadern auf der großen Flußinsel im ausgehenden dritten oder beginnenden vierten Jahrhundert errichtet wurde. Der zweite Datierungsvorschlag dürfte zutreffender sein[67]. Der Zweck war klar: Die Insel sollte vor möglichen Angriffen germanischer Stämme geschützt werden – und damit auch öffentliche Gebäude, die sich vermutlich dort befanden, wie ein Prätorium an der westlichen Spitze und eine Basilika etwa in dem mittleren Bereich[68]. Somit kam der Insel die Rolle einer bewehrten Fluchtzone für die städtische Bevölkerung zu. Die sich auf dem linken Ufer ausdehnende römische Stadt entbehrte auch weiterhin eines Mauerringes.

Die Stadt sah im vierten Jahrhundert noch die beiden römischen Kaiser Julian – der Caesar wurde hier im Februar 360 zum Augustus

ausgerufen – und Valentinian I. In den Stürmen der Völkerwanderungs-
zeit und der allmählichen Auflösung des *Imperium Romanum* versank
auch Paris in allgemeiner Bedeutungslosigkeit. Die Stadt verfiel zusehends. Erst die Merowinger führten sie mit Chlodwig I. (482–511) aus
ihrem historischen Schattendasein heraus[69]. Chlodwig I. gelang es, die
Franken zu einen und ein großes fränkisches Königreich aufzubauen,
das in seiner weitesten Ausdehnung von der Nordsee bis zu den Pyrenäen und vom Atlantik bis zur Weser reichte. Nachdem Chlodwig die
Westgoten unter Alarich II. in der Schlacht bei Vouillé nahe von Poitiers
507 besiegt hatte, wählte er ein Jahr später Paris als neuen politischen
Mittelpunkt seines Königreiches aus, wie Gregor von Tours berichtet:
»*Parisius venit ibique cathedram regni constituit*«[70]. Diese Entscheidung verdient es, gebührend herausgestellt zu werden. Denn erstmals fiel damit
Paris die Rolle eines Zentrums eines Reiches zu. Das Ansehen, das sich
der zum Christentum übergetretene fränkische König – die Taufe hatte
er zwischen 496 und 499 in Reims vom Ortsbischof Remigius empfangen – erworben hatte, strahlte auch auf Paris aus. Das Jahr 508 sah nicht
nur die Entscheidung Chlodwigs für die Seinestadt, sondern auch die
Verleihung des Ehrenkonsulats durch den oströmischen Kaiser Anasta-
sius, die am Grab des heiligen Martin in Tours festlich begangen
wurde[71].

Die mit prachtvollen Bauwerken versehene Stadt Ravenna, von der
aus der Ostgote Theoderich der Große sein Königreich beherrschte,
dürfte Chlodwig als Vorbild erschienen sein[72] – wohl auch das urbane
und politische Zentrum des oströmischen Kaiserreiches selbst, Byzanz.
Wie Kaiser Konstantin I. († 337) die große Basilika zu Ehren der heiligen
Apostel als Grabkirche in Byzanz, seiner neuen, 330 festlich eingeweih-
ten Hauptstadt, errichtet hatte, so betrieb Chlodwig – im Werk Gregors
von Tours als »neuer Konstantin« dargestellt[73] – den Bau eines großen
Gotteshauses auf der Hügelkuppe des südlichen Seineufers. Die Pariser
Basilika, den Apostelfürsten Petrus und Paulus geweiht, entstand über
dem Grab der heiligen Genovefa († gegen 502), welcher der Abzug der
451 bedrohlich vorgerückten Hunnen zugeschrieben wurde[74]. Schon
bald verehrte man sie als Heilige, die zur Schutzpatronin von Paris werden sollte. Chlodwig und später seine Frau Clotilde († 544/48) fanden in
der Apostelkirche bei der heiligen Genovefa ihre letzte Ruhestätte[75].

Die Merowinger blieben über den Tod Chlodwigs hinaus Paris verbunden, wenn sich ihr Verhältnis zur Seinestadt auch wandelte[76]. Nach dem Tod des ersten christlichen Herrschers aus der merowingischen Dynastie wurde die Herrschaft unter seinen Söhnen geteilt, doch blieb der Vorzug von Paris gewahrt. Childebert I. († 558), dort residierend, war der einflußreichste Sohn Clodwigs und drückte seine politischen Machtambitionen nach Michel Fleury mit dem Bau der ersten Kathedrale aus, welche dem Vorbild der konstantinischen Basiliken Sankt Peter und Sankt Johannes im Lateran in Rom folgte[77]. Als das geeinte merowingische Großreich unter dem tatkräftigen König Dagobert († 638/39) einem letzten Höhepunkt der Machtentfaltung zustrebte, erlebte die Seinestadt nochmals den Glanz eines politischen Zentrums. Dagobert hielt sich vorzugsweise in Paris und den Pfalzen der Umgebung auf, wie in derjenigen von Clichy[78].

Nach dem Tode Dagoberts setzte ein allmählicher Niedergang der merowingischen Königsmacht ein, der letztlich zum Dynastiewechsel in der Mitte des 8. Jahrhunderts führte. Damit sank zugleich die Bedeutung von Paris. Denn das karolingische Adelsgeschlecht, das mit päpstlichem Segen die Königswürde im fränkischen Reich errang, stammte aus den Gebieten an den Flüssen Meuse und Mosel. So geriet das politische Gravitationszentrum vom mittleren Seineraum um Paris an den nordöstlichen Rand des Pariser Beckens. Metz lief der Seinestadt den Rang ab, bis Karl der Große († 814) und Ludwig der Fromme († 840) ihre Herrschaft von Aachen ausübten[79]. Die karolingischen Herrscher kamen selten nach Paris. Die Stadt durchlebte eine lange Phase einer relativen politischen Bedeutungslosigkeit, eine Situation, die sich erst infolge des Aufstiegs der Robertiner beziehungsweise Kapetinger ändern sollte.

2.3 Zum westfränkischen Königreich unter Hugo Capet (987–96) und Robert II. (996–1031)

Im 10. Jahrhundert vollzog sich ein einschneidender Dynastiewechsel im westfränkischen Königreich, der sich schon in den Jahrzehnten zuvor angekündigt hatte. Die dynastische Neuvergabe der Königskrone bestätigte nur die machtpolitische Veränderung, die sich innerhalb der Reichsgrenzen ergeben hatte und von der Erosion des karolingischen Einflusses gekennzeichnet war.

Als namengebender Ahnherr des aufsteigenden Adelsgeschlechts erscheint Robert der Tapfere († 866), der sich vom Rheingau aus um 840/43 an den Hof Karls des Kahlen begab, wo er *palatinus* wurde[80]. Es weist bereits auf die starke Stellung der Adelsfamilie hin, daß Roberts ältester Sohn Odo († 898) im Jahre 888 in Saint-Corneille zu Compiègne – als erster Nichtkarolinger im westfränkischen Reich – zum König gewählt, erhoben und gesalbt wurde[81]. Robert I. († 923) folgte seinem Bruder Odo in diesem Jahre als Graf von Paris und 922 als König, Rudolf I. († 936) trat beim Tode seines Schwiegervaters an die Spitze des Reiches[82].

Wie schwach die Machtstellung der Karolinger in Neustrien – als Name eines merowingischen Teilreiches nördlich der Loire entstanden – geworden war, zeigte sich wiederholt schon im 9. Jahrhundert[83]. Da Paris eines wirkungsvollen Schutzes durch die karolingischen Könige entbehrte, war die Seinestadt seit dem Jahre 845 mehrmals Angriffsziel der Normannen, die das fränkische Binnenland von der Küste und der Seinemündung aus bedrohten. Mit ihren schnellen, wendigen Schiffen drangen sie rasch und weit ins Landesinnere vor, sogar bis ins Loiretal und nach Burgund. So war Paris nach 845 aufs neue 856, 857, 861, 865 und von November 885 bis November 886 der Normannengefahr ausgesetzt. Mehrfach wurden Kirchen und Häuser der Stadt geplündert und angezündet sowie die noch dünn besiedelten Uferstreifen gebrandschatzt. Erst gegen Tributzahlungen konnten zuweilen die normannischen Angreifer zum Abzug bewegt werden. Bei der wahrscheinlich längsten Belagerung in den Jahren 885 und 886 trotzten die Bewohner der Seinestadt auf der Île de la Cité, die wie schon zuvor als »Fluchtburg« diente, den Normannen[84]. Damals wohnte wohl das Gros der Bevölkerung auf der Insel, welche die erwähnte spätantike Wehrmauer umgab. Den Widerstand gegen die normannischen Angreifer hatten die beiden höchsten Funktionsträger der Stadt, der robertinische Graf (und spätere König) Odo, der dieses Amt 882 übernommen hatte, sowie der Bischof Gauzlin aus dem Adelshaus der Rorgoniden, wirkungsvoll organisiert. Dieser verstarb im Verlauf der Belagerung.

Trotz des Abzuges der Normannen, den eine Tributzahlung erleichterte, war damit die Gefahr nicht gebannt. Ob freilich der normannische Heerführer Rollo mit seinen Truppen um 910 wiederum unmittelbar die Stadt Paris bedrohte oder im Verlauf seines Zuges einen Angriff plante, ist umstritten[85]. Jedenfalls kam es in dieser Zeit zu einer großen Schlacht vor den Toren der Bischofsstadt Chartres. Am 20. Juli 911 trugen die vereinten Truppen der Markgrafen Robert von Neustrien, der später, 922, die Königskrone erhalten sollte, und Richard von Burgund sowie des Grafen Ebalus von Poitiers den Sieg davon und ließen 6.000 tote Feinde auf dem Schlachtfeld zurück[86]. Wie es scheint, bewegte nicht zuletzt dieser militärische Mißerfolg schon bald darauf den normannischen Heerführer Rollo zu einem Vertragsabschluß. Noch das Jahr 911 brachte ein Übereinkommen, welches der karolingische König Westfrankens, Karl III. († 929), dem eine spätere Zeit den Beinamen »der Einfältige« gab, und Rollo vereinbarten[87]. Die Übereinkunft sah vor, daß dem von Rollo angeführten Stammesverband der Normannen das Gebiet um die Seinemündung bei Rouen zugesprochen, als Grafschaft konstituiert und ins westfränkische Königreich eingegliedert wurde. Rollo wurde vom Karolinger als *princeps Normannorum* anerkannt, als Graf eingesetzt und erhielt so eine verfassungsmäßige Sonderstellung unter den Heerführern seines Stammes. Infolgedessen war ein neues *regnum* im Gefüge des Reiches entstanden – mit Einverständnis der übrigen Fürsten. Im Gegenzug huldigte Rollo dem König, leistete den Treueid und trat zum Christentum über. Er nahm den Namen seines Taufpaten, des Markgrafen Robert von Neustrien, an. Wahrscheinlich trafen sich dieser, Karl III. und Rollo in Saint-Clair-sur-Epte zu dem Vertragsabschluß[88]. Der *pagus Veliocassinus* wurde geteilt; als Grenzlinie fungierte der Fluß Epte. Der westlich davon gelegene Teil gelangte an die Normannen und wurde der Grafschaft Rouen zugeschlagen, der östliche Teil verblieb den Franken. So entstanden 911 das »französische Vexin« und das »normannische Vexin«, zwei geographische Bezeichnungen, die noch heute geläufig sind (»Vexin français« und »Vexin normand«)[89]. Die Grenzen der Départements Eure und Oise beziehungsweise Val-d'Oise verlaufen interessanterweise entlang des Flusses Epte, der im Mittelalter für seinen Fischreichtum bekannt war[90]. Wichtig für künftige Zeiten wurde es, daß der *princeps Normannorum* vor 967, wahrscheinlich bereits vor 956, für die Normandie die vasallitische Bindung an den robertinischen Fürsten anerkannte[91]. Im übrigen entsprachen die Diözesangrenzen nicht den neuen, 911 geschaffenen politischen Einflußzonen, was die Lage für die Robertiner beziehungsweise Kapetinger später erschweren sollte. Das Erzbistum Rouen umfaßte das gesamte Vexin, die Diözese Paris reichte im Westen nur bis zum Fluß Oise[92].

Bei dem Vertragsabschluß von Saint-Clair-sur-Epte war ein weiteres Mal sichtbar geworden, welche starke Rolle dem robertinischen Grafen beziehungsweise Adelsgeschlecht zukam. Ohne ihre Zustimmung und Mitwirkung hatte sich der jahrzehntelange Konflikt mit den Normannen nicht regeln lassen, der Paris eine beachtenswerte Friedenszeit von fast 150 Jahren brachte.

Im karolingischen Reichsgefüge erkämpften sich die Robertiner allmählich eine hegemoniale Stellung und eigneten sich unter anderem 20 Grafschaften, bedeutende Klöster und Stifte wie beispielsweise Saint-Denis und Saint-Martin in Tours an[93]. So bildete sich gleichsam ein »Staat der Robertiner« aus[94]. Diese wurden indes nicht davor bewahrt, daß ihnen in bezug auf Paris die gräfliche Gewalt entglitt. Zu Zeiten des Sohnes König Roberts I., Hugos des Großen († 956), welchen der karolingische König Ludwig IV. († 954) für die 936 überlassene Krone als *dux Francorum* anerkannt hatte, stieg der *vicecomes* Teudo – vor dem Jahre 942 – zum Grafen von Paris auf[95]. Dies stellt nicht nur ein wichtiges Ereignis in der verfassungsgeschichtlichen Entwicklung Neustriens dar[96]. Auf Teudo folgte Burchard von Vendôme († 1005), der bis zu seinem Tode die gräfliche Würde von Paris innehatte[97]. Danach fiel diese wieder dem robertinischen Hause zu, das mittlerweile zur königlichen Dynastie aufgestiegen war. Die paradox erscheinende Entwicklung, daß das Pariser Grafenamt den Robertinern für mehr als 50 Jahre trotz ihrer überaus starken Machtposition in Neustrien entglitt, erklärte Karl Ferdinand Werner konzise so: »Der Herzog der Franken stieg allzu hoch in die der Königswürde allernächsten Sphären und verlor dabei den festen Stand auf dem sicheren Boden der gräflichen Gewalt.«[98]

Da der karolingische Einfluß im westfränkischen Reich weiter zurückging, bedeutete die Zeit der Könige Lothar († 986), des Sohnes Ludwigs IV., und Ludwig V. († 987), der schon zu Lebzeiten seines Vaters – 979 – Mitkönig wurde, nur den Ausklang der Geschichte einer einst so ruhmreichen Dynastie[99]. Ludwig V. hinterließ selbst keine Nachkommen. So war der Weg gewissermaßen vorgezeichnet, daß die Großen des westfränkischen Reiches am 29. Mai 987 in Senlis den einflußreichsten aus ihren Reihen zum König wählten: Hugo Capet, den robertinischen *dux Francorum*, der de facto schon eine königsgleiche Machtstellung innehatte[100]. Die Krönung fand am 1. Juni in Noyon statt, die Weihe am 3. Juli in Reims (oder Noyon). Der Spender war Erzbischof Adalbero von Reims.

So war aus dem Grafen von Paris und dem Herzog von Franzien der König des westfränkischen Reiches beziehungsweise Frankreichs geworden. Da die Robertiner oder Kapetinger, wie sie nach dem Beinamen Hugos – Capet – genannt werden, den Schwerpunkt ihrer Besitzungen in den Gebieten an Loire und Seine, Oise und Aisne hatten, ergab sich im Vergleich mit den Karolingern eine folgenreiche Verlagerung des politischen Gravitationszentrums im Reich. Das Kerngebiet der karolingischen Königsmacht hatte am nordöstlichen Rand Westfrankens gelegen. Nunmehr stieg die Region um Paris wieder zur Königslandschaft auf, wie schon zu Zeiten des Merowingers Chlodwig und einiger seiner Nachfolger. In die Seinestadt waren die karolingischen Könige höchst selten gekommen. Daß sich dies unter ihren kapetingischen Nachfolgern wesentlich ändern würde, war zu erwarten. Würde Paris zum unbestrittenen Zentrum Frankreichs im Zeichen der kapetingischen Königsherrschaft aufsteigen? Wie »königsnah« würde die Seinestadt werden?

Wenn man hierauf eine Antwort zu geben versucht, sollten nicht nur die Urkunden der Könige, die für die ersten Jahrzehnte noch relativ gering an Zahl sind, herangezogen und für deren Itinerar ausgewertet werden. Allein die quantitative Auswertung nach Ausstellungsorten und Empfängern erlaubt keine methodisch befriedigende Klärung der hier aufgeworfenen Fragen. Um mit Hugo Capet († 996) zu beginnen: Von ihm sind insgesamt nur elf Urkunden erhalten, in denen der Ausstellungsort genannt ist; hiervon sind nur drei Zeugnisse nach 990 zu datieren[101]. Dies zeigt an, wie gering die Aussagekraft dieser Urkunden für sein Itinerar und seine Königsherrschaft in den einzelnen Jahren ist. Es steigt zwar die Zahl der urkundlichen Zeugnisse für seine Nachfolger Robert und Heinrich I., doch erreichen die entsprechenden Quellen erst für seinen Großenkel Philipp I. eine sichere quantitative Richtgröße[102]. Deshalb sind für die ersten Kapetinger auch Chroniken, Viten, Briefe und andere Quellen hinzuziehen, die Einblicke in die Struktur der jeweiligen Königsherrschaft erlauben und die Präferenzen für bestimmte Pfalzen und Städte deutlich hervortreten lassen.

Denn es charakterisiert die Königsherrschaft in Europa, daß sie bis ins hohe und mutatis mutandis späte Mittelalter vom Rücken der Pferde beziehungsweise aus dem Sattel ausgeübt wurde[103]. So regierten auch Hugo Capet und sein Sohn Robert II. der Fromme († 1031) wie andere Könige der damaligen Zeit, indem sie umherzogen und sich zumeist von Pfalz zu Pfalz begaben. Größtenteils weilten sie in der Krondomäne, die aus einem Geflecht von Rechten, Besitz und Einkünften bestand und sich von Orléans im Süden bis nach Compiègne im Norden erstreckte[104]. Selten gelangten die kapetingischen Könige in andere Teile ihres Reiches, etwa in die Champagne oder ins Berry.

Bezüglich Hugo Capet läßt die Auswertung seiner Urkunden keine weitreichenden Schlüsse zu. Als Ausstellungsorte werden Compiègne (5), Orléans (2), Paris (2), Saint-Denis (1) und Senlis (1) genannt[105]. Im Blick auf Compiègne – hier stammen die Quellenbelege überdies aus der Zeit zwischen 987 und 991 – ist zu beachten, daß sie im Zusammenhang mit den Legitimierungsbemühungen und der Präsenz des zur Königsmacht gekommenen Adelsgeschlechts an diesem wichtigen Ort karolingischer Herrschaft und Memoria, wenn man besonders an Karl den Kahlen denkt, stehen.

Bei dem Sohn Hugo Capets, Robert II., gibt es mehr urkundliche Zeugnisse[106]. Danach weilte dieser nachweislich – gemäß der Itinerarkarte von Carlrichard Brühl – in Orléans (11), Paris (6), Compiègne (6), Saint-Denis (3), Melun (2), Senlis (2) und Laon (2)[107]. Eine Vita zu ihm hat der Mönch Helgaud von Fleury verfaßt, der wir weitere Aufschlüsse zum Itinerar verdanken. In der Vita werden *sedes regni* angeführt, an denen der Kapetinger regelmäßig Almosen zu spenden pflegte. Es werden neben Orléans und Paris auch Senlis, Melun, Étampes und andere Orte erwähnt[108]. So ergab sich ein eng umgrenzter Kreis von bevorzugten königlichen Aufenthaltsorten, wozu auch karolingische, von den Kapetingern weiter benutzte Pfalzen hinzukamen, wie zum Beispiel in Compiègne.

Eine Stadt genoß offenbar einen Vorzug: Orléans, wo sich Robert II. häufiger als an anderen Orten aufhielt[109]. Daß ihr ein Vorrang zukam, wurde schon am Weihnachtsfest des Jahres 987 sichtbar: In der Kathedralkirche Sainte-Croix ließ Hugo Capet seinen Sohn Robert durch den Erzbischof Adalbero von Reims zum König salben und krönen[110]. Wie der limousinische Chronist Ademar de Chabannes berichtet, ließ Hugo Capet nach der 991 in Laon erfolgten Gefangennahme seinen gefährlichsten Rivalen um die französische Krone, den karolingischen Herzog Karl von Niederlothringen, der ein Sohn König Ludwigs IV. Transmarinus war, in die Loirestadt bringen und dort einkerkern[111]. Schon bald verstarb dieser[112].

Noch klarer wird die Rolle von Orléans unter dem Nachfolger Hugo Capets. Robert II. setzte den Schwerpunkt seiner baulichen Aktivitäten und seiner Stiftungen eindeutig in der Stadt an der Loire, dort, wo er das Licht der Welt erblickt, die Taufe empfangen hatte und herangewachsen war[113]. So ließ er in Orléans unter anderem die Kirchen Saint-Aignan und Saint-Hilaire sowie Notre-Dame des Forges errichten beziehungsweise wieder aufbauen; die größte Stiftung stellte zweifellos Saint-Aignan, etwa 150 Meter östlich der römischen Stadtmauern gelegen, dar[114]. Die Weihe dieser neuen romanischen Kirche, deren große Krypta noch erhalten ist und eine Vorstellung von der Größe des gesamten Gotteshauses zu vermitteln vermag, wurde im Jahre 1029 zu einer glanzvollen Demonstration der kapetingischen Königsmacht[115]: Nach Orléans kamen die Großen des Reiches; aus den Reihen des Episkopats waren die Metropoliten von Bourges, Sens und Tours zugegen, ferner nahmen an der Konsekration neben dem Ortsbischof Theodericus dessen Amtsbrüder aus Chartres, Meaux, Beauvais und Senlis sowie der Abt Odilo von Cluny teil. Robert II. stattete die Kirche des heiligen Anianus, der als Oberhirte Orléans im Jahre 451 vor der Verwüstung durch Attilas Hunnenhorden bewahrt hatte, reichlich aus: mit einem gold- und silberverzierten Altar, kostbaren liturgischen Geräten, darunter drei Kreuze aus Gold, Gewändern und Handschriften sowie umfangreichem Grundbesitz[116].

Auch die Tatsache, daß ausgerechnet in Orléans eine Häresie in der königlichen Familie nahen Kreisen an der Kathedralkirche und Kollegiatstiften ausbrach, wirft ein bezeichnendes Licht auf die Stellung der Loirestadt jener Zeit. Erstmals wurden ebendort nach einer Synode 1022 Häretiker in Frankreich auf dem Scheiterhaufen verbrannt, wodurch die Vorgänge in der Historiographie bis heute weithin Beachtung fanden[117]. In dem Konflikt mögen auch Rivalitäten zwischen den Kapetingern und dem Hause Blois um Einflußzonen an der Loire eine Rolle gespielt haben.

Die Bedeutung von Orléans für die robertinischen Könige unterstreicht zudem die Tatsache, daß der Ortsbischof Arnulf (972–1003) zusammen mit dem Abt Abbo von Fleury zum engsten Beraterkreis gehörte; beide wetteiferten freilich um Macht und Einfluß und stritten miteinander um Rechte und Privilegien der Abtei[118]. Zugleich ist mit Fleury beziehungsweise Saint-Benoît-sur-Loire, 35 Kilometer östlich von Orléans gelegen, ein wichtiges Kloster im Orléanais für Hugo Capet und noch mehr für Robert II. genannt[119]. Hierauf wird noch ausführlicher zurückzukommen sein, wenn die Bedeutung der Abtei Saint-Denis für die (späteren) Kapetinger zu thematisieren sein wird.

Hinsichtlich der gesamten Königsherrschaft Roberts II. ist in vielem sichtbar, wie eng er seiner Heimatstadt Orléans verbunden war und blieb. Die Worte seines Biographen Helgaud sind wohl nicht übertrieben: »*Hunc denique locum, Aurelianensem scilicet sedem, specialius semper dilexit ...*«[120] Die reizvolle, verkehrsgeographisch günstige Lage der Stadt auf dem rechten Ufer, dort, wo die Loire, von Südosten aus dem Zentralmassiv kommend, ihren höchsten Scheitelpunkt erreicht und dann nach Westen hin zur Atlantikküste abknickt, mag schon Roberts Vorfahren angezogen und – wie die ansässige Bevölkerung – erfreut haben[121]. Der Boden in der Gegend um Orléans war fruchtbar, das Wasser der Loire klar und rein[122]. Äcker, Getreidefelder und Weinberge warfen reiche Erträge ab und prägen noch heute das Orléanais. Seit der Zeit Odos hatten die Robertiner hier an der Loire Fuß gefaßt und Stadt und Land zu einem Schwerpunkt ihrer Herrschaft entwickelt. Anders als in Paris war ihnen in Orléans nicht die gräfliche Gewalt für eine bestimmte Zeit entglitten; Vertraute und Verwandte bekleideten kirchliche Ämter in der Stadt. Die robertinische beziehungsweise kapetingische Pfalz lag im südwestlichen Eckbereich der von einer römischen Mauer umwehrten Stadt und erhob sich fast unmittelbar am Fluß[123]. Von dort ließ sich die unweit liegende alte römische Brückenverbindung über die Loire überwachen.

Aufs Ganze gesehen ergibt sich in den Jahrzehnten der kapetingischen Königsherrschaft um die Jahrtausendwende, daß Orléans eine klare Vorrangstellung zukam. Bezüglich Hugo Capets ist hiervon auszugehen. Unter Robert II. dem Frommen stellte Orléans noch deutlicher in mancherlei Hinsicht das Zentrum kapetingischen Handelns und herrschaftlicher Machtausübung dar. Dies entspricht der Stellung, welche der Geschichtsschreiber Rodulf der Glatzkopf († 1047) von der Loirestadt zeichnet. Der burgundische Mönch, welcher dem Reformer Wilhelm von Volpiano verbunden war, nennt Orléans »urbs regia« und »regum Francorum principalis sedes regia«[124].

Wenn Louis Halphen vor fast 100 Jahren Paris als »la capitale des domaines capétiens avant l'élection de Hugues Capet« bezeichnet[125], wird er daher der Bedeutung weder von Paris noch von Orléans gerecht. Diese Fehleinschätzung mag ihn mit dazu bewogen haben, nach der Wahl Hugo Capets zum französischen König die Rolle von Paris als Hauptstadt des Reiches, als »capitale du royaume«, zu umschreiben[126]. Schon Robert-Henri Bautier hat an beiden Aussagen Halphens Kritik geübt[127]. Auch der deutsche Historiker Ernst Pitz, der 1991 eine Darstellung des europäischen Städtewesens bis zum hohen Mittelalter vorgelegt hat, stellt – wie bereits eingangs erwähnt – in unzutreffender Weise heraus: »... Paris ..., das seit der Wahl Hugo Capets zum König im Jahre 987 wieder ... zur Hauptstadt Frankreichs aufrückte.«[128]

2.4 Die Entwicklung von Paris zur königlichen Hauptresidenz und Residenzstadt

2.4.1 Das Itinerar der kapetingischen Könige von Heinrich I. bis Ludwig VII.

Unter den Nachfolgern Hugo Capets und Roberts II. des Frommen veränderten sich die Rollen von Orléans und Paris im Gefüge ihrer Herrschaft – und auch diejenigen anderer Städte und Pfalzen. So ließ Heinrich I. (1031–60) anders als sein Großvater und sein Vater Urkunden häufiger in Paris als in Orléans ausstellen, worauf noch näher einzugehen sein wird[129]. Diese darzustellende Tendenz zugunsten der Seinestadt verstärkte sich unter seinen beiden Nachfolgern Philipp I. (1060–1108) und Ludwig VI. (1108–37) zusehends und sollte fortan nicht mehr umgekehrt werden, was in der Forschung schon beschrieben worden ist; da sich die Zahl der entsprechenden Quellen – auch im Blick auf die weiteren kapetingischen Könige – signifikant und kontinuierlich steigend erhöht, handelt es sich um eine verläßliche Überlieferungsgrundlage, die für unsere Ausgangsfrage erhellende Schlußfolgerungen erlaubt[130]. Indes kontrastiert hiermit, daß für Heinrich I., mit dem diese Tendenz beginnt, und seine Herrschaft die Quellenbasis vergleichsweise recht begrenzt ist. Dies erschwert es, sein Handeln zu erfassen und darzustellen. Egon Boshof hat zutreffend ausgeführt, daß er »zu den am wenigsten bekannten Herrschergestalten der französischen Geschichte gehört«[131]. Noch drastischer hat der Belgier Jan Dhondt vor fast 60 Jahren formuliert: »Henri Ier demeure un fantôme pour l'historien.«[132]

Bevor nach den Hintergründen der veränderten Haltung der Kapetinger, die mit Heinrich I. einsetzte, gegenüber Orléans und Paris gefragt wird, soll ein Blick auf die quantitativen Befunde der Quellenauswertungen geworfen werden. Der Zuwachs an Urkunden der einzelnen Könige ist mit dem Voranschreiten der Zeit beachtlich. Nach Olivier Guyotjeannin können an urkundlichen Zeugnissen für Heinrich I. 94, Philipp I. 163, Ludwig VI. 424 und Ludwig VII. 798 (Deperdita eingeschlossen) gezählt werden – nach 16 für Hugo Capet und 61 für Robert den Frommen[133]. Dabei ist zu berücksichtigen, daß nicht in jeder Quelle das Ausstellungsdatum und der Ausstellungsort angeführt werden und ein *palatium* ohne jedwede weitere Angabe genannt werden kann. Die königlichen Aufenthalte in Paris – hier wiederum Olivier Guyotjeannin folgend – nehmen von Herrscher zu Herrscher zu: So sind für Heinrich I. 15, Philipp I. 30 und Ludwig VI. 108 nachweisbar[134]. Die Bedeutung dieser Zahlen erschließt sich erst im Vergleich, hier mit Orléans. Die Loirestadt findet sich in der Statistik nach Paris auf dem zweiten Platz. Für Orléans lauten die Vergleichszahlen: 6 für Heinrich I., 18 für Philipp I. und 26 für Ludwig VI.[135] Was die Herrschaft Ludwigs VII. betrifft, für den noch keine kritische Urkundenedition, jedoch eine Zusammenstellung der Quellen vorliegt[136], kann auf die Untersuchung von Carlrichard Brühl zurückgegriffen werden. Diese bezog sich nicht auf die Zahl der Urkunden, sondern auf diejenige der erschließbaren Aufenthalte. Demnach ist etwa von 75 Aufenthalten Ludwigs VII. in Paris, hingegen nur von 31 in Orléans auszugehen[137]. Die Statistiken lassen sich um eine weitere von Jean Dufour, dem Editor der Urkunden Ludwigs VI., ergänzen. In der Auswertung der urkundlichen und sonstigen Quellen, wie zum Beispiel Chroniken, kann er diesen kapetingischen Herrscher 68mal in Paris, 25mal in Orléans und 12mal jeweils in Senlis und Étampes nachweisen[138].

Insgesamt zeichnen alle zitierten zahlenmäßigen Angaben ein klares Bild: In der Herrschaftspraxis Heinrichs I. vollzog sich ein grundlegender Wandel, der für Paris den Rang als bevorzugter königlicher Aufenthaltsort bedeutete und für Orléans eben den Verlust dieser unter Hugo Capet und Robert II. innegehabten Stellung. Unter den Heinrich I. nachfolgenden Kapetingern wird die Bedeutung von Paris, sofern sie sich an Zahlen ablesen läßt, immer klarer. Werden die Pfalzen und Städte im Umkreis von Paris und Orléans mit einbezogen, ergibt sich gleichfalls seither die herausragende Wichtigkeit des mittleren Seineraumes für die Königsherrschaft. Im näheren und weiteren Umkreis von Paris sind zum Beispiel Saint-Germain-en-Laye, Poissy, Pontoise, Saint-Léger-en-Yvelines, Montlhéry, Corbeil, Melun, Vincennes und Senlis zu beachten[139]. Nicht weit von Orléans entfernt liegen etwa Châteauneuf-sur-Loire, Lorris und Vitry-aux-Loges. Hinter den beiden Städten Paris und Orléans ergibt sich in der Hierarchie der Aufenthaltsorte nicht ein einziger, der von Heinrich I. bis Ludwig VII. kontinuierlich den dritten Platz beanspruchen kann[140].

Neben der Zahl der Aufenthalte, die statistisch erfaßt worden ist, wäre auch deren Dauer zu berücksichtigen, wie es schon in der deutschen Itinerarforschung geschehen ist, um unter anderem Aufschluß über königsnahe und -ferne Landschaften im Reich zu erhalten. Doch stellen sich in bezug auf Frankreich und insbesondere auf die hier zu diskutierende Hauptfrage unserer Untersuchung spezifische Probleme für die Zeit vom ausgehenden 10. bis zur zweiten Hälfte des 12. Jahrhunderts, die sich vordringlich zum einen aus der mangelnden Quellendichte, zum anderen aus dem vergleichsweise kleinen geographischen

Handlungsspielraum kapetingischen Reisens – hier wesentlich in der Krondomäne – ergeben. Die beiden Hauptorte im Itinerar der Kapetinger, Paris und Orléans, sind gut 100 Kilometer voneinander entfernt; ein geradliniger römischer, noch im Mittelalter benutzter Weg verband sie miteinander. Wenn man eine Reisegeschwindigkeit von 25 Kilometern pro Tag zugrunde legt[141], war die Strecke vom französischen König in vier Tagen zurückzulegen. Oder ein anderes Beispiel: Paris und Melun trennten ca. 35 Kilometer auf dem Landweg, die in zwei Tagen gut zu bewältigen waren. Daneben gab es noch die später von Ludwig IX. gern genutzte Schiffsverbindung auf der Seine[142]. Und ein weiteres: Innerhalb eines Tages war von Paris, der Île de la Cité, zu Pferde Saint-Germain(-en-Laye) zu erreichen, für den Weg nach Pontoise sind zwei Tagesetappen zu kalkulieren.

Selbst wenn hier und da die Dauer eines Aufenthaltes an einem Ort im Itinerar des kapetingischen Königs für die Zeit von Hugo Capet bis Ludwig VII. bestimmt werden könnte, entstünde ein Problem der Vergleichbarkeit bezogen auf die gesamte Regierungszeit und andere Pfalzen oder Städte. Deshalb ist von solch einem methodischen Vorgehen, das schnell an die Grenze seiner Realisierbarkeit in der Krondomäne stößt, kein weiterer Aufschluß für unsere Ausgangsfrage zu erwarten und würde im übrigen auch nicht die aufgewiesene Tendenz im Königsitinerar verändern können.

2.4.2 Die Entscheidung der Kapetinger für Paris und ihre Hintergründe

Die aufgezeigten statistischen Befunde belegen, daß es im Itinerar der kapetingischen Könige und somit in ihrer Regierungstätigkeit eine Hinwendung zu Paris und zu einer stetig voranschreitenden Bevorzugung der Stadt in der konkreten Herrschaftspraxis gegeben hat. Die eigentliche Zeit der Wende stellt die Herrschaft Heinrichs I. dar. Hier ist wiederum der vergleichende Blick auf ihn und seinen Vater Robert II. und ihr Handeln aufschlußreich. Während Robert II. Orléans mit seinen größten Stiftungen und Schenkungen bedachte, war Heinrichs I. größte Stiftung, die er kurz vor seinem Ableben 1060 – der Todestag war der 4. August – in Paris vollzog, die Gründung des regulierten Kanonikerstiftes Saint-Martin-des-Champs in Paris[143].

Wann genau der Wendepunkt in der Herrschaft Heinrichs I. – das heißt in welchem Jahr – eintrat, ist allein anhand der statistischen Auswertung nicht auszumachen, zumal ein Teil der Urkunden nur einer Zeitspanne zugeordnet werden kann. Was bewog den Sohn Roberts II. zu dieser politischen Kurskorrektur?

Warum sich dieser nicht mehr in derselben Intensität wie sein Vater Orléans zuwandte, ist den zeitgenössischen Quellen nicht zu entnehmen. Weder verlautet etwas von Schwierigkeiten oder Konflikten in der königlichen Herrschaft über die Stadt (das Grafenamt lag weiterhin in den Händen der Kapetinger, die Wirren um die Häresie wurden überwunden), noch gibt es Hinweise auf wirtschaftliche Engpässe in der Versorgung des königlichen Hofes oder der städtischen Bevölkerung. Es wird nichts davon berichtet, daß Heinrich I. des schönen Orléans in irgendeiner Weise überdrüssig wurde. Somit scheint es, daß sein Kurswechsel nicht direkt in Vorgängen in oder um Orléans wurzelt.

Wenn Handlungsbedarf für Heinrich I. bestanden haben sollte, ist zu bedenken, welche anderen Orte für ihn neben Paris in Frage hätten kommen können. Daß Reims in der Champagne, wo er noch zu Lebzeiten seines Vaters 1027 gesalbt und gekrönt worden ist, in die engere Wahl gekommen wäre, ist zweifelhaft. Denn die Stadt befand sich außerhalb der Krondomäne und überdies eher am Rande des westfränkischen Reiches. Wenn das *Sacre* in Reims, das – von Ludwig VI. (1108) und Heinrich IV. (1594) abgesehen – erstmals Ludwig dem Frommen 816 und letztmals Karl X. 1825 zuteil wurde, stattfand, speiste sich dies aus einer Tradition, in welcher die Taufe Chlodwigs, der Kult des heiligen Remigius und die Legende der heiligen Ampulle insbesondere ab dem 11. Jahrhundert eine wichtige Rolle spielten[144]. Als Spender des *Sacre* konnte sich der Erzbischof von Reims ab dem 10. Jahrhundert durchsetzen – maßgeblich vorbereitet von Hinkmar (845–82), der seiner Ortskirche die entsprechenden Vorrechte zu sichern trachtete. Jedoch konnten allein die liturgische Zeremonie und die Bedeutung des *Sacre* Reims in keiner Weise eine zentrale Stellung unter den robertinischen beziehungsweise kapetingischen Aufenthaltsorten verschaffen.

Topographische Ähnlichkeiten gibt es zwischen Paris und Melun, wo Heinrich I. nachweislich viermal urkundete[145]. Hier wie dort befand sich die Pfalz an der westlichen Spitze der Seineinsel und bot neben Annehmlichkeiten strategische Vorteile und Anbindung an das Wegenetz zu Lande und zu Wasser[146]. Und doch reichte das nicht aus, um die Entscheidung der Kapetinger für Melun herbeizuführen.

Das Itinerar Heinrichs I. weist darüber hinaus Orte wie Compiègne, Laon, Sens oder Soissons aus, doch liegt es bei ihnen nicht nahe, warum sie den Platz von Orléans hätten einnehmen sollen. Gab es in Heinrichs Zeit – so ist zu fragen – gravierende Veränderungen, welche die allgemeine politische Lage in seinem Königreich oder in der Krondomäne beziehungsweise die Machtstellung der Kapetinger betrafen?

Schon früh erhielt Heinrich I. den Beinamen *»Municeps – ob invincibilem expugnationem quarumque munitionum, non a captione munerum«*[147]. Hier liegt ein Hinweis vor, der bewaffnete Auseinandersetzungen impliziert und dem es sich genauer nachzugehen lohnt. Wenn man die Entwicklung der Königsherrschaft Heinrichs I. aufmerksam verfolgt, stößt man um die Mitte des 11. Jahrhunderts auf eine grundlegend veränderte militärisch-strategische Lage, deren Analyse bei der Beantwortung der gestellten Frage weiterführt. Zuweilen politisch verworrene Situationen und unübersichtliche Handlungsabläufe, nicht leicht zu datierende und rekonstruierende Ereignisse und Wendungen sowie teilweise überraschende persönliche Entscheidungen der Hauptakteure erschweren dabei neben Überlieferungslücken die Suche nach einer Antwort. Im Laufe der folgenden Darlegungen wird sich zeigen, daß William Mendel Newman irrt, wenn er schreibt: »Les rois de France dans leur politique comme dans leur domaine regardent vers le sud. Il faut attendre le règne de Philippe Auguste pour voir une avance au nord.«[148]

Die politische Bühne Frankreichs wurde in den Jahren um die Mitte des 11. Jahrhunderts von einem kleinen Kreis an Protagonisten beherrscht. Zu ihnen gehörten der Graf Gottfried II. Martell von Anjou († 1060), der Herzog Wilhelm von der Normandie († 1087), der Graf Theobald III. von Blois-Champagne († 1089) und König Heinrich I. – und in einem eingeschränkten Sinne Kaiser Heinrich III. († 1056)[149]. Innerhalb dieses Kreises hatte der Kapetinger sein Ansehen durch die Heirat mit Mathilde († 1044), einer Verwandten des Kaisers Konrad II. († 1039), und dann 1051 durch die Vermählung mit Anna, der Tochter des Großfürsten Jaroslaw von Kiew, zu mehren gewußt – wie zuvor schon sein

Urgroßvater Hugo Magnus, welcher die Ehe mit Hadwig, einer Schwester des ostfränkischen Königs Otto I., eingegangen war. Im Blick auf spätere Zeiten erscheint es bedeutungsvoll, daß es um die Mitte des 11. Jahrhunderts zum entscheidenden Bruch zwischen Wilhelm von der Normandie und Heinrich I. und zu einer fortwährenden bipolaren Konfrontationsstellung kam. Die »Schuldfrage« in bezug auf dieses Zerwürfnis soll uns hier nicht interessieren.

Um die veränderte militärisch-strategische Lage für die kapetingische Dynastie um die Mitte des 11. Jahrhunderts angemessen zu erfassen, bedarf es des Rückblicks auf die Entwicklung der Beziehungen zwischen den Normannen und dem Königtum. Wie dargestellt, brachte der 911 abgeschlossene Vertrag von Saint-Clair-sur-Epte weitreichende Folgen für das Beziehungsgefüge im westfränkischen Reich mit sich, Paris und seiner Region verschaffte er eine fast 150 Jahre währende Phase des Friedens und der Sicherheit, denn normannische Invasionen und Angriffe hörten auf. Eine folgenlose Zwischenepisode blieb der letztlich gescheiterte Feldzug Ottos II. nach Westfranken im Jahre 978, der damit den Überfall Lothars auf Aachen vergelten wollte[150]. Mit seinen ostfränkischen Truppen gelangte er bis zum Montmartre, doch blieb die Stadt Paris unbehelligt.

Nach dem Vertragsabschluß von Saint-Clair-sur-Epte kam es zwar noch zu militärischen Konflikten zwischen normannischen Stammesverbänden und den Westfranken, allerdings verlagerten sie sich in den Raum nordwestlich der Loire und bis in die Bretagne hinein, was hier beiseite bleiben kann.

Was die verfassungsmäßige Stellung des robertinischen Fürsten und des Grafen von Rouen betrifft, vollzog sie sich analog. Als der karolingische König Ludwig IV. Transmarinus im Jahre 936 Hugo Magnus als Herzog von Franzien anerkannte, konnte der normannische Fürst den Titel eines Markgrafen, *marchio*, beanspruchen[151]. Mit der Erhebung Hugo Capets zum König ebnete sich für diesen der Weg zur herzoglichen Würde, die erstmals im Jahre 1007 belegt ist. Um diese Zeit charakterisierte ein gutes Einvernehmen das Verhältnis zwischen dem Kapetinger Robert II. dem Frommen und dem Normannen Richard II. dem Guten (996–1026), das sich beispielsweise anläßlich eines Zusammentreffens am 30. Mai 1006 in Fécamp zeigte[152].

Wie gut die Beziehungen waren, läßt sich noch in den Monaten nach dem Tode Roberts II. verfolgen. Heinrich I., dem aufgrund des Ablebens seines älteren Bruders Hugo († 1025) die Nachfolge seines Vaters zugefallen war und der noch zu dessen Lebzeiten, nämlich am Pfingstfest des Jahres 1027, zum König gekrönt worden war, sah seine Herrschaftsübernahme durch große Widerstände im Reich in Frage gestellt. Bezeichnenderweise floh er zu dem normannischen Herzog nach Fécamp, um dessen Unterstützung in den familiären Zwistigkeiten zu erhalten. Denn die Mutter Konstanze, die der Graf Odo II. von Blois-Champagne und andere Große des Reiches unterstützten, begünstigte ihren jüngsten Sohn Robert, den Herzog von Burgund, im Kampf um den Königsthron und verfolgte Heinrich »*nouercali odio*«[153]. Daß sich dieser letztlich – wohl im Jahre 1034 – durchsetzen konnte, verdankte er dem Beistand und der Waffenhilfe des normannischen Fürsten Robert des Prächtigen († 1035)[154]. Daraufhin soll ihm Heinrich I. zum Dank »*totum Vilcassinum a fluuio Isara usque ad Eptum*« geschenkt haben, wie Ordericus Vitalis († 1142), der normannische Geschichtsschreiber aus dem in der Diözese Lisieux gelegenen Kloster Saint-Évroult, in seiner *Historia ecclesiastica* berichtet[155]. Nach dessen Darstellung soll dann der Graf des Vexin, Drogo, Robert dem Prächtigen als neuem Lehnsherrn gehuldigt haben[156]. Ob der Kapetinger tatsächlich das gesamte Vexin zwischen den Flüssen Oise und Epte dem Herzog von der Normandie abtrat oder ob der Chronist damit nur einen Rechtsgrund für spätere normannische Ansprüche auf dieses Gebiet liefern wollte, läßt sich nicht näher klären[157]. Jedenfalls begegnet uns hier in dessen Kirchengeschichte, im Zusammenhang mit den Anfängen der Herrschaft Heinrichs I., die Landschaft, die immer mehr in den Mittelpunkt der Auseinandersetzungen zwischen den kapetingischen Königen und ihren mächtigsten Vasallen, den Herzögen von der Normandie, rücken sollte. Nach Ordericus Vitalis gelangte der Kapetinger in der Folgezeit wieder in den Besitz des Vexin; dies soll sich einige Jahre nach seiner Schenkung zugetragen haben[158].

Das Einvernehmen zwischen Heinrich I. und Robert dem Prächtigen beziehungsweise dem Bastard Wilhelm II., der seinem Vater im Jahre 1035 nachfolgte, währte im großen und ganzen bis zum Beginn der 50er Jahre des 11. Jahrhunderts. Noch im Januar des Jahres 1047 siegten beide gemeinsam mit ihren Truppen über normannische Adelige, die sich gegen Wilhelm II. gestellt und versucht hatten, die herzogliche Würde Wido von Burgund zu verschaffen[159]. Die Schlacht fand in der Ebene Val-ès-Dunes statt, die sich nicht weit von Caen erstreckt. Für Heinrich I. stand das gemeinsame Vorgehen nicht in Frage. Denn er sah sich der expansiven Machtpolitik des Grafen Gottfried II. Martell von Anjou, des Sohnes von Fulko Nerra, und einer drohenden Auseinandersetzung mit Kaiser Heinrich III. gegenüber[160]. Das Haus Anjou und die salische Kaiserdynastie hatten sich dadurch angenähert, daß Heinrich III. 1043 Agnes von Poitou, die Stieftochter Gottfrieds, geheiratet hatte.

Die Auseinandersetzungen zwischen dem Herzog von der Normandie und dem Grafen von Anjou wurden mit erbitterter Schärfe an der Grenze von Nordost-Maine ausgetragen, wobei sich Heinrich I. diesem aus Gründen des Machterhalts entgegenstellte[161]. Im Jahre 1052 bahnte sich für den Konflikt das Ende an. Zu einem Friedensschluß zwischen Heinrich I. und Gottfried II. Martell kam es spätestens am 15. August 1052, als letzterer am Königshof in Orléans weilte. Eine Begegnung zwischen dem König und Wilhelm II. folgte am 20. September 1052 in Vitry-aux-Loges, im Wald von Orléans gelegen, doch konnte sie die entstandenen Spannungen zwischen den ehemaligen Bundesgenossen nicht beseitigen. Damals stand Heinrich I. im Zenit seines Ansehens: Vier Jahre zuvor hatte ein Treffen zwischen ihm und Kaiser Heinrich III. bei Ivois zu *amicitiam* geführt[162], 1051 war der französische König eine Ehe mit Anna, der Tochter des Großfürsten Jaroslaw von Kiew, eingegangen, deren Schwestern mit den Königen Andreas von Ungarn (1046–60) und Harald dem Strengen von Norwegen (1047–66) verheiratet waren[163]. Zuvor hatte Heinrich I. 1033 mit Kaiser Konrad II. vereinbart, dessen Tochter Mathilde in die Ehe zu führen, doch verstarb sie im folgenden Jahr. Dann kam eine Heirat mit einer Verwandten des Kaisers zustande, die ebenfalls Mathilde († 1044) hieß. Auch dies trug zu einem Ansehensgewinn bei.

Heinrich I. war nicht entgangen, daß sich Wilhelm II. anschickte, seine persönlichen machtpolitischen Ambitionen deutlicher als zuvor zu verwirklichen. Der Herzog von der Normandie ging trotz Einspruchs Papst Leos IX. (1049–54) im Jahre 1051 eine Ehe mit Mathilde, der Tochter des Grafen Balduin V. von Flandern, ein. Der Mediävist Dieter Berg führt die Expansionsbestrebungen des normannischen Herzogs mit auf »sozioökonomische Zwänge« zurück[164]. Wie zutreffend dies ist, mag hier dahingestellt bleiben. Dem Kapetinger Heinrich I. erschienen nun Ambitionen und Einflußgewinne Wilhelms II. bedrohlicher als die Machtstellung des Grafenhauses Anjou, und so entschloß sich der französische König zu einer bündnispolitischen Kehrtwende. Er entschied sich für eine Koalition mit Gottfried II. Martell, der noch die Grafen von Ponthieu und vom Talou sowie Kräfte um den Erzbischof von Rouen angehörten. Diese Koalition, welche die herzogliche Macht Wilhelms II. an mehreren Fronten bedrohte, schien dem Kapetinger einen Sieg zu verheißen. Jedoch bewies der Sohn Roberts des Prächtigen wiederholt sein militärisches und strategisches Geschick und besiegte die feindlichen Truppen mehrmals: Er triumphierte über die Koalition Heinrichs I. und Gottfrieds II. Martell in den Schlachten von Mortemer(-en-Bray) 1054 und Varaville bei Caen 1057[165].

Damit hatte sich statt des Einvernehmens eine harte Konfrontationsstellung zwischen dem König von Frankreich und dem Herzog von der Normandie ergeben. Dies kennzeichnet die neue politische Situation. Der Kapetinger hatte durch die Niederlagen an Macht und Einfluß eingebüßt. Vermutlich hätte er sich nicht auf die Risiken eines militärischen Kräftemessens eingelassen, wenn er den großen Machtzuwachs Wilhelms II., zumal nach der 1066 erfolgten Eroberung des englischen Königreiches, und dessen relativ lange Regentschaft bis zum Jahre 1087 hätte voraussehen können. Nun standen sich beide Monarchen unversöhnlich und äußerst mißtrauisch gegenüber. Beide mußten nun danach trachten, stets auf der Hut zu sein und dem anderen keinen weiteren strategischen Vorteil zu überlassen. Fortan wurde die Geschichte Frankreichs vor allem von der bipolaren Machtstruktur der Beziehungen zwischen dem französischen König und seinem mächtigsten Vasallen, dem Herzog von der Normandie und König von England, geprägt – bis hin zur Eroberung der Normandie durch Philipp II. Augustus im Jahre 1204[166]. Dieser grundlegende Konflikt führte immer wieder zu einem Wechsel der Bündnisse, der Beistandsbekundungen und -verpflichtungen sowie der tatsächlich gewährten militärischen und propagandistischen Unterstützungen im einen wie im anderen Lager. Die Allianzen waren beeinflußt von spezifischen Interessenlagen des lokalen und regionalen Adels, Bürgertums sowie kirchlicher Amtsträger. Der erbittert ausgetragene Kampf konnte eine europäische Dimension erhalten, wenn die Antagonismen zwischen Welfen und Staufern sowie Rivalitäten um das Papsttum mit hineinspielten.

Eine Folge der Auseinandersetzungen, die sich von den Grenzgebieten des normannischen Reiches im Süden und Südwesten mehr und mehr zum Gebiet links und rechts der Seine zu verlagern begannen, war unverkennbar: Die strategischen Interessen beider Kontrahenten, des normannischen Herzogs und des französischen Königs, stießen jetzt im Vexin hart und unmittelbar aufeinander, wie es nie zuvor in der Zeit nach dem Vertrag von Saint-Clair-sur-Epte im Jahre 911 der Fall gewesen war. Dies hatte weitreichende Konsequenzen für die kapetingischen Residenzorte Orléans und Paris (und damit auch für andere), zumal in einer Zeit, in welcher der jeweilige Herrscher gewöhnlich an der Spitze seiner Truppen im Kampfe stand und persönlich den Oberbefehl hatte. Die Stadt an der Loire geriet mehr und mehr in eine relative strategische Randlage; gewissermaßen proportional wuchs die Bedeutung von Paris.

Die veränderte geopolitische Rolle des Vexin[167], einer dünn besiedelten Landschaft, die sich nordwestlich von Paris erstreckt, spielte also höchstwahrscheinlich eine Schlüsselrolle bei der Entscheidung Heinrichs I. und seiner Nachfolger, sich bevorzugt in Paris aufzuhalten und hauptsächlich von hier aus zu handeln, zu regieren und Feldzüge zu unternehmen. Die herausragende strategische Bedeutung des Kalkplateaus, dessen Topographie mehr Beachtung verdiente, liegt somit auf der Hand, zumal für die Kapetinger Dreh- und Angelpunkt ihres politischen Handelns die Krondomäne war, in der sie ihre Machtbasis hatten, nicht das Königreich in seinen Grenzen. In einer Entfernung von 60 bis 70 Kilometern erhob sich von Paris aus gesehen das Kalkplateau, das die Flüsse Oise im Osten und Andelle im Westen begrenzten. Im geographischen Raum zwischen diesen beiden Flüssen, die rund 60 Kilometer voneinander trennen, entschied sich wesentlich das Schicksal der Stadt Paris und des kapetingischen Königtums.

Daß das Vexin in der hochmittelalterlichen Geschichte Frankreichs zwischen den französischen und englischen Königen (und Herzögen von der Normandie) hart umkämpft war, ist allgemein bekannt. Hier ist

Abb. 1 Die Burg in La Roche-Guyon nahe des Zusammenflusses von Seine und Epte.

indes die Bedeutung dieser Landschaft in einem bestimmten historischen Kontext für die Genese von Paris zu klären, eine Bedeutung, die
hinsichtlich der Wahl und Bevorzugung von Paris als Residenzort sowie
der Hauptstadtwerdung in Frankreich noch nicht hinreichend erfaßt
worden ist.

Wenn den anglo-normannischen Truppen der Vormarsch auf Paris
gelungen wäre, hätten sie den schmalen Schlauch der damaligen Krondomäne, von Compiègne bis Orléans reichend, gleichsam in der Mitte
durchtrennen können. Dann wäre der kapetingische König mehr oder
weniger zur machtpolitischen Bedeutungslosigkeit verurteilt und auf
Gedeih und Verderb vom normannischen Herrscher abhängig gewesen.
Innerhalb der (damals freilich noch nicht lückenlos kontrollierten)
Krondomäne, die zuweilen in west-östlicher Richtung nur wenige Dutzend Kilometer maß, kam Paris eine zentrale Lage zu: Von Orléans im
Süden war die Seinestadt ca. 100 Kilometer entfernt, von Compiègne im
Norden ca. 80 Kilometer. Dies erklärt auch, warum weder Orléans noch
Compiègne, weder Étampes noch Senlis für die Kapetinger als Haupt-
residenz in Frage kommen konnten. Und Sens lag noch abseitiger als
Melun, Laon bereits außerhalb der Krondomäne, die erst später an Um-
fang in allen Himmelsrichtungen deutlich zunehmen sollte[168].

An die einst bedeutende Vergangenheit des Vexin erinnern noch
heute gewaltige fortifikatorische Anlagen, so in eindrucksvoller Weise
die Burgen bei Les Andelys (Château Gaillard), in Gisors und La Roche-
Guyon, von deren massiven Wehrtürmen der Ausblick weit in die Landschaft hinein reichte[169] (siehe Abb. 1 und 2). Während Château Gaillard
erst 1196 und 1197 vom englischen König Richard Löwenherz (1189–99)
auf einem Kalkfelsen hoch über der unteren Seine erbaut wurde (siehe
Abb. 3), wobei von ihm als Kreuzfahrer gewonnene Kenntnisse des Bur-
genbaus im Heiligen Land eingeflossen sind, kam es schon früher und
weiter landeinwärts zur Errichtung der beiden anderen Wehranlagen.
Der Abt Suger von Saint-Denis beschreibt die günstig gelegene Burg La
Roche-Guyon: »*Supersistitur promuntorio ardui littoris magni fluminis Se-
quane horridum et innobile castrum, quod dicitur Rupes Guidonis, in superfitie sui
invisibile, rupe sublimi incaveatum, cui manus emula artificis in devexo montis
raro et misero ostio, maxime domus amplitudinem rupe cesa extendit ...*«[170]. Die
beiden Burgen in La Roche-Guyon und Gisors gehören zu einer ganzen

Abb. 2 Die Burg in Gisors nahe der Epte.

Abb. 3 Château Gaillard hoch über der Seine.

Reihe von Verteidigungsanlagen, die sich beiderseits des Flusses Epte erhoben; die erstere lag zwar hoch über der Seine, aber von dort waren es nur 1,5 Kilometer Luftlinie bis zur Epte. Diese mündet nahe bei Giverny in die Seine.

Entweder direkt am Fluß Epte oder in der Nähe hangaufwärts befand sich eine »erste« Verteidigungslinie, die Burgen im Hinterland ergänzten und – sit venia verbo – eine »zweite« bildeten. Zunächst waren es wohl allenthalben Motten und Donjons, allmählich dann umfangreichere Wehrbauten. In der ersten Phase wurde gewöhnlich ein Erdhügel aufgeschüttet – im Französischen als *Motte* bezeichnet – und darauf ein hölzerner, später steinerner Turm errichtet. Palisaden schützten mitunter die Vorburg mit Holzhäusern, wassergefüllte Gräben konnten die Anlage verstärken. Die Mehrzahl der Fortifikationsbauten beiderseits des Flusses Epte und im Hinterland entstand wohl nach der Mitte des 11. Jahrhunderts. Zu den Wehranlagen, die um 1050 dort bestanden oder gebaut wurden, gehören auf normannischer Seite unter anderem diejenigen in Neuf-Marché und Neaufles-Saint-Martin[171].

Unsere Kenntnis der Fortifikationsbauten im Vexin – mehr im »normannischen« (und generell in der Normandie) als im »französischen« – ist in den letzten Jahren und Jahrzehnten gewachsen, teilweise sind Ausgrabungen im Gelände durchgeführt worden, mehrere archäologische und historische Studien sind in Vorbereitung. Die Fortschritte der lokal- und regionalgeschichtlichen Forschung spiegeln sich wider in einzelnen Beiträgen zu landesgeschichtlichen Zeitschriften, zu Sammelbänden oder zur Buchreihe »Château Gaillard«, in denen die Ergebnisse der gleichnamigen Tagungen publiziert werden[172]. Doch bedarf es insgesamt noch einer systematischeren archäologischen und bauhistorischen Forschung zur Burgenlandschaft des Vexin.

Nach dem Tode des französischen Königs Heinrich I. rückte das Vexin unter seinen Nachfolgern noch stärker ins Zentrum des Geschehens. Fortan sollten die Streitigkeiten besonders diese Landschaft betreffen. Die Folgen waren verheerend: »*... unde grauissimum pondus detrimentorum clericis et laicis male infixum est*«[173]. Zahlreiche Menschen kamen um[174]. Von den immer wieder aufflammenden Kämpfen, den Feldzügen und Schlachten, vom mehr oder weniger heldenhaften Einsatz der königlichen und herzoglichen Heerführer zeichnen die Ge-

schichtsschreiber jener Zeit ein äußerst farbiges Bild: sei es der normannische Mönch Ordericus Vitalis in seiner *Historia Ecclesiastica*, sei es der
Abt Suger von Saint-Denis in seiner Vita Ludwigs VI.[175].

Einige Beispiele aus der Reihe zahlreicher Auseinandersetzungen
vermögen zu veranschaulichen, wie hart und erbittert die Kämpfe geführt wurden und wie sehr um und im Vexin zwischen den Kriegspar-
teien gerungen wurde. Dadurch wird zudem nochmals verdeutlicht, wie
wichtig und wegweisend die Entscheidung der Kapetinger war, sich
mehr und mehr in der Pariser Pfalz aufzuhalten und so die Seinestadt
als Hauptresidenz zu wählen.

In der letzten Juliwoche des Jahres 1087 marschierte Wilhelm II.,
zugleich Herzog von der Normandie und englischer König, mit seinen
Truppen ins Vexin ein und griff die Burg Mantes an der Seine an, die
binnen kurzem erobert wurde[176]. Die Normannen legten die Burg mit
der sie umgebenden Siedlung in Schutt und Asche; die Kirchengebäude
wurden niedergebrannt. Zahlreiche Bewohner kamen bei dem Gemet-
zel um[177] – ein Schicksal, das dem kapetingischen König und den Bürgern von Paris drohend vor Augen schwebte. Während Wilhelm II. 1066
die Eroberung Englands geglückt war, blieb ihm diejenige des Vexin
allerdings versagt. Im Jahre 1087 spitzte sich die Situation für den kapetingischen König nicht weiter zu. Denn sein Widersacher erkrankte
nach der Eroberung von Mantes schwer und mußte den Feldzug abbre-
chen. Bald darauf verstarb er am 9. September 1087 in der Nähe von
Rouen[178]. Noch auf dem Totenbett soll er verfügt haben, dem Klerus in
Mantes die Finanzmittel zukommen zu lassen, *»ut inde restaurarentur aec-
clesiae quas combusserat«*[179]. Wilhelm II., dessen »Mißtrauen, Strenge und
Grausamkeit« die Einstellung zu den Menschen prägten, fand sein Grab
in der von ihm gegründeten Abtei Saint-Étienne zu Caen[180].

Sein Lieblingssohn Wilhelm der Rote (1087–1100), der ihm auf dem
englischen Königsthron nachfolgte und der von seinem Bruder Robert
vor dessen Aufbruch zum Kreuzzug 1096 das Herzogtum der Normandie als Pfand erhalten hatte, wagte gegen Ende September des Jahres
1098 erneut mit einem großem Heer einen Feldzug ins Vexin und stieß
über die Epte vor[181]. Die Feindseligkeiten waren bereits im Jahre 1097
ausgebrochen. Vermutlich zielte Wilhelm der Rote – so nach seiner Ge-
sichtsfarbe genannt – auf Paris als strategisches Ziel seines Angriffes[182].

Ob sein Heer zahlenmäßig so weit überlegen war, wie der Abt Suger von Saint-Denis berichtet, ist zu bezweifeln. Nach diesem ritt Ludwig VI. an der Spitze von 300 oder 500 Rittern ins Vexin, welchen 10.000 (!) Ritter des englischen Königs gegenüberstanden – wohl eine maßlose Übertreibung Sugers, um Person und Handeln des Kapetingers um so glanzvoller herausstreichen zu können[183]. Ein wichtiges strategisches Ziel mißlang Wilhelm dem Roten trotz seines großen Heeres: die Eroberung der kapetingischen Feste Chaumont im sogenannten »französischen Vexin«[184]. Die aufopferungsvoll kämpfenden Verteidiger töteten »sagittis et missilibus« mehr als 700 wertvolle Schlachtrosse, über deren Kadaver Hunde und Aasvögel herfielen[185]. So manch stolzer Ritter, der hoch zu Roß an der Seite Wilhelms des Roten die Epte überquert hatte, mußte zu Fuß gedemütigt zurückkehren[186].

Als strategisches Etappenziel der normannischen Herzöge beziehungsweise der englischen Könige ist immer wieder Pontoise erkennbar[187], eine befestigte Siedlung am rechten Ufer der Oise. Dort führte die von Paris und Saint-Denis kommende Römerstraße über den Fluß, um wie ein schnurgerader Strich Saint-Clair-sur-Epte und Radepont an der Andelle und dann Rouen zuzustreben[188]. Der lateinische Name des Ortes, *Pons Isarae*, *Pont-isaria* oder *Pont-esia*, bei dem das Kalkplateau des Vexin zum Fluß Oise hin abfällt, weist auf die Brückenverbindung hin[189]. Nach einer Einnahme von Pontoise hätte im übrigen einem Vormarsch feindlicher Truppen auf die Abtei Saint-Denis und die Stadt Paris nichts mehr im Wege gestanden. Neben Pontoise kam der Burg Chaumont die größte strategische Bedeutung im kapetingischen Teil des Vexin zu[190]; in diesem Zusammenhang gilt es, auch auf die herausgehobene Rolle der Burg Mantes, am linken Seineufer im Süden des Vexin gelegen, hinzuweisen[191]. Der Bau der normannischen Feste Gisors an der Epte, die als »*firmissimum castrum*« geplant war, sollte nach Wilhelm dem Roten insbesondere ein Gegengewicht zur Burg Chaumont darstellen[192]. Bei späteren Feldzügen des englischen und französischen Königs läßt sich wiederholt beobachten, welche wichtige Rolle in deren Verlauf die Festungen Gisors und Chaumont einnahmen. Truppenverbände sammelten sich in diesen Burgen, brachen von dort auf oder zogen sich dorthin zurück, zumal gegen Abend. Während beispielsweise die Normannen im Laufe des Konflikts um 1109/10 in Gisors lagerten, standen ihnen die

Ritter Ludwigs VI. in Chaumont gegenüber[193]. Zwei weitere Festungen in Trie und Boury, die näher als diejenige in Chaumont zum Grenzfluß hin lagen, verstärkten im übrigen die kapetingische Verteidigungslinie in diesem Raum[194].

Daß Fortifikationswerke links und rechts der Epte sich mehr oder weniger direkt gegenüberlagen und entsprechend strategisch geplant und genutzt wurden, zeigt nicht nur das Beispiel von Gisors und Chaumont. Auch das schon genannte befestigte Saint-Clair-sur-Epte auf der »französischen« Uferseite und die Wehranlage Château-sur-Epte (siehe Abb. 4), von welcher der weiter unten vorbeiführende römische Weg zwischen Paris und Rouen kontrolliert werden konnte, lagen einander gegenüber, ebenso die Wehrbauten in Bray und Baudemont, Gasny und Malassy im unteren Teil des Eptetales[195]. Auf die »Parität« im Festungswesen des Vexin wurde vom französischen wie vom englischen König beziehungsweise Herzog von der Normandie sorgfältig geachtet, um der Gegenseite keinen strategischen Vorteil zuzulassen. Anderenfalls drohten weitreichende Folgen.

Zur Bedeutung des Vexin in den Beziehungen zwischen französischem und englischem König beziehungsweise dem Herzog von der Normandie sowie zur Wahl von Paris als Hauptresidenzort der Kapetinger ist Weiteres anzumerken. Der Sohn Heinrichs I., Philipp I. (1060–1108), eignete sich im Jahre 1077 weitgehend das Vexin an, als der unverheiratete Graf Simon von Valois dem weltlichen Leben entsagte und in ein Kloster im Schweizer Jura eintrat[196]. Der König vergab die Grafschaft Vexin nicht an einen ihm nahestehenden Adeligen, sondern vertraute sie seinem Sohn Ludwig VI. im Jahre 1092 an[197]. Dieser führte seither den Titel eines Grafen des Vexin und hatte sich um die Sicherung des ihm anvertrauten Gebietes zu kümmern. So fiel es ihm zu, bei dem schon dargestellten Angriff Wilhelms des Roten 1097/98 auf das Vexin die Verteidigung der kapetingischen Seite zu organisieren und zu leiten – und dies höchst erfolgreich[198].

Um hier vorerst abzubrechen und zu resümieren: Für unsere Fragestellung ist im höchsten Maße bedeutsam, daß sich die Lage im Königreich Frankreich, näherhin in der Krondomäne, im Zeichen der neuen bipolaren Mächtekonstellation, die sich aus der erbitterten Konfrontation der kapetingischen und anglo-normannischen Herrscher ergab,

Abb. 4 Luftbildaufnahme von der Wehranlage in Château-sur-Epte,
deren Umrisse im Verlauf der Gebäude noch heute erkennbar sind.

entscheidend veränderte. Diese Entwicklung, die sich seit der Mitte des 11. Jahrhunderts abzeichnete, hat für die Genese der königlichen Residenz auf der Seineinsel entscheidende Bedeutung. Das Schicksal der Stadt war nun eng mit dem des Vexin verklammert. Mehr als je zuvor war dort die Präsenz des Königs vonnöten. Im Vergleich zu Paris war Orléans mehr in eine strategische Randlage gerückt, von anderen königlichen Residenzen nördlich und südlich der Seinestadt wie zum Beispiel Compiègne, Senlis, Étampes oder Melun ganz zu schweigen. Die beschriebene militärisch-strategische Gesamtlage sollte von der Herrschaft Heinrichs I., welcher die politische Kurskorrektur vornahm, bis zum Jahre 1204 währen, als Philipp II. die Normandie erobern konnte[199]. In diesen rund 150 Jahren entschied sich das weitere Schicksal von Paris – mit weitreichenden Folgen für die Krondomäne und das Königreich Frankreich.

2.4.3 Die Rolle der Abteien Fleury und Saint-Denis

Nahe der alten Römerstraße, die von Paris nach Beauvais führte, erhob sich die Abtei Saint-Denis in der Ebene nördlich der Seine und gab jener den heutigen Namen (la plaine Saint-Denis). In der Nähe zweigte der römische, im Mittelalter so häufig benutzte Weg nach Rouen ab. Schon mehr als 100 Jahre vor der Thronbesteigung Hugo Capets traten die Robertiner in engere Beziehungen zum Konvent. Bevor der älteste Sohn Roberts des Tapferen, Odo († 898), im Jahre 888 zum westfränkischen König aufstieg, hatte er das Kloster seinem Machtbereich einverleibt[200]. Zu der Übereinkunft des Jahres 897, die er mit seinem Widersacher Karl dem Einfältigen († 929) schloß, gehörte es, daß dieser jenem Saint-Denis übereignete und damit jedweden karolingischen Rechtsanspruch auf die Abtei endgültig begrub[201]. Seither geboten die Robertiner nahezu uneingeschränkt über das Kloster, dessen Kirche die Gräber einiger merowingischer und karolingischer Herrscher barg. Als Odo am 1. Januar 898 im Winterlager in La Fère-sur-Oise verstarb, wurde sein Leichnam in die Abteikirche überführt, um ihn zur letzten Ruhestätte an der Seite seiner merowingischen und karolingischen Vorgänger an der Spitze des Königreiches zu betten. Damit besteht nicht nur zum ersten Mal sichere Kunde über den Bestattungsort eines Robertiners – derjenige seines Vaters ist unbekannt –, sondern es handelt sich auch um das erste Begräbnis eines Abkömmlings dieses Geschlechts in der Abteikirche Saint-Denis.

Die Verfügung über dieses Kloster fügt sich ein in den stetig angewachsenen robertinischen Besitz, zu der weitere ehemalige Königsabteien wie Marmoutier, Saint-Martin in Tours, Saint-Aignan in Orléans, Saint-Germain-des-Prés, Saint-Amand und Morienval zählten. Über sie herrschte als Laienabt der jüngste Sohn Roberts des Tapferen, der im Jahre 922 als Robert I. wie zuvor sein Bruder Odo die Königswürde erlangte[202]. Am Pfingstfest des Jahres 923 fand Robert I. in einer Schlacht gegen ein karolingisches Heer nahe bei Soissons den Tod; darüber, wo seine sterblichen Überreste bestattet wurden, ist nichts bekannt.

Es läßt sich weder für das ausgehende 9. Jahrhundert noch bis ins letzte Viertel des 10. Jahrhunderts hinein feststellen, daß das im westfränkischen Reich dominierende robertinische Adelsgeschlecht zu einem Kloster aus dem Kreis der Abteien, über die es herrschte, eine besonders enge Beziehung aufbaute. Keine Kommunität erhielt von den Robertinern eine so privilegierte Stellung, daß sie sich über die anderen erhob – auch nicht Saint-Denis. Erst in den letzten Jahren vor der Jahrtausendwende zeichnet sich ab, daß einem Konvent ein erkennbarer Vorzug eingeräumt wurde: demjenigen von Fleury[203]. Dies fällt damit zusammen, daß sich das machtpolitische Gravitationszentrum der Robertiner wie aufgezeigt nach Orléans verlagerte. Die Stadt an der Loire und das östlich davon flußaufwärts gelegene Kloster trennen nur rund 35 Kilometer, sie lagen damals also ein bis zwei Tagesreisen auf dem Landweg voneinander entfernt. Die Pfalz Vitry-aux-Loges lag etwa 12 Kilometer leicht nordwestlich von Fleury. Um die Mitte des 7. Jahrhunderts auf dem rechten Loireufer gegründet, hatte sich aus Fleury einer der berühmtesten Wallfahrtsorte in Frankreich entwickelt, wozu die Überführung der Reliquien des heiligen Benedikt von Nursia – deren Echtheit nicht unumstritten blieb – aus dem zerstörten Kloster Montecassino in der zweiten Hälfte desselben Jahrhunderts maßgeblich beigetragen hatte. Dies führte zum neuen Namen Saint-Benoît-sur-Loire. Das einflußreiche Reformzentrum strahlte in andere Teile Frankreichs, nach England und ins Reichsmönchtum aus.

Die besondere Stellung der Abtei Fleury zeigte sich in mehrfacher Hinsicht: Die Äbte Abbo (988–1004) und Gauzlin (1004–30), der von einer Reise nach Rom »*reliquias sudarii domini nostri Jhesu Christi*« mitbrachte[204], stiegen zu den wichtigsten Beratern und Vertrauten der französischen Könige Hugo Capet und (noch stärker) Robert II. auf, denen sie die Einsetzung als Vorsteher des Klosters wesentlich zu verdanken hatten[205]. Die enge Bindung kommt auch darin zum Ausdruck, daß Abbo von Fleury zwei kirchenpolitisch und kanonistisch bedeutsame Schriften, den *Liber apologeticus* und die *Collectio canonum*, Hugo Capet und Robert II. widmete[206].

Als Robert II. nach dem Tode seines Vaters die alleinige Königsherrschaft übernahm, betraute er bezeichnenderweise Abbo von Fleury mit der Leitung einer Gesandtschaft zu Gregor V. (996–99), die eine Beilegung des seit mehreren Jahren schwelenden Konflikts um die Besetzung des erzbischöflichen Stuhls von Reims erreichen sollte – und wohl auch die päpstliche Zustimmung zu einer Ehe mit Berta, der Witwe Odos von Chartres. Am 13. November 996 gewährte der Papst Abbo bei Spoleto ein Privileg, das in der überlieferten Fassung der Abtei Saint-Benoît-sur-Loire und ihrem Vorsteher eine herausgehobene Ehrenstellung und weitreichende Rechte zugestand, »*quia venerabilis pater Benedictus, monachorum legislator et dominus, dux est religionis monastice*«[207]. Danach sollte der Abt von Fleury als »*primus inter abbates Gallie*« fungieren; ihm wird also der Ehrenprimat unter den Äbten Frankreichs zugesprochen[208]. Offenkundig mit Blick auf die päpstliche Privilegierung stellt übrigens der Mönch Helgaud in seiner Vita Roberts II. die Bedeutung der Abtei sogar als »*caput totius ordinis monastici*« heraus[209]. Um zur Urkunde Gregors V. zurückzukehren: Falls gegen den Abt Anklage wegen eines Verbrechens erhoben werden sollte, war vorgesehen, daß hierüber auf einer Provinzialsynode oder auf dessen Wunsch hin durch den Papst entschieden wurde. Eine Reise nach Rom ist dem Vorsteher jederzeit erlaubt. Dem Kloster mit seinen Dependenzen werden Immunität und Exemtion im Hinblick auf weltliche und kirchliche Funktionsträger bestätigt. Wenn ein Interdikt – »*peccatis habitatorum terre exigentibus*« – auch die Abtei einbezöge, sollten die Mönche nicht darunter fallen und ohne Einschränkung ihre liturgischen Offizien feiern dürfen[210]. Die Urkunde Gregors V. bestätigte im Jahre 1072 Alexander II.

Das enge Zusammenwirken der Kapetinger und der Äbte von Fleury zeigte sich ein weiteres Mal im Jahre 1012. Robert II. sorgte dafür, daß

Abbos Nachfolger Gauzlin zum Erzbischof von Bourges erhoben wurde, der gleichwohl weiterhin den Konvent von Fleury leitete, und damit die angesehene Stellung eines Metropoliten in der französischen Kirche übernahm[211]. Einer seiner Mitbrüder, Helgaud, verfaßte wie erwähnt die schon zitierte Vita Roberts II., der sich in vielem als Wohltäter Fleurys erwies. Darin, daß die königsnahe Geschichtsschreibung – hierzu sind wohl auch die *Res gestae gentis sive regum Francorum* zu rechnen[212] – mit der Abtei verbunden war, spiegelt sich noch einmal die besondere Nähe zwischen der kapetingischen Dynastie und der Abtei wider.

Wenn man die Zeit Roberts II. mit der Ludwigs VI. vergleicht, dann läßt sich der grundlegende Wandel im Verlauf von mehr als 100 Jahren ermessen. Während sich Robert II. wesentlich auf den Rat des Abtes von Fleury stützte, war der Abt Suger von Saint-Denis der wichtigste und vertrauteste Ratgeber Ludwigs VI.[213] Während die Vita Roberts II. im Kloster Fleury entstand, wurde die Biographie seines Urenkels in der Abtei Saint-Denis verfaßt, und zwar von Suger selbst. Während sich der Sohn von Hugo Capet als großer Förderer von Fleury zeigte, überhäufte Ludwig VI. Saint-Denis, den Konvent und den Abt, mit Gunsterweisen und Privilegien. Die Bindungen zwischen der kapetingischen Königsdynastie und beiden Klöstern gewannen zu unterschiedlichen Zeiten eine solche Dichte und Qualität, daß sich die beiden monastischen Kommunitäten deutlich von den anderen im Königreich abhoben. Um es auf eine prägnante Formulierung zu bringen, welche jeweils die Verbindung zwischen dem bevorzugten kapetingischen Residenzort und dem nicht weit davon entfernten geistlich-monastischen Bezugspunkt zum Ausdruck bringt: Zu Zeiten Ludwigs VI. läßt sich von einer »Achse Paris–Saint-Denis« sprechen, welche an die Stelle der »Achse Orléans–Fleury« während der Herrschaft Roberts II. trat. Um diese Achse begann sich das politische Leben Frankreichs zu drehen. Inhalt und Formen der beiden grundlegenden Beziehungsgefüge deckten sich freilich nicht völlig; auf die Veränderungen und die neuen Aspekte unter Ludwig VI. wird gleich ausführlicher eingegangen werden. Interessanterweise trat zu einem bevorzugten königlichen Residenzort jeweils ein Kloster, weder eine bischöfliche Kathedralkirche noch ein Kanonikerstift. Sowohl Robert, dem bezeichnenderweise der Beiname »der Fromme« gegeben wurde, als auch Ludwig, der in einer klösterlichen Dependenz von Saint-

Denis erzogen worden war, wandten sich in persönlicher Weise dem reformierten monastischen Leben und zudem in vielfacher Weise den Kommunitäten zu.

Den benediktinischen Kommunitäten von Fleury und Saint-Denis war interessanterweise gemeinsam, daß sie von Cluny aus reformiert wurden, ohne jedoch der *Cluniacensis Ecclesia* inkorporiert zu werden. Nicht nur in diesen beiden Fällen erwiesen sich die Robertiner – zusammen mit ihren Großvasallen – als Förderer des cluniacensischen Mönchtums, wozu beitrug, daß die burgundische Abtei mit dem Mâconnais dem Herzog Rudolf († 936) zufiel. Dieser war mit dem robertinischen König Robert I. verbündet, heiratete dessen Schwester Emma und wurde im Jahre 923 auch sein Nachfolger an der Spitze des westfränkischen Königreiches. Auf Bitten des Grafen Elisiardus und wohl mit Billigung Hugos des Großen, des Sohnes Roberts I. und des Schwagers Rudolfs I., erneuerte Abt Odo von Cluny (927–42) um 930 den Konvent von Fleury. 64 Jahre später übertrug Hugo Capet dem zweiten Nachfolger Odos auf dem Abtsstuhl von Cluny, Maiolus (954–94), die Reform des Klosters Saint-Denis, was dessen Nachfolger Odilo (994–1049) ins Werk setzte[214].

Trotz der großen Gemeinsamkeiten ist auch auf Unterschiede zwischen den beiden Klöstern im Orléanais und in der Île-de-France hinzuweisen. Die Rolle, die im Laufe von Jahrzehnten Saint-Denis zuwuchs, ging über die Bedeutung von Fleury zu Zeiten von Hugo Capet und Robert II. noch hinaus. Hierbei ist zu unterscheiden, was im einzelnen von ihren Äbten, allen voran Suger, an Ansprüchen im Königreich Frankreich aufgestellt wurde und welche Funktionen der Abtei tatsächlich zukamen. So ist die Rolle von Saint-Denis als Grablege des kapetingischen Geschlechts, als Zentrum königsnaher Geschichtsschreibung, als Krönungsort, als Aufbewahrungsort der königlichen Insignien und »nationalen« Heiligtümer, als Hort des königlichen Archivs (und anderes mehr), ferner die Rolle des Abtes als Ratgeber des Monarchen und Königsregenten zu klären.

Daß selbst in den Zeiten der kapetingischen Herrscher Hugo Capet und Robert II., als sie bevorzugt in Orléans residierten, das ihnen eng verbundene Kloster Fleury nicht als Grablege wählten, ergibt sich aus der Verbundenheit mit ihren Vorfahren, seien es gekrönte, seien es ungekrönte. Mit Odo, dem ersten robertinischen König, fand zum erstenmal ein Angehöriger dieses Adelsgeschlechts sein Grab in der Abteikirche von Saint-Denis. Zum einen unterstrich der Begräbnisort an der Seite merowingischer und karolingischer Könige den Machtanspruch der Robertiner, zum anderen gehörte die Abtei zum Kreis der Klöster, über welche diese geboten. Der nächste Robertiner, dessen Bestattungsort bekannt ist, war Odos Neffe Hugo der Große († 956). Dieser *dux Francorum*, der eine königsgleiche Stellung einnahm und das durch seine Heirat mit Hadwig, der Schwester Ottos des Großen, unterstrich, wurde ebenso wie sein Sohn Hugo Capet, sein Enkel Robert II. und sein Urenkel Heinrich I. in Saint-Denis bestattet[215]. Von den Orten nahe bei Chartres und Melun sowie von Vitry(-en-Brie), wo die Könige verstarben, wurden ihre sterblichen Überreste dorthin überführt[216]. Daß sich Philipp I. wohl aus einer persönlichen Haltung heraus dazu entschied, Fleury als Begräbnisort vorzuziehen, blieb eine Ausnahme[217]. Damals, im Jahre 1108, hatte Orléans die Rolle als bevorzugter Residenzort der regierenden Kapetinger bereits seit mehreren Jahrzehnten an Paris verloren. Somit ist die Grabwahl Philipps I. nicht als Versuch der Wiederbelebung der »Achse Orléans–Fleury« anzusehen. Gleichwohl unterstreicht die Entscheidung Philipps I. ebenso wie diejenige seines Enkels Ludwig VII. für das zisterziensische Kloster Barbeaux nahe Fontainebleau, daß die Rolle von Saint-Denis als Grablege der französischen Könige noch keineswegs so gefestigt und quasi unverrückbar wie in späteren Zeiten gewesen ist[218]. Eine Reaktion des damaligen Abtes des Dionysiusklosters blieb im übrigen nicht aus: Adam ordnete wohl noch im Jahre 1108 an, Dagoberts, des ersten Königs, der dort bestattet worden war und sich als großer Wohltäter des Konvents erwiesen hatte, künftig an jedem 19. Januar feierlich zu gedenken[219]. Diese Anniversarstiftung sollte die königliche Sepulkraltradition des Klosters unterstreichen.

Daß Ludwig VI. anders als sein Vater Philipp I. wieder seine letzte Ruhestätte in der Abteikirche Saint-Denis finden würde, zeigte bereits die Wahl des Begräbnisortes für den am 29. August 1116 geborenen Thronfolger Philipp an. Diesen hatte am 13. Oktober 1131 überraschend der Tod ereilt, als ein Schwein – nach Suger von Saint-Denis ein »teuflisches« – dessen Roß in einer Pariser Vorortstraße so sehr erschreckte, daß es stürzte, ihn abwarf und unter sich begrub[220]. Philipp, der am

18. April 1120 als Thronnachfolger designiert und am 14. April 1129 zum König gekrönt worden war, wurde in der Abteikirche Saint-Denis zur Linken des Trinitätsaltares bestattet. Suger hebt dessen Beisetzung *»more regio humato«* sowie *»in sepultura regum«* hervor[221].

Als sich das Leben Ludwigs VI. selbst, der unter seinen Gewichtsproblemen, Kriegsverletzungen und schweren Durchfällen immer mehr zu leiden hatte, dem Ende zuzuneigen begann, äußerte er in Châteauneuf-sur-Loire im Herbst 1135 den Wunsch, nach Saint-Denis, *»apud sanctos Martyres protectores suos Dyonisium sociosque ejus«*, gebracht zu werden[222]. Vor ihren Reliquien wollte er – so in der Darstellung Sugers – die Krone absetzen, mit dem Mönchsgewand des heiligen Benedikt eingekleidet werden und die Profeß ablegen[223]. Wider Erwarten erholte sich der König noch einmal und konnte über Melun nach Saint-Denis gelangen. In der Abteikirche warf er sich vor den Reliquien nieder und vollzog unter Tränen *»votivas pro impensis beneficiis et devotas gratiarum actiones«*[224]. Doch zu einer Profeß und einem Leben im benediktinischen Konvent von Saint-Denis scheint es nicht gekommen zu sein. Im Juli 1137 konnte Ludwig noch die Heirat seines Sohnes Ludwig mit Eleonore von Aquitanien erleben. An sein Totenbett, wohl im königlichen *palatium* auf der Seineinsel, ließ er den Bischof Stephan von Paris und den Vorsteher von Saint-Victor, Gilduinus, kommen, um die Beichte abzulegen und die heilige Kommunion zu empfangen. Sein Gesundheitszustand ließ es nicht zu, daß er nach Saint-Denis gebracht werden konnte, *»ut quod votum sepius spoponderat humillime persolveret ...«*[225] So verstarb der König am 1. August 1137 in Paris. Seinem Wunsch gemäß wurden seine sterblichen Überreste zwischen den Altären der heiligen Trinität und der heiligen Märtyrer in der Abteikirche bestattet[226] (siehe Abb. 5).

Bezogen auf die gesamte Familie der Robertiner beziehungsweise Kapetinger gibt es bis ins 13. Jahrhundert hinein verschiedene Bestattungsorte, unter denen freilich Saint-Denis aufgrund der Zahl der nachweisbaren Begräbnisse und der beerdigten Könige der Spitzenplatz zufällt. Zu diesem Kreis der Grabstätten zählen neben Saint-Denis, wo im übrigen mit Konstanze († 1034), der dritten Ehefrau Roberts II., die erste kapetingische Königin nachweislich bestattet worden ist, und Fleury Kanonikerstifte wie Saint-Corneille in Compiègne und Saint-Victor, Domkirchen wie Notre-Dame in Paris und zisterziensische Klöster wie

Abb. 5 Die Kirche Saint-Denis mit Blick auf die Westfassade.

Pontigny[227]. Während die dritte Ehefrau Roberts II. und die zweite Ehefrau Ludwigs VII., Konstanze von Kastilien († 1160), ihre letzte Ruhestätte in Saint-Denis fanden, wurden Adela von Champagne († 1206), Ludwigs VII. dritte Gemahlin, in Pontigny und Elisabeth von Hennegau († 1190), die erste Gattin Philipps, in Notre-Dame zu Paris bestattet. Ebenso wie bei den Königinnen läßt sich auch bei den Thronfolgern und generell den Kindern der kapetingischen Könige keineswegs eine ausschließliche Bestattung in der Abteikirche nördlich von Paris feststellen. Hugo († 1025), der Sohn Roberts II. und dessen Thronfolger, erhielt sein Grab in Saint-Corneille in Compiègne. Zwei Kinder Ludwigs VI. fanden ihre letzte Ruhestätte in Saint-Victor, zwei andere Philipps II. ebenfalls in Paris, allerdings in der Kathedralkirche. Dies mag damit zusammenhängen, daß die Seinestadt im Verlauf des 12. Jahrhunderts der bevorzugte Residenzort der Kapetinger gewesen ist.

Somit ergibt sich für Saint-Denis in der Zeit vom 9. bis zum 13. Jahrhundert – aufs Ganze gesehen – eine wachsende Bedeutung als Grablege für die Robertiner beziehungsweise die Kapetinger, vor allem für die Regenten oder Könige des Geschlechts. Mit Philipp II. setzte sich die Rolle von Saint-Denis als »cimetière aus rois« endgültig durch[228], fortan wurden die kapetingischen Könige – abgesehen von Ludwig XI. (1461–83), der in Notre-Dame de Cléry westlich von Orléans beigesetzt wurde – in der Abteikirche bestattet. Insofern war die bekannte, im Zusammenhang mit dem Begräbnis Philipps I. gefallene Formulierung Sugers – »sepultura patrum suorum regum, que in ecclesia Beati Dionisii quasi jure naturali [sic!, d. Vf.] habetur«[229] – überzogen und konnte allenfalls in dieser Form auf die Zeit ab dem beginnenden 13. Jahrhundert zutreffen, legt jedoch den vom Abt erhobenen Anspruch auf die Bestattung der französischen Könige in der Kirche des heiligen Dionysius in nicht überbietbarer Weise offen. Und es charakterisiert ihn, daß dieser Anspruch gleichsam in die Form des Naturrechts gekleidet wird!

Als sich Heinrich I. im Unterschied zu seinen beiden Vorgängern mehr Paris als Orléans zuwandte, hatte die Abtei Saint-Denis dabei keine erkennbare Rolle gespielt. Im Jahre 1120 kam es zu einem signifikanten Einschnitt im Verhältnis zwischen dem kapetingischen Königshaus und der Abtei Saint-Denis. Es drängt sich die Annahme auf, daß zu diesem auffälligen Wandel der für Ludwig VI. äußerst ungünstige Ausgang der Schlacht von Brémule, 25 Kilometer südöstlich von Rouen und nahe der alten, Rouen und Paris verbindenden Römerstraße, im August des Jahres 1119 wesentlich beitrug[230]. Dem Tod auf dem Schlachtfeld entrann er nur knapp. Die schwere militärische Niederlage im sogenannten normannischen Vexin, nur wenige Kilometer vom Fluß Andelle entfernt, bedeutete faktisch, daß Ludwig VI. seinen Widersacher Heinrich I., den Herzog der Normandie und König von England, nicht mit Waffengewalt bezwingen konnte. Es kam sogar noch schlimmer für den Kapetinger: Anstatt des erhofften Triumphes über Heinrich I. drohte Ludwig VI. der Verlust der in Jahrzehnten aufgebauten königlichen Macht. Indem Ludwig VI. daraufhin Calixt II. (1119–24), der selbst im Kampf gegen den von dem salischen Kaiser Heinrich V. erhobenen Gegenpapst Gregor VIII. (1118–21) stand, für sich zu gewinnen suchte, und wohl auch aufgrund der Gespräche zwischen dem Papst und Heinrich I. bei Gisors sowie aufgrund nicht unbeträchtlicher Zugeständnisse des Kapetingers kam es zum Abschluß eines Friedensabkommens zwischen den verfeindeten Königen. Wann es im Verlauf des Jahres 1120 abgeschlossen wurde, ist nicht bekannt. Nur der 25. November 1120 läßt sich als terminus ante quem bestimmen[231].

Nach der vernichtenden Niederlage in der Schlacht bei Brémule mußte Ludwig seine Anstrengungen darauf richten, nicht in der politischen Bedeutungslosigkeit zu versinken und die kapetingische Machtposition vor der völligen Erosion zu bewahren. Angesichts der dramatischen Lage, in der sich Ludwig VI. nach der militärischen Katastrophe im August 1119 befand, ist seine Hinwendung zur Abtei Saint-Denis und seine Bereitschaft, sich auf die von den Mönchen erhobenen Ansprüche einzulassen, erklärbar. Das Bündnis, das sich immer deutlicher abzuzeichnen begann, sollte den Einfluß Ludwigs VI. und der Kapetinger in der Île-de-France und im Königreich neu und dauerhaft festigen. Gewiß dürfte Suger, der seit dem Jahre 1118 zum engsten Beraterkreis Ludwigs VI. gehörte, dem König zu der nur vordergründig überraschenden Neuausrichtung seiner Politik geraten haben. Daß der Abt Adam und seine Mitbrüder allzu bereitwillig ihre Hand zu dem Bündnis reichten, bedarf eigentlich keiner näheren Erläuterung, zumal ihnen bedeutende königliche Privilegien zuteil wurden. Wie »wechselhaft« die Beziehungen zwischen dem kapetingischen Königshaus und der Abtei Saint-Denis sein konnten, hatte die Entscheidung Philipps I. zugunsten von Fleury als Begräbnisort deutlich gemacht. Rückschläge und »Aufweichungen« in dem beiderseitigen Verhältnis schienen nicht ausgeschlossen. In den Reihen der Mönche mag wohl die Frage aufgekommen sein: Sollte ein anderes Kloster die Rolle von Saint-Denis einnehmen? Die Aussicht, die Stellung der Abtei beträchtlich aufzuwerten und dauerhafte, weitaus festere Bande mit dem Königshaus zu knüpfen, dürfte für die Kommunität mehr als verlockend gewesen sein.

Das neue Bündnis wurde in der Urkunde des Jahres 1120, die Ludwig VI. zwischen dem 18. April und dem 2. August in Saint-Denis ausstellen ließ, offenkundig[232]. Nachdem er sich mit seiner engeren höfischen Umgebung beraten hatte, begab er sich mit seiner Gemahlin Adelheid und seinem Sohn Philipp in die Abtei, um die Krone seines Vaters dem heiligen Dionysius zu überlassen. Die Bedeutung des Aktes unterstreicht die Anwesenheit des päpstlichen Legaten Cono. An der Übergabe der schon eher der Abtei versprochenen Krone – die »Verzögerung« ließen sich die Mönche mit der Übertragung der Kirche und weiteren Besitzrechten in Cergy bei Pontoise entgelten[233] – erscheint vor allem die in der Urkunde vorangestellte Begründung äußerst aufschlußreich: Aufgrund von Recht und Gewohnheit stünden die Insignien des Königreiches beziehungsweise der französischen Könige dem Heiligen der Abtei zu[234]. Erstmals wird Dionysius in einer Urkunde eines kapetingischen Monarchen als »dux et protector« bezeichnet, und zwar des Königreiches.

Ludwigs Vater, Philipp I., hatte noch im Jahre 1090 den heiligen Remigius als seinen Patron und den des Königreiches herausgestellt, als er eine Urkunde für das Kloster Saint-Remi in Reims ausstellen ließ: »... vel quia apostolus Francorum est electus a Deo, vel quia auctoritate apostolica corone nostre patrocinatur et regno«[235]. Sein Sohn vertraute sich samt seinem Geschlecht und seinem Königreich seit 1120 einem neuen Reichsheiligen und dessen Schutz an. Eine vergleichbare Rolle blieb anderen herausragenden Heiligen wie Remigius, Martin oder Benedikt von nun an verwehrt.

Vier Jahre später, am 3. August 1124, wurde die Abtei Saint-Denis erneut zum Schauplatz eines beeindruckenden Aktes[236]. Und wiederum geschah dies im Zusammenhang einer äußerst bedrohlichen militäri-

schen und politischen Lage, in welche der französische König geraten
war. Anders als in der Urkunde des Jahres 1120 wird die Bedrohung in
diesem königlichen Privileg klar benannt:»... *cum ad aures nostras perve-
nisset Alemannorum regem ad ingrediendum et opprimendum regnum nostrum* ...«[237] Diese Worte gelten Heinrich V., der hier als König, nicht als
Kaiser angeführt wird. Bis nach Paris und an den Königshof war damals
die Kunde davon gelangt, daß der Salier einen Heereszug ins französische Königreich plante. Suger sollte dieses später in seiner Vita ausführlicher schildern[238]. Heinrich V. wollte offensichtlich einem Wunsch seines Schwiegervaters Heinrich I. – »*consilio regis anglici Henrici*«, wie Suger
schreibt[239] – entsprechen, der einen in der Normandie ausgebrochenen
Aufstand gegen seine Herrschaft niedergeschlagen hatte und eine Ein-
kreisungspolitik gegen Ludwig VI. betrieb. Der Kapetinger mußte einen
militärischen Zangenangriff aus dem Nordwesten und dem Osten be-
fürchten. Die Erinnerung an den Einfall Ottos II. 978 bis vor die Tore von
Paris mag am französischen Königshof noch lebendig gewesen sein.
Tatsächlich war Heinrich V. Anfang August 1124 an der Spitze eines freilich kleineren Heeres von Worms aus Richtung Reims aufgebrochen[240].
Nach Brémule war es das nächste größere militärische Unternehmen,
dem sich Ludwig VI. stellte. Gemäß der ausgestellten Königsurkunde,
deren Wortlaut wohl maßgeblich vom mittlerweile zum Abt aufgestie-
genen Suger beeinflußt war, wird eine Traditionslinie aufgezeichnet, an
welche das aktuelle Handeln Ludwigs VI. anknüpft. Seine Vorgänger an
der Spitze des Königreiches hätten bereits vom heiligen Dionysius die
Wohltat »*tam spiritualis quam corporalis* [sic!, d. Vf.] *auxilii*« erfahren[241]. So
hätte sich Ludwig »*more antecessorum nostrorum*« eilends nach Saint-Denis
begeben, nach Ratschlag seiner höfischen Umgebung und in Gegenwart der Großen des Königreiches[242]. Die herausgehobene Rolle, die
inzwischen Suger einnimmt, ist unverkennbar: Ludwig VI. bezeichnet
ihn als »*fidelem et familiarem in consiliis nostris*«[243]. Wie schon 1120 vorgezeichnet, figuriert vier Jahre später Dionysius – zusammen mit seinen
Gefährten Rusticus und Eleutherius – als d e r Heilige des Reiches und
als persönlicher Patron des kapetingischen Königs[244]. Deutlicher hätte
sich Ludwig VI. von seinem Vater nicht absetzen können. Suger selbst
hebt später »*beatum Dionisium specialem patronum et singularem post Deum
regni protectorem*« hervor[245].

Was im Jahre 1120 begonnen wurde, erfährt eine sinnfällige Verdichtung und zugleich bezeichnende Ausweitung in einem zeichenhaften herrscherlichen Akt vor den Augen weltlicher und geistlicher Großer des französischen Königreiches. Aus der Krypta waren die Reliquienschreine der heiligen Dionysius, seiner Gefährten Rusticus und Eleutherius in die Abteikirche gebracht und auf den Hauptaltar gesetzt worden – nach Suger bereits eine Gewohnheit, »ut, si regnum aliud regnum Francorum invadere audeat, ipse beatus et admirabilis defensor cum sociis suis tanquam ad defendendum altari suo superponatur«[246]. Von diesem Altar der drei heiligen Märtyrer erhob Ludwig VI. ein besonderes Banner: »vexillum ..., ad quod comitatus Vilcassini, quem nos ab ipsis in feodum habemus, spectare dinoscitur, morem antiquum antecessorum nostrorum servantes et imitantes, signiferi jure, sicut comites Vilcassini soliti erant, suscepimus«[247]. Damit erkannte ein französischer König zum erstenmal ein vasallitisches Verhältnis zur Abtei an. Ludwig VI. bezeugte öffentlich und mittels der Urkunde, daß er wie seine ihm vorangegangenen Könige den heiligen Dionysius als Lehnsherrn ansah, und zwar als Graf des Vexin. Der Unterschied zwischen den beiden Dignitäten, die Ludwig VI. vereinte, nämlich die eines Grafen des Vexin und die eines französischen Königs, für die er keine Lehnsabhängigkeit einging oder bekundete, blieb zwar gewahrt, doch unterstellte er sich als Vasall der Abtei, und die daraus resultierenden Bande waren fest. Das Kloster gewann dadurch beachtlich an Ansehen. Welcher andere Konvent im Königreich konnte sich rühmen, unter seinen Vasallen den regierenden Kapetinger zu haben? Die Gesta Suggeri abbatis geben sogar an, daß Ludwig VI. »hominium« geleistet hätte, wenn ihn seine Würde als König davon nicht abgehalten hätte.[248]

Daß sich für vasallitische Bande zwischen Saint-Denis und dem französischen Königtum vor dem Jahre 1124 keine Zeugnisse finden, ist von der Forschung häufig übersehen worden[249]. Philipp I. erkannte keine wie auch immer geartete Lehnsabhängigkeit von der Abtei an, auch nicht in seiner Eigenschaft als Graf des Vexin. Insofern begründete sein Sohn Ludwig VI. ein neues Rechtsverhältnis, auch wenn dem der tatsächliche Wortlaut seiner Urkunde aus dem Jahre 1124 entgegenstehen sollte. Überdies lassen sich bis jetzt keine Zeugnisse beibringen, die ein Lehnsverhältnis des Grafen des Vexin vor diesem Jahre beziehungsweise vor der Zeit Philipps I. bewiesen[250]. Demnach ist bislang keine Aussage in der Forschungsliteratur belegbar, wonach Lehnsbande »seit altersher« zwischen dem Grafen des Vexin beziehungsweise dem französischen König und der Abtei Saint-Denis bestanden.

Die zitierte Textstelle ist noch in anderer Hinsicht wichtig. Denn hier ist zum erstenmal vom roten Banner aus Seide, der *oriflamme*, die Rede, das künftig der französische König vor dem Aufbruch in den Krieg in Saint-Denis erheben und dann auf dem Feldzug mitführen sollte[251]. Dieses Banner war zugleich das sinnfällige Zeichen für die Vasallität des französischen Königs als Inhaber der gräflichen Würde des Vexin gegenüber dem heiligen Dionysius.

Der Zweck des Bündnisses zwischen der französischen Monarchie und der Abtei Saint-Denis, näherhin dem heiligen Dionysius, ist in der Urkunde klar formuliert: »*pro regni defensione*«[252]. Daß das sich formierte Heer mit dem König und den französischen Fürsten an der Spitze im Zeichen des neuen Heiligen und dessen Fahne über den abgeschreckten Feind, immerhin den deutschen König und Kaiser, triumphierte, bekräftigte das geschlossene Bündnis zwischen der Monarchie und der Abtei und trug zur enormen Außenwirkung bei. Das heilbringende Wirken des heiligen Dionysius war offenbar geworden. Freilich wagte es der Salier Heinrich V. aus mehreren Gründen nicht, in das französische *regnum* einzudringen und in Richtung Paris zu marschieren[253]. Auch Ludwig VI., der Bannerträger des heiligen Dionysius, gewann mit dem Ausgang des Konflikts im Jahre 1124 an Ansehen, das er nach der Niederlage bei Brémule zweifellos brauchte. Percy Ernst Schramm wertete die Ereignisse des Jahres 1124 als »die erste kraftvolle Äußerung des französischen Nationalgefühls«[254].

Es ist zu beachten, daß Ludwig VI. nach dem Wortlaut der von ihm ausgestellten Urkunde in keiner Weise etwas Neues begann oder begründete. Alles, was er unternimmt oder bekundet, entspricht dem Handeln seiner königlichen Vorgänger. Auf sie wird insgesamt siebenmal verwiesen[255]. Ludwig VI. agiert eben »*more antecessorum nostrorum*«[256]. Die Kontinuität wird offensichtlich so stark betont, um Zweifel an der Richtigkeit und der Legitimität gar nicht erst aufkommen zu lassen. Bemerkenswerterweise findet sich an zwei Stellen des königlichen Privilegs die Formulierung »*(nostrorum) regum Francie*«[257]. Wenn Saint-Denis als »*caput regni nostri*« am Ende der königlichen Urkunde bezeichnet wird, ergibt sich dies in harmonischer und kohärenter Weise aus den vorangehenden Formulierungen und stellt gewissermaßen den krönenden Abschluß für die Abtei Saint-Denis dar. Nunmehr waren das kapetingische Königtum und die Abtei Saint-Denis untrennbar miteinander verzahnt. Und diese war auch einer der Garanten der Sicherheit des Königs geworden!

Wie schon 1120 vollzog Ludwig VI. eine Schenkung an die Abtei Saint-Denis, die sich für die Mönche als einträglich erweisen sollte. Der König übertrug ihnen »*Vicariam ... et omnimodam justiciam plenariamque libertatem*«, und zwar in dem Gebiet, das sich von der Mühle bei Clichy an der Seine bis nach Aubervilliers nordöstlich von Paris erstreckte[258]. Damit konnte der Konvent fortan über die Einnahmen aus dem Wegzoll verfügen, der auf der alten Römerstraße von Paris nach Rouen beziehungsweise Beauvais erhoben wurde. Außerdem überließ Ludwig VI. den Mönchen für immer die Messe, die als Lendit bekannt werden und wirtschaftlich florieren sollte: »*... omnimodam potestatem omnemque justiciam atque universas consuetudines nundinum (sic) Indicti ...*«[259].

Die Schenkung nahm der König zum Heil seiner Seele, derjenigen von Frau und Kindern sowie »*pro regni administratione et defensione*« vor[260]. Ein Anniversargedenken sollte ihm von seiten des Dionysiuskonvents zuteil werden. Der Abt Suger ergriff hierzu die Initiative und legte fest, »*Gloriosissimi quoque Ludovici regis Francorum, post strenuissimam regni ejus administrationem, anniversarium fieri singulis annis*«[261]. Diese Anordnung läßt sich zwischen der Besteigung des Abtsstuhles am 12. März 1122 und 1124 datieren[262]; vielleicht wäre eine Einordnung in die Ereignisfolge des Jahres 1124 vorzuziehen. Jedenfalls belegt die Einrichtung des Anniversargedenkens nochmals die enge Beziehung von Abt und König, von Kloster und kapetingischer Monarchie sowie die von Suger zielbewußt betriebene Politik, seinem Konvent eine herausgehobene Rolle im Königreich zu sichern. Suger war zwar klein von Gestalt, doch hatte er große Energie, gepaart mit Willensstärke, Klugheit und Ausdauer[263]. Diese Charaktereigenschaften zeigten sich gerade in seinem monastischen Leitungsamt und kirchenpolitischen Handeln. Suger war bemüht, sich die gewährten königlichen Privilegien vom Papst bestätigen zu lassen. Innozenz II. entsprach seiner Bitte am 9. Mai 1131[264].

Die Ansprüche von seiten des Klosters Saint-Denis und des Abtes Suger gingen indes weit darüber hinaus, was in den Königsurkunden von 1120 und 1124 fixiert worden war. Zeugnis davon legt ein auf den Namen Karls des Großen gefälschtes Privileg (D 286) ab, das vermutlich in die 20er Jahre des 12. Jahrhunderts zu datieren ist und sich in die Bemühungen der Mönche um die Stärkung des Karlskults einordnet[265]. Zu Recht hat Joachim Ehlers bezüglich der von den Mönchen des Dionysiusklosters erhobenen Ansprüche diese Fälschung als »eine interne Vergewisserung über die Maximalposition« bezeichnet[266]. Nach der Urkunde Karls des Großen, welcher den Erwerb seiner königlichen und kaiserlichen Dignität – ebenso wie Siege über seine Feinde – dem Eintreten des heiligen Dionysius (und seiner Gefährten Rusticus und Eleutherius) zuschrieb, war dieser nicht nur sein persönlicher Schutzpatron und derjenige des Reiches, sondern auch sein Lehnsherr und derjenige seiner Nachfolger[267]. Als Zeichen dafür, daß »*successores nostri Franciae reges*« ihr Königreich – nicht nur eine Grafschaft oder eine andere vergleichbare Territorialherrschaft – vom heiligen Dionysius empfingen, hatten sie ihm jährlich (!) vier Goldbyzantiner darzubringen. Gemäß der Urkunde des Jahres 813 leistet Karl der Große diese Zahlung, wie ein Höriger seinen Kopfzins, *chevage*, entrichtet. Auch die anderen Großen des Reiches waren »*pro qualicumque domo sua*« gehalten, den gleichen Betrag dem Heiligen »*pro illius augmento ab aedificio Dagoberti regis excellentissimi usque ad crucifixum*« zu geben[268]. Sämtliche Hörigen des Frankenreiches konnten im übrigen nach dem Privileg Karls des Großen ihre Freilassung bereits erreichen, wenn sie dem heiligen Dionysius vier Goldstücke darbrachten. Der Kaiser ordnete an, sie dann »*beati Dionysii Francos*«, somit Freie des heiligen Dionysius, zu nennen[269]. Übrigens hatte Ludwig VI. der Kommunität im Jahre 1111 zugestanden, ihren Hörigen ohne Zustimmung des Königs die Freiheit geben zu können.

Ferner setzte Karl der Große seine Krone ab, stellte sie auf den Altar der heiligen Dionysius, Rusticus und Eleutherius und legte auch seine sonstigen Insignien ab, so daß von nun an die Abtei Saint-Denis als Aufbewahrungsstätte für diese dienen sollte. Hinzu kam das Vorrecht des Klosters, daß alle Nachfolger Karls des Großen in der Abteikirche gekrönt werden sollten. Wer als Coronator fungieren sollte, wird nicht genannt. Der Abt erhielt den Primat in der Kirche des Reiches zugespro-

chen, wurde also allen anderen kirchlichen Würdenträgern vorgeord-
net; alle königlichen Nachfolger Karls des Großen, Erzbischöfe und
Bischöfe sollten sowohl dem heiligen Dionysius als auch dem Abt »hono-
rem et reverentiam« erweisen[270]. Ja, alle Erzbischöfe und Bischöfe bedurf-
ten für die Rechtsgültigkeit ihrer Wahl dessen Zustimmung, die auch
erforderlich war, wenn sie sich nach Rom begaben und über sie dort
Recht gesprochen wurde. Eine solche Machtkonzentration in den Händen eines kirchlichen Würdenträgers, wie sie die gefälschte Urkunde
Karls des Großen vorgibt, hatte es bis in die ersten beiden Jahrzehnte
des 12. Jahrhunderts in der Wirklichkeit nicht gegeben. Die »Primats-
rechte« gingen weit über das hinaus, was bis dahin in irgendeiner Weise
verliehen worden war. Die erreichte Spitzenstellung der Abtei Saint-Denis manifestiert sich auch im Titel, den ihr Karl der Große gewährt:
»caput omnium ecclesiarum regni nostri«[271]. Alle Bewohner des Reiches, auch
die weltlichen und kirchlichen Großen, sind gehalten, diese Stellung
der Abtei anzuerkennen.

Daß das Kloster Saint-Denis schon vor dem dritten Jahrzehnt des
12. Jahrhunderts die Erinnerung an Karl den Großen (und seine Wohl-
taten) zu beleben suchte, wird angezeigt durch die *Descriptio qualiter Karolus magnus clavum et coronam Domini a Constantinopoli Aquisgrani detulerit
qualiterque Karolus Calvus ad Sanctum Dyonisium retulerit ...*[272]. Jedoch war
hiermit noch nicht ein Anspruch auf rechtliche Privilegien verbunden.
Danach hätte Karl der Große die Reliquien wie die Dornenkrone Christi
und den Nagel vom Kreuz aus Konstantinopel nach Aachen gebracht,
und sein Enkel Karl der Kahle hätte sie dem Kloster Saint-Denis geschenkt. Eine solche Reise Karls des Großen hat freilich nie stattge-
funden.

Wie der Dionysiuskult und die Karlstradition im Verlauf des 12. Jahrhunderts miteinander verknüpft werden konnten, zeigt sich zeichenhaft
an der sogenannten *oriflamme*[273]. Die erstmals sicher 1124 bezeugte, von
Ludwig VI. erhobene Dionysiusfahne wurde spätestens 1184 mit dem
Banner gleichgesetzt, das Karl der Große gemäß den »Chansons de
geste« im Kampf gegen die Ungläubigen mitführen ließ. Die Bezeichnung *oriflamme* geht bezeichnenderweise auf das Rolandslied zurück.
Erstmals wurde die rotseidene Fahne auf einem Glasfenster in der Kathedrale von Chartres um 1215 dargestellt. Mit der Zeremonie des Jahres

1124 wurde die Tradition begründet, daß die französischen Könige vor Beginn eines Feldzuges das Banner vom Hauptaltar der Abteikirche Saint-Denis erhoben. Im Zeichen der Oriflamme errang Philipp II. 1214 auch den Sieg im Kampf gegen den welfischen Kaiser Otto IV. bei Bouvines.

Von all dem, was der Abtei Saint-Denis von Ludwig VI. an Vorrechten gewährt wurde beziehungsweise was der Konvent an Ansprüchen aufstellte, konnte nur ein Teil bis zum Ende der Herrschaft Philipps II. realisiert werden. Erst im Verlauf des 13. Jahrhunderts wurde das Kloster definitiv zur Aufbewahrungsstätte von Reichsinsignien und zur Grablege der französischen Könige[274]. Und erst im späten Mittelalter kam es dazu, daß die Königin in Saint-Denis gekrönt wurde und der König nach seiner Weihe in Reims von der Abteikirche aus – dort fand eine Festkrönung statt – nach Paris zog[275]. Es handelt sich um die sogenannte Entrée de Paris. Die Bindung des französischen Königtums an Saint-Denis erreichte nie die vasallitische Rechtsqualität, welche die gefälschte Urkunde Karls des Großen postulierte. So entrichtete später allein Ludwig der Heilige den Anerkennungszins[276].

Die Allianz der kapetingischen Dynastie und der Abtei Saint-Denis schloß nicht ein, daß dem Abt die Regentschaft automatisch zufiel, wenn der König außer Landes weilte. Falls der Vorsteher des Klosters mit der Führung der Regierungsgeschäfte des Königreiches zusammen mit anderen Großen betraut wurde, geschah dies stets situations- und personenbezogen. Ein irgendwie geartetes Zeugnis, welches dem Abt von Saint-Denis von Amts wegen die Vertretung des Königs bei Abwesenheit zugestand, ist von keinem Kapetinger ausgestellt worden.

Die Kreuzzüge und die Teilnahme französischer Könige brachten es mit sich, daß sich die Frage der Regentschaft in der Zwischenzeit stellte. Dabei bevorzugten die Kapetinger eine Lösung, welche die Verantwortlichkeiten auf mehrere Schultern verteilte, auch um so einer Monopolisierung der Regierungskompetenzen und einer möglichen Machtübernahme vorzubeugen. Zum erstenmal wurde ein Abt von Saint-Denis, nämlich Suger, zusammen mit dem Erzbischof Samson von Reims und dem Grafen Rudolf von Vermandois damit betraut, die Regentschaft während des Zweiten Kreuzzuges von 1147 bis 1149 auszuüben, und zwar von Ludwig VII.[277]. Die Weichen hierfür wurden auf einer Reichsversammlung in Étampes 1147 gestellt. Sugers herausgehobene Stellung unter den Äbten und geistlichen Großen des Reiches sowie seine Nähe zur kapetingischen Dynastie legten wohl nahe, ihn als Mitregenten zu bestimmen[278].

Beim Aufbruch Philipps II. ins Heilige Land im Jahre 1190 zeigte sich, daß nicht an irgendeine institutionelle Verfestigung dieser Funktion im Königreich gedacht war. Er vertraute die Regierungsgeschäfte seiner Mutter Adela von Champagne und seinem Oheim Erzbischof Wilhelm von Reims an und verfügte weitere detaillierte Regelungen[279].

Gegen Ende der Herrschaft Ludwigs IX., im Jahre 1270, erhielt wiederum ein Abt von Saint-Denis, nämlich Mathieu de Vendôme (1258–86), den Auftrag, während der Abwesenheit des Monarchen die Regentschaft zu übernehmen – zusammen mit Simon de Nesle[280]. Beide hatten zuvor schon zum engsten Beraterkreis Ludwigs IX. gehört, der noch in demselben Jahr auf der Kreuzfahrt in Karthago – am 25. August 1270 – verstarb. Dies war zugleich der letzte Kreuzzug, dessen Ziel das Heilige Land darstellte. Es sei hinzugefügt, daß Ludwig IX. ein enges Verhältnis zur Abtei gepflegt hatte. So führte er 1263/64 zusammen mit dem Abt Mathieu de Vendôme die Neuordnung der königlichen Gräber in der Klosterkirche durch[281]. Auch beauftragte er die dortige Kommunität, eine Chronik der Könige Frankreichs in französischer Sprache zu verfassen; doch sollte das historiographische Werk erst einige Jahre nach seinem Tode abgeschlossen werden[282].

Während der Zeit Ludwigs IX. war es überdies zu zwei weiteren Regentschaften gekommen, die jeweils Blanca von Kastilien, seine Mutter und die Gemahlin des 1226 verstorbenen Königs Ludwig VIII., ausübte: von 1226 bis 1235 infolge der Minderjährigkeit ihres Sohnes und von 1248 bis 1254, als dieser auf dem Kreuzzug beziehungsweise im Heiligen Land weilte[283].

2.4.4 Verankerung, Verfestigung und Differenzierung der Verwaltung

Daß die königliche Reiseherrschaft im Verlauf des 13. Jahrhunderts nachließ und sich stattdessen mehr oder weniger dauerhafte Verwaltungsstrukturen herausbildeten, läßt sich nahezu allenthalben in Europa feststellen, wie der Mediävist Rudolf Schieffer hervorhebt[284]. In Frankreich ist dieser Prozeß schon vor dem 13. Jahrhundert zu beobachten, was der kapetingischen Monarchie zu einem relativen Entwicklungsvorsprung – sie ist indes nicht die einzige in Europa – auf dem Weg zu einem staatlichen Gemeinwesen verhalf[285]. Der französische König zog nicht mehr so wie in früheren Zeiten umher, sondern hielt sich häufiger an einem Ort auf: in Paris. Daß er dieses konnte, verdankte er auch der Herausbildung von Behörden, die aus Hofämtern entstanden, und in einem weiteren Sinne der Domestizierung partikularer Gewalten zunächst in der Krondomäne, dann in weiten Teilen des Reiches, was die flächenhafte Verdichtung und Differenzierung der königlichen Verwaltung ermöglichte. Die Stringenz administrativer Staatlichkeit zeigt sich unter anderem in der progressiven Durchsetzung königlicher Verfügungen und Steuererhebungen.

Die Ausbildung von festen, ortsgebundenen Verwaltungsstrukturen fügt sich ein in einen größeren Prozeß der »Verschriftlichung« beziehungsweise der »pragmatischen Schriftlichkeit« in Europa, was der zentrale Untersuchungsgegenstand eines interdisziplinären, von der Deutschen Forschungsgemeinschaft geförderten Sonderforschungsbereiches an der Universität Münster gewesen ist[286]. Die Entwicklung führte von oral geprägter Kultur und entsprechenden Traditionsformen zu einer wachsenden schriftlichen Überlieferung und Archivierung in Europa.

Unter den ersten Kapetingern existierten bereits die fünf großen Hofämter (*grands officiers*), mit denen die administrative Genese im Königreich begann: Der Seneschall, *dapifer*, stand an der Spitze der Truppen und sprach Recht im Namen des Königs[287]. Der Kanzler, *cancellarius*, leitete die Kanzlei, was die Obhut des Siegels des Königs und dessen Schriftstücke einschloß[288]. Der Kämmerer, *camerarius*, sorgte sich um die königliche Kammer, die Privatgemächer, in denen sich auch die Wertgegenstände und der Schatz des Monarchen befinden konnten[289]. Der Mundschenk, *buticularius*, kümmerte sich um die Versorgung des königlichen Hofhalts, insbesondere mit Wein[290]. Dem Konnetabel beziehungsweise Stallmeister, *comes stabuli*, unterstanden die königlichen Gestüte[291]. Den Inhabern der großen Hofämter oblag es, den König beim Umherziehen und in der Ausübung seiner Macht zu begleiten. Je mehr sich der regierende Kapetinger in Paris aufhielt und von der Seinestadt aus die Krondomäne und das Königreich zu beherrschen suchte, desto stärker zeigte sich das Seßhaftwerden der personell ausgeübten Verwaltung. Das 12. Jahrhundert erwies sich als die entscheidende Umbruchzeit in der Ausbildung der königlichen Administration, die sich zunehmend verankerte, verfestigte und differenzierte und sich so mit der *curia regis* grundlegend im Vergleich zu vorangehenden Zeiten änderte. Mit dem Ausbau der Residenz auf der Île de la Cité bildeten sich Verwaltungseinheiten aus, die im *palatium* Platz fanden oder in dessen Nähe angesiedelt wurden.

So entwickelten sich die genannten Funktionen der *grands officiers* am Hof teilweise zu Ehrenämtern, wurden von mehreren Amtsträgern ausgeübt und um andere Aufgabenbereiche ergänzt. Im Zuge dieser Entwicklung, die auch vermehrt den Aufstieg von niederen Adeligen und Ministerialen in die königliche Umgebung ermöglichte, entstanden allmählich immer differenziertere Verwaltungsstrukturen mit Behördencharakter. Die Kanzlei bildete sich zu einer regelrechten Behörde aus, ebenso das Hofgericht, das spätere *Parlement*, die Finanzverwaltung und das Archiv. Dabei gelang es der kapetingischen Dynastie, vorübergehende Konzentrationen (und die Vererbung) von Schlüsselfunktionen in den Händen einer Familie zu überwinden. Beispielsweise war es unter Ludwig VI. der Familie Garlande, die aus der Gegend um Lagny östlich von Paris stammte, zwischenzeitlich gelungen, die Ämter des Seneschalls, Kanzlers und Mundschenks innezuhaben[292]. Eine dominierende Stellung fiel dem Weltgeistlichen Stephan von Garlande zu († vor 1. Juni 1148), der auf dem Gipfel seiner Macht als königlicher Kapellan und Ratgeber die Ämter des Kanzlers und Seneschalls vereinigte, zahlreiche Pfründen besaß und unter anderem dem Domkapitel von Paris angehörte[293]. Von seinen Ambitionen legt beispielsweise um 1116 die Stiftung der Kapelle Saint-Aignan im Kanonikerbezirk bei der Kathedrale Zeugnis ab[294]. Die Ämterfülle und übersteigerte Machtambitionen führten schließlich gegen 1127 zu seinem Sturz (und zum Einflußverlust der Garlande am Hofe). Es kam zwar noch zu einer Aussöhnung mit Ludwig VI., doch sollte Stephan von Garlande nur noch das Amt des Kanzlers bekleiden.

Neben der Ausschaltung von mehr oder weniger dominierenden Familien am Hofe und von Rivalen in Paris bedurfte es einer flächenhaften Beherrschung der Krondomäne und anderer Teile des Königreiches, um der entstehenden Verwaltung mit Behörden die effektive Ausübung ihrer Tätigkeit zu ermöglichen. Daß die Kapetinger im beginnenden 12. Jahrhundert noch nicht einmal die Römerstraße von Paris nach Orléans kontrollieren konnten, zeigt, wie bedroht die Stellung des Königs sein konnte und welche Anstrengungen von seiner Seite nötig waren, um widerspenstige Burgherren, *châtelains*, in der Krondomäne und angrenzenden Gebieten zu domestizieren. Suger berichtet von den Überfällen, welche von der Burg Montlhéry ausgingen: »*... inter Parisienses et Aurelianenses tantum confusionis chaos firmatum erat, ut neque hi ad illos neque illi ad istos absque perfidorum arbitrio nisi in manu forti valerent transmeare*«[295]. Im Verlauf von mehreren Jahrzehnten vermochte die kapetingische Dynastie, ihrer Königsmacht über die Krondomäne hinaus Anerkennung zu verschaffen und die Sicherheit für das Reisen in der Île-de-France herzustellen.

Damit waren die Voraussetzungen geschaffen, um von Paris aus die Landstriche flächenhaft zu verwalten. Das Netz der staatlichen Administration wurde immer engmaschiger, indem Verwaltungsbezirke, *prévôtés*, von Flandern bis zu den Pyrenäen geschaffen und in *bailliages* zusammengefaßt wurden[296]. In den Gebieten, die während des 12. und 13. Jahrhunderts neu erobert wurden oder an den König gefallen waren, hießen diese größeren administrativen Einheiten *sénéchaussées*. An Stelle des Königs übten die Amtsträger, die *prévôts*, *baillis* und *sénéchaux*, finanzielle, fiskalische und gerichtliche Funktionen aus[297]. Daß die erhobenen Steuern nach Paris zu überführen waren, lag auf der Hand.

Die administrative Entwicklung verlief schubweise. Unter Philipp II. kam es zur systematischen Anlage und Aufbewahrung von Archivalien. Das Entstehen eines regelrechten Archivs ist wohl mit der Niederlage Philipps II. am 3. Juli 1194 bei Freteval, 55 Kilometer westlich von Orléans gelegen, zusammenzusehen, als er seinem Rivalen Richard Löwenherz unterlag und zumindest einen Teil seines Schatzes und seiner Urkunden verlor[298]. Regelrechte Kanzleiregister wurden – auch dies eine Folge des administrativen Verschriftlichungsprozesses – ab 1204 geführt[299].

Der Differenzierung der königlichen Verwaltung entsprach grosso modo ein baulicher Ausbau der Residenz auf der Île de la Cité[300]. Die königlichen Urkunden wurden später bei der noch näher vorzustellenden, vor der Mitte des 13. Jahrhunderts erbauten Sainte-Chapelle aufbewahrt, und zwar im sogenannten »Trésor des chartes«[301]. Es handelt sich um das Obergeschoß der Sakristei.

Die immer mehr auf Paris zentrierte Verwaltung fand unter Ludwig IX., näherhin um die Mitte des 13. Jahrhunderts, ihre wesentliche Abrundung und Effizienzsteigerung insofern, als ab 1254 die Beschlüsse und Urteile des königlichen Hofes und des Pariser Parlaments in den sogenannten Olim gesammelt wurden und das Ordonnanzwesen auf eine weitergehende administrative Unmittelbarkeit und Vereinheitlichung zielte[302]. Im Jahre 1258 trat an die Stelle des gerichtlichen Zweikampfes, der als Gottesurteil aufgefaßt wurde, die Inquisitions- und Appellationsgerichtsbarkeit. Die räumliche Erfassung des gesamten Staatsterritoriums spiegelte sich seit 1247 in den sogenannten Enquêtes wider, welche königliche Amtsträger in Form von Befragungen und Erhebungen durchführten, um Klagen der Bevölkerung entgegenzunehmen[303].

Paris war zwar nicht der geographische Mittelpunkt, doch nahm die Seinestadt mit wachsender Dynamik die Rolle des administrativen Zentrums der Krondomäne ein und dann auch des französischen Königreiches. Während die Kapetinger hier und da kommunale Bewegungen gegen adelige Stadtherren, zumeist bischöfliche, unterstützten und das Entstehen von Kommunen in der Krondomäne und im Königreich förderten und privilegierten, hielten sie über die Jahrhunderte am administrativen Sonderstatus der Seinestadt fest[304]. Dies zeigt zum einen, wie stark ihre Politik gegenüber der neuen bürgerlichen Emanzipationsbewegung von politischem Kalkül bestimmt war, zum anderen, welche grundlegende Bedeutung sie Paris für ihre Herrschaft zumaßen. Der König, gleichermaßen Stadtherr und Souverän hier an der Seine, ließ seine Macht in Paris durch einen prepositus ausüben, der seine administrativen, polizeilichen und richterlichen Kompetenzen wahrnahm und auch energisch durchzusetzen verstand. Der Sonderstatus von Paris zeigte sich darin, daß es im Gefüge des Reiches in keine bailliage eingefügt war und der prévôt quasi die Amtsfülle eines bailli hatte[305]. Deshalb konnte der Pariser praepositus als »le premier des baillis« bezeichnet werden[306]. Daß die Rechte und Gewohnheiten der Pariser Korporationen von dem seit 1261 amtierenden königlichen prévôt Étienne Boileau gesammelt und gegen 1268 im *Livre des métiers* aufgezeichnet wurden, unterstreicht, wie die Machtverhältnisse in Paris gestaltet waren[307]. Die Seinestadt war für das kapetingische Königtum viel zu bedeutend, als sie in die Hände einer kommunalen Bewegung beziehungsweise Regierung geraten zu lassen. Bis ins 20. Jahrhundert hinein dauerte der administrative Sonderstatus von Paris an, denn erst mit dem Gesetz vom 31. Dezember 1975 war es den Bürgern – jetzt dauerhaft – erlaubt, einen eigenen Bürgermeister zu wählen[308]. Der erste so bestimmte Bürgermeister war im Jahre 1977 Jacques Chirac, der spätere Präsident der Französischen Republik (1995–2007), der an die Stelle des Präfekten (*préfet de la Seine*) trat.

An der Spitze der Pariser Hanse, der *mercatores aquae*, fungierte der *prévôt des marchands*, welcher die Interessen des Bürgertums zu vertreten suchte[309]. Als erster Amtsinhaber begegnet uns – erst dann – im Jahre 1263 Évroïn de Valenciennes[310]. Dem *prévôt des marchands* standen vier Schöffen und 24 Gerichtsschöffen zur Seite. Die Verwaltung der Stadt, deren spätmittelalterliches Wappen bezeichnenderweise ein Schiff (mit dem Spruch »*Fluctuat nec mergitur*«) zieren sollte (siehe Abb. 6), hatte schon ihre grundlegende Ausrichtung erhalten, bevor alle diese Funktionsträger in Erscheinung traten.

2.4.5 Genese des kapetingischen *palatium* und Ausbau von Paris zur königlichen Festungs- und Residenzstadt bis zum Tode Philipps II. (1180–1223)

Ob sich römische Kaiser, so Julian 358 und 359/60 sowie Valentinian I. 365/66, und merowingische Könige bei ihren Pariser Aufenthalten eine Bauanlage an der Westspitze der großen Flußinsel als Unterkunft und Ausgangspunkt für ihr herrscherliches Handeln gewählt haben, kann nur vermutet werden. Bauliche Spuren eines Prätoriums oder einer Pfalz haben sich nicht erhalten; archäologische Ausgrabungen sind allenfalls punktuell durchgeführt worden und somit nicht aussagekräftig; Quellenbelege, die eine Lokalisierung zulassen, fehlen[311]. Wo sich die robertinischen Grafen von Paris und Herzöge von Franzien niederließen, wenn sie an der Seine weilten, entbehrt ebenfalls hinreichender Zeugnisse. Erst mit Robert II. dem Frommen ist gesichert, daß sich eine kapetingische – und damit königliche – Pfalz im Westen der Insel erhob.

Abb. 6 Pariser Stadtwappen an einem Torbogen des Musée Carnavalet.

Somit reicht deren belegbare Geschichte allenfalls bis ins ausgehende 10. Jahrhundert zurück. Daher kann diesbezüglich höchstens vermutet werden, daß an der westlichen Inselspitze eine topographische Kontinuität eines weltlichen Herrschaftssitzes von der Spätantike bis zum hohen Mittelalter bestand.

Während Quellenaussagen zum 11. Jahrhundert kaum Rückschlüsse auf die bauliche Gestalt der Pfalz erlauben, mehren sich ab dem nachfolgenden Jahrhundert die Zeugnisse. So kann die Residenzanlage des hohen Mittelalters in Teilen erfaßt und dargestellt werden[312]. Wenn Fragen offenbleiben, so liegt dieses zum einen an den Königen selbst, die in ihrer Residenz eine rege Bautätigkeit entfalteten, Abrisse, Neu- und Umbauten durchführen ließen, zum anderen an den tiefgreifenden Veränderungen des 19. und 20. Jahrhunderts in architektonischer und urbanistischer Hinsicht. Von der hochmittelalterlichen Residenz ist besonders wegen der Neubauten unter Ludwig dem Heiligen und mehr noch Philipp IV. dem Schönen (1285–1314) kaum etwas erhalten. Einige Räume wie die *aula regis* sind bekannt und können ungefähr lokalisiert werden, ein Grundriß ist jedoch nicht darstellbar.

Wie schon gezeigt wurde, hielten sich die Kapetinger Hugo Capet und Robert II. bevorzugt in Orléans auf. Doch schloß dies nicht aus, daß sich Robert II. um das *palatium* auf der Seineinsel bemühte. Wie sein Biograph, der Mönch Helgaud von Fleury, schreibt, ließ der König die Pfalz wieder aufbauen[313]. Die Vita erwähnt nicht ausdrücklich einen Vorgängerbau. Doch wäre es wohl unangemessen, daraus zu schließen, daß hier zum erstenmal ein Neubau errichtet wurde. Wie umfangreich die durchgeführten Arbeiten waren und welche Teile des *palatium* errichtet wurden, bleibt unklar. Nachdem die Grafschaft Paris an die kapetingische Dynastie zurückgefallen war, sind diese Arbeiten vermutlich ausgeführt worden[314]. Außerdem ließ Robert II. eine Kapelle im Pariser *palatium* – wie auch in demjenigen von Étampes – bauen, und zwar zu Ehren des heiligen Nikolaus[315]. Sie dürfte sich dort befunden haben, wo später Ludwig IX. die Sainte-Chapelle errichten ließ[316]. In Paris ging auch die Instandsetzung der Kirchen Saint-Germain-l'Auxerrois und Saint-Germain-des-Prés auf den König zurück[317]. Alle diese Initiativen in der Seinestadt fügen sich ein in die Bemühungen Roberts um Pfalzen, Kirchen und Klöster in seinem Reich, näherhin der Krondomäne, und stehen hinter dessen Bau- und Sicherungsmaßnahmen in Orléans zurück.

Von diesem Kapetinger stammt eine Urkunde für das Kloster Saint-Magloire, deren Echtheit umstritten ist[318]. Das Zeugnis ist mit der Vita des Mönchs Helgaud zusammenzusehen, der von der Flucht bretonischer Mönche berichtet, welche den Normannen zu entkommen suchten. Als jene mit den Reliquien des heiligen Maglorius ins Pariser Becken gelangten, ließen der Großvater und Vater Roberts II., Hugo Magnus und Hugo Capet, eine Klosterkirche auf der großen Seineinsel errichten, um die Reliquien zu bergen und den Mönchen eine neue Heimstatt zu geben[319]. Danach ist mit dem Bau des Klosters noch vor dem Tode von Hugo Magnus im Jahre 956 zumindest begonnen worden. Für die Ankunft und Ansiedlung der bretonischen Mönche werden auch die Jahre 963 oder 965 oder andere in der Sekundärliteratur genannt[320]. Offensichtlich hatten Hugo Magnus oder Hugo Capet ein großes Interesse daran, die Mönche auf der Seineinsel anzusiedeln, die als sicher galt.

In einer Urkunde Ludwigs VII. von 1159/60, wiederum einer Besitzbestätigung, wird auf diese Gründung von »*Hugone videlicet ejusdem monasterii fundatore et edificatore*« Bezug genommen und »*ecclesia Sanctorum Bartholomei atque Maglorii ante nostrum palacium sita, antiquitus regum capella*«, erwähnt[321]. Demnach diente – die Echtheit der Urkunde vorausgesetzt – die der Pfalz gegenüberliegende Klosterkirche den Königen als Kapelle. Mit dem Bau der Nikolauskapelle durch Robert II. nach dem Jahre 1005 gab es im *palatium* selbst für die kapetingische Familie die Möglichkeit, einem Gottesdienst beizuwohnen. Zuvor hätte eine solche Gelegenheit nur bestanden, wenn ein Tragaltar verfügbar gewesen wäre. Daß im übrigen der Abt von Saint-Magloire von den kapetingischen Königen als ihr Kaplan eingesetzt worden ist, wie die Urkunde von 1159/60 angibt, wird durch andere Quellen nicht bestätigt[322]. Jedenfalls befand sich seit der Zeit von Hugo Capet gegenüber dem Palas, dem Hauptgebäude der Pfalz, also in unmittelbarer Nähe, eine klösterliche Kommunität, die für Meßfeiern der königlichen Familie zur Verfügung gestanden hätte. Spätestens mit der Einrichtung einer Kaplanei und der Einsetzung eines Kaplans durch Ludwig VI. wäre diese Angewiesenheit entfallen, wenn nicht an liturgische Feiern durch Angehörige der Hofkapelle schon zuvor zu denken wäre.

Im Jahre 1094 übertrug Philipp I. »capellam dominicam, in honore beati Bartholomei apostoli et beati Maglorii confessoris constructam, sitam in Parisiorum civitate, juxta aulam regiam«, der Abtei Marmoutier[323]. Anlaß war der beklagenswerte Zustand der klösterlichen Kommunität mit ihrem Abt, welche der Reform bedurfte. Gegen 1138 erfolgte die Übersiedlung der monastischen Gemeinschaft auf das rechte Seineufer[324]. Angesichts der Quellenlage wäre es unangemessen, wenn ein Vergleich von Saint-Barthélemy-Saint-Magloire mit der Rolle eines Pfalzstiftes im ostfränkischen Reich ins Auge gefaßt würde.

Neben der Nikolauskapelle kam es noch zum Bau eines weiteren Oratoriums. Ludwig VII. ließ »in honore beate Marie matris Domini, Parisius, in domo nostra, oratorium« errichten[325]. Gemäß der Urkunde aus dem Jahre 1154 gewährte der Kapetinger dem Kaplan, der sich um die Gottesdienste in der neuen Marienkapelle zu kümmern hatte, anläßlich deren Weihe mehrere Einkünfte, welche dem Unterhalt des Klerikers und der Ausstattung des Oratoriums dienen sollten[326]. Interessanterweise wurden auch detaillierte Regelungen für den Fall getroffen, daß der König, die Königin oder ihr Nachwuchs bei der Meßfeier zugegen sein sollten[327]. Diese bezogen sich auf die Entgeltung für den liturgischen Dienst des Kaplans und schlossen auch die Angehörigen der Hofkapelle ein.

Noch eine andere neue Kapelle wird in der Zeit Ludwigs VII. genannt, der wohl als ihr Erbauer zu gelten hat. Dieses Oratorium ist dem Erzengel Michael geweiht und befand sich im südöstlichen Eckbereich der Residenzanlage. Wann es genau erbaut wurde, ist nicht bekannt. Erstmals ist die Kapelle anläßlich eines Festereignisses für die kapetingische Dynastie und das Königreich belegt: Dort fand am Sonntag, dem 22. August 1165, die Taufe des am Vortag geborenen, lang ersehnten Thronfolgers Philipp II. statt; das Sakrament der Taufe spendete der Bischof von Paris, Mauritius von Sully[328]. Der Kapelle wurde der Beiname »de Platea« – im Französischen heißt sie Saint-Michel-de-la-Place – gegeben, was sich auf mehrere Weisen deuten läßt[329]. Vor der Kapelle, das heißt östlich von ihr, verlief entlang der Residenzanlage eine Straße von Nord nach Süd; hinter der Kapelle, also in westlicher Richtung, erstreckte sich ein Platz. Die Kapelle wird auch als Kirche bezeichnet, was auf ein größeres Gotteshaus hinweist. Somit gab es im Bereich der königlichen Residenz drei Kapellen, welche dem heiligen Nikolaus, der Gottesmutter und dem Erzengel Michael geweiht waren. Eine vierte Kapelle sollte dann in der Mitte des 13. Jahrhunderts entstehen: die Sainte-Chapelle, auf die noch ausführlicher einzugehen sein wird.

Wenn der von Jean Guérout erstellte Plan der Residenz zutreffen sollte, befand sich die Marienkapelle direkt angrenzend am Palas, an dessen Längsseite im südwestlichen Eck[330] (siehe Abb. 7). Sowohl der Palas mit der *aula regis* als auch die Klosterkirche Saint-Barthélemy-Saint-Magloire reichten demnach bis an die spätantike Wehrmauer heran. Der Palas war wohl so geräumig, daß er alle Angehörigen der königlichen Familie aufnehmen konnte. Ludwig VII., der 1137 Eleonore von Aquitanien, die Tochter des Herzogs Wilhelm X. von Aquitanien, heiratete, wohnte zu Beginn seiner Herrschaft mit seiner Mutter Adelheid von Maurienne († 1154) in der königlichen Residenz auf der Seineinsel. Ihnen war »*habitatio in palatio*« gemeinsam, ebenso »*expensarum et regie munificentie munerum*«[331]. Doch zerbrach ihre Gemeinsamkeit nicht zuletzt daran, daß Ludwig VII. – und wohl auch seine engere höfische Umgebung – der Einflußnahmen seiner Mutter auf die laufenden Regierungsgeschäfte überdrüssig wurde[332].

In der Geschichte der Pariser Königsresidenz auf der Île de la Cité und auch der Seinestadt kam es im März 1111 zu einem folgenreichen Ereignis. Es handelt sich um einen bedeutsamen, ja geradezu traumatisierenden Vorgang für die kapetingische Dynastie. Sie waren nun nicht mehr nur im strategischen Glacis von Paris, im Vexin, von anglo-normannischen Feinden, sondern sogar mitten im Herzen der Stadt bedroht. Was den Normannen bei ihren Invasionen ins mittlere Seinetal nicht gelungen war, nämlich die Einnahme der großen Flußinsel, gelang einem zum Gefolgsmann des englischen Königs Heinrich I. gewendeten kapetingischen Vasallen. Neben den schon erwähnten für die Kapetinger bedrohlichen Situationen der späteren Jahre 1119 und 1124 – mit der verlorenen Schlacht bei Brémule und mit dem vermeintlichen, als Zangenangriff angelegten Feldzug Kaiser Heinrichs V. nach Frankreich – spitzte sich die Lage an der Achillesferse ihrer Macht zu, im geopolitischen Zentrum des französischen Königtums.

Zum gefährlichen Widersacher wurde Ludwig VI. der ehrgeizige Graf von Meulan, Robert von Beaumont († 1118), der über Besitz nicht

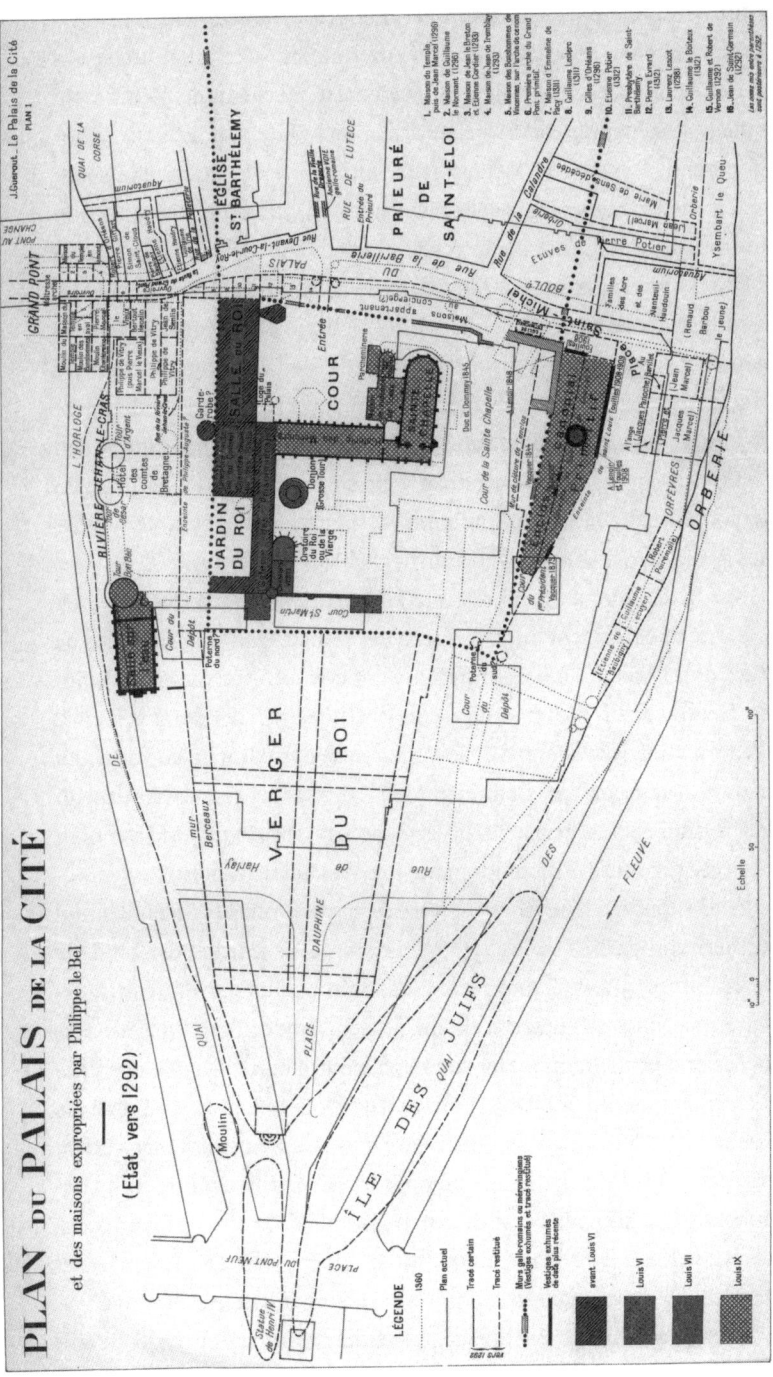

Abb. 7 Plan der königlichen Residenzanlage nach Jean Guérout zum Jahr 1292.

nur im Vexin, in der Normandie und in England, sondern auch in Paris selbst, nämlich auf dem rechten Seineufer um die Kirche Saint-Gervais und den Hafen Grève, verfügte[333]. Die befestigte Siedlung Meulan am nördlichen Seineufer lag zwischen Paris und Mantes[334]. Etwa 30 Kilometer trennen Paris und Meulan im Vexin. Ohne hier näher die Spannungen nachzuzeichnen, welche zwischen dem Grafen von Meulan und dem französischen König zuvor schon bestanden[335], sei auf den Vorfall des Jahres 1111 eingegangen. Als sich Ludwig VI. am 12. März 1111 in Melun südöstlich von Paris aufhielt, griff Robert von Beaumont überraschend die schon damals dicht bevölkerte Île de la Cité an, eroberte sie von seinem Besitz auf dem rechten Seineufer aus in einem Handstreich, bemächtigte sich auch der Pfalz und plünderte sie[336]. Doch gelang es den Bewohnern, die sich mit Waffen zu wehren begannen, die feindlichen Truppen zurückzudrängen und zum Rückzug zu zwingen. So konnte Ludwig VI. wieder in seine Pfalz zurückkehren.

Was in den Monaten, Jahren und Jahrzehnten danach folgte, waren umfangreiche Anstrengungen seitens der Kapetinger, welche die Île de la Cité und Paris in eine Festung umwandelten[337]. Alle diese Maßnahmen dienten dazu, die kapetingische Machtbasis in der Stadt selbst zu erweitern und rivalisierende Gewalten wie den Grafen von Meulan gänzlich auszuschalten. Denn der Vorfall des Jahres 1111 zeigte erneut: Wer die große Seineinsel kontrollierte, beherrschte Paris. Und wer über Paris gebot, konnte die Krondomäne und das Vexin sichern.

Jeder kapetingische König agierte in seiner Rolle als Souverän und Stadtherr von Paris. Das Hauptaugenmerk galt natürlich der Île de la Cité und der Pfalz. Auf Anordnung des Königs Ludwig VI. wurde das *palatium* neu befestigt und mit einem großen, runden Festungsturm versehen, der einen Durchmesser von 11,70 Metern hatte. Die Mauerstärke des Donjon maß an der Basis 3 Meter. Der Donjon Ludwigs VI. galt als so sicher, daß der königliche Schatz von nun an dort aufbewahrt werden konnte[338]. Wie mächtig dieser Donjon war, vermag eine Miniatur im berühmten, prächtig ausgeschmückten Stundenbuch des Herzogs Johann II. von Berry († 1416) zu vermitteln, der für die *Très Riches Heures* (Chantilly, Musée Condé, Ms. 65) die Brüder Paul, Jan und Herman von Limburg gewann[339]. Die Handschrift wurde von 1413 bis 1416 erstellt und 1485 von Jean Colombe vollendet. Das Bild des Monats Juni zeigt vom linken Seineufer aus die westliche Spitze der Insel, an der sich die kapetingische Residenzanlage erhebt (siehe Abb. 8). In deren Mitte ragt der Festungsturm Ludwigs VI. mit einem Spitzdach und wenigen Fensteröffnungen empor[340]. Das Dach wurde vermutlich erst nach seiner Zeit angebracht. Als Perspektive der Miniatur ist diejenige von der Tour oder vom Hôtel Nesle aus gewählt, welches der Herzog Johann II. von Berry besaß. Vermutlich umgab der Kapetinger die Pfalz mit einem durchgehenden Mauerzug, der trapezförmig verlief und nach Jean Guérout etwa 110 bis 135 Meter an den Seiten maß[341]. Die Mauer, welche die Miniatur aus dem frühen 15. Jahrhundert zeigt, entstand in späterer Zeit und umschloß eine weitaus größere Fläche.

Neben der Residenz bedurfte auch die Insel, näherhin ihre Zugänge, eines wirkungsvolles Schutzes (siehe Abb. 9). Der Vorfall des Jahres 1111 hatte bewiesen, daß die spätantike, vielleicht hier und da erneuerungsbedürftige Wehrmauer keine ausreichende Sicherheit mehr bot. Die fortifikatorischen Maßnahmen galten nun besonders den Zugängen zur Insel, denn die beiden alten römischen Brücken aus Holz waren 1111 in Flammen aufgegangen und mußten neu aufgebaut werden. In Verlängerung des römischen *cardo* (heute Rue Saint-Jacques) verbanden sie schnurgerade das linke und rechte Seineufer mit der Insel. Beim Wiederaufbau wurde der neuralgischen Nordseite der Île de la Cité Rechnung getragen. Denn schräg gegenüber auf dem rechten Seineufer, zumal bezüglich der alten römischen Brücke, befand sich das Besitztum des Grafen von Meulan, und zudem lag die Pfalz eher zum großen Seinearm hin. Die gefundene fortifikatorische Lösung bestand aus mehreren Maßnahmen: Erstens wurde die Brücke über den großen Seinearm um 125 Meter flußabwärts verlegt. Zweitens wurden beide Brücken nicht mehr aus Holz, sondern aus Stein gebaut. Drittens wurden die Brückenköpfe auf jeder Uferseite durch eine Turmburg besonders gesichert. So entstand eine lange steinerne Brücke über das breite Flußbett im Norden, deren Zugang am rechten Ufer durch eine große Turmburg geschützt wurde. Die französischen Bezeichnungen »Grand Pont« und »Grand Châtelet« gehen auf zeitgenössische Namengebungen zurück und sind interessanterweise heute noch – ohne das Epitheton, das entbehrlich scheint – geläufig. Dort, wo sich die mehrgeschossige, im Laufe der Jahrhunderte umfangreich erweiterte »Große

Abb. 8 Die kapetingische Königsresidenz auf dem Monatsbild Juni im Stundenbuch des Herzogs Johann II. von Berry aus dem 15. Jahrhundert.

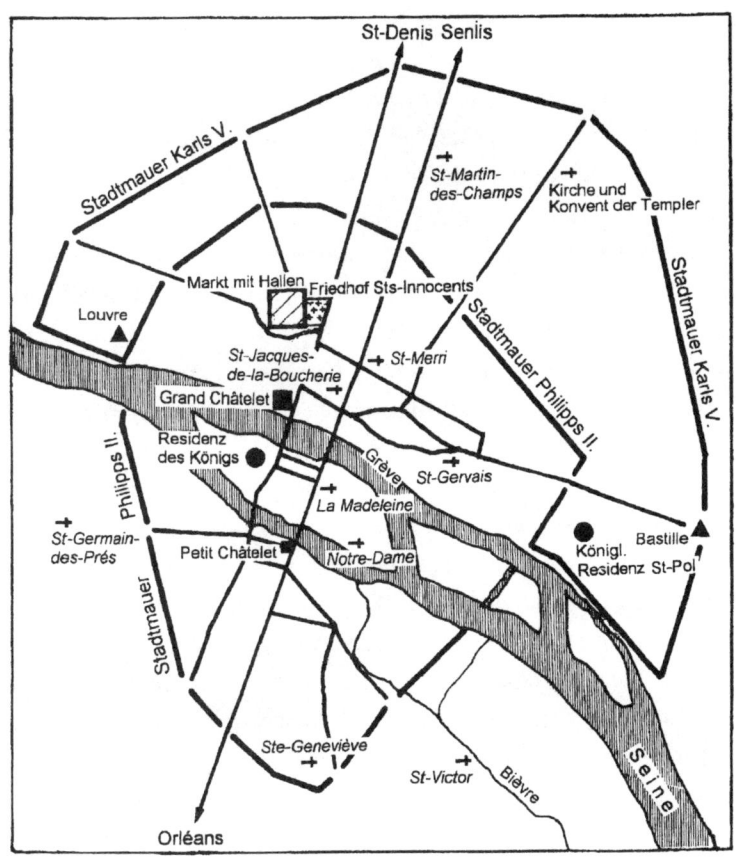

Abb. 9 Paris am Ende des 14. Jahrhunderts (zur topographischen Orientierung mit Einzeichnung der Niederlassung des 1312 aufgehobenen Templerordens).

Turmburg« bis 1802 erhob, erstreckt sich heute die Place du Châtelet und befindet sich die weit verzweigte Metrostation Châtelet (und ein Theater gleichen Namens). An derselben Stelle wie zuvor wurde die Brücke errichtet, welche den relativ schmalen Seinearm im Süden der Insel überspannte. Eine kleine Turmburg (»Petit Châtelet«), die unter Ludwig XIV. im Jahre 1783 abgerissen wurde, sicherte den Zugang am linken Ufer. Die »Kleine Brücke« – heute noch wird hier die Brücke aus späterer Zeit Petit Pont genannt und die auf sie von Süden zulaufende Straße Rue du Petit Pont – und die »Große Brücke« begegnen uns in den lateinischen Quellen der Zeit. In diesen tauchen ebenfalls die Angaben *»ultra Magnum Pontem«* und *»ultra Parvum Pontem«* für das rechte und linke Seineufer auf[342].

Die beiden Turmburgen wurden zu architektonischen Symbolen der kapetingischen Macht i n der und ü b e r die Stadt, in der sich keine autonome Bürgergemeinde ausbilden sollte[343]. Das galt insbesondere für das »Grand Châtelet«. Diesem kamen über die Sicherung der Insel und der königlichen Residenz hinaus weitere Funktionen zu. Dort hatte der *Prévôt*, der *praepositus*, der vom König ernannt wurde, seinen Sitz, von wo er – mit einer wachsenden Zahl von Helfern – seine administrativen, richterlichen und polizeilichen Befugnisse wahrnahm[344]. Außerdem diente die »Große Turmburg« als Gefängnis, im übrigen auch das »Petit Châtelet« auf dem südlichen Seineufer, freilich in geringerem Umfang[345].

So hatte die große Seineinsel ein festungsmäßiges Aussehen gewonnen. Die wirkungsvollen fortifikatorischen Maßnahmen, wie sich herausstellen sollte, waren klar auf die kapetingische Residenzanlage ausgerichtet und sollten einen Überraschungscoup wie im Jahre IIII verhindern. Die Pfalz lag nunmehr ganz in der Nähe der »Großen Brücke« und wurde durch die »Große Turmburg« mit geschützt. Für den König (und seine Familie) bot die Verlegung der Brücke überdies den Vorteil, daß er nunmehr direkt – von seiner Pfalz aus – über die »Große Brücke« auf das rechte Seineufer reiten und von der »Großen Turmburg« aus über die alte römische, schnurgerade verlaufende Straße, der heute die Rue Saint-Denis entspricht, schneller als zuvor der Abtei Saint-Denis zustreben konnte. Das Reiten durch das Straßengewirr und das Häusermeer der Île de la Cité entfiel, um zur vormaligen »Großen Brücke« zu finden und dann über die Verlängerung des römischen *cardo* auf dem rechten Seineufer, der Rue Saint-Martin, zur Parallelstraße Richtung Saint-Denis zu gelangen.

Aus der so umfassend gesicherten Residenzanlage auf der Île de la Cité mußte der König zwar nicht mehr vor einem Feind fliehen, jedoch wiederholt vor den Flutmassen der Seine, die Paris bedrohen konnten. Dies war zum Beispiel im Jahre 1196 der Fall, als Philipp II. dazu genötigt war, sein *palatium* zu verlassen und Zuflucht auf der Hügelspitze des Genovefahügels, genauer im Kanonikerstift Sainte-Geneviève, zu nehmen[346].

Der Gewinn an Schutz und Sicherheit auf der Île de la Cité und rund um diese bedeutete freilich für den freien und ungehinderten Verkehrsfluß einen Rückschlag; insoweit war die römische Antike »fortschrittlicher« als das hohe Mittelalter. Denn anstatt in einer schnurgeraden Linie die Insel zu überqueren, mußten Reiter und Fußgänger, Händler und Pilger, Pferde und Esel, Ochsenkarren und Handwagen in einem Zick-Zack-Kurs von einer zur anderen Uferseite finden und sich einen Weg durch die engen Gassen der Insel bahnen. An der Stelle der ehemaligen römischen Brücke, welche das breite Flußbett überspannte, führte zwar vom rechten Ufer ein Holzsteg (»les Planches-Mibray«) auf die Seine hinaus, doch allenfalls bis zur Flußmitte, und konnte daher nicht für eine Überquerung genutzt werden. Ansonsten blieb neben der Benutzung der »Großen Brücke« (und »Kleinen Brücke«) nur die Möglichkeit, mit einem Boot oder Schiff überzusetzen, was gerade in Hochwasserzeiten geschah[347]. Bis zum 14. Jahrhundert sollte dieser Zustand andauern, da keine weiteren Brücken gebaut wurden. Erst danach entspannte sich infolge neuer Brücken die erschwerte Verkehrssituation, und der folgenreiche Bruch der Hauptverkehrsachse war geheilt.

Um die Sicherung der Île de la Cité weiter zu verstärken, plante Ludwig VI. eine fortifikatorische Anlage vor der Stadt, und zwar den Bau einer Burg flußabwärts bei Bougival[348]. Der Ort an einem Seinebogen, am Zusammentreffen von Fluß- und Landweg, war strategisch gut gewählt und lag etwa 15 Kilometer westlich der großen Flußinsel und nur 5 Kilometer südöstlich der Pfalz Saint-Germain(-en-Laye). Doch kam es letztlich – aus welchen Gründen auch immer – nicht zur Errichtung der Burg.

Ob die fortifikatorischen Maßnahmen Ludwigs VI. auch den Bau einer neuen Wehrmauer, die dann allerdings aufgrund der urbanen Entwicklung nur auf dem rechten Seineufer hätte verlaufen können, eingeschlossen haben, ist zumindest erörterungswürdig[349]. Von Teilen der Pariser stadthistorischen Forschung wird eine solche Stadtmauer angenommen; deren Verlauf, Datierung und Existenz bleiben indes umstritten. Zeitliche Einordnungen reichen vom 9. bis zum 12. Jahrhundert, gehen allerdings über die Mitte des 12. Jahrhunderts nicht hinaus. Archäologische Nachweise lassen sich nicht beibringen, eindeutige schriftliche Quellenbelege fehlen. Eine derartige Anlage wird in Form eines Palisadenzaunes auf einem aufgeschütteten Erdwall mit einem vorgelagerten Graben vorgeschlagen; was die Ausdehnung anbelangt, variieren die Vorstellungen. Als weiteste Umfassung wäre ein Verlauf erwägenswert, der von der Seine aus den *burgus* von Saint-Gervais bis hin zu demjenigen von Saint-Germain-l'Auxerrois einbeziehen würde. Es ist aber kaum anzunehmen, daß Ludwig VI. die Zone um Saint-Gervais in ein Bauprojekt einbezogen hätte, denn hier war bis zur Mitte des 12. Jahrhunderts Besitz des Grafen von Meulan belegt. Warum sollte im übrigen nicht auch an die Zeit Heinrichs I., der seine Politik und sein militärisches Agieren in neuer Weise auf Paris ausrichtete, zu denken sein? Oder an Philipp I., der sich in der Seinestadt und im Vexin einer wachsenden Gefährdung durch anglo-normannische Truppen gegenübersah? Oder an Ludwig VII., der vielleicht vor dem im Jahre 1147 erfolgten Aufbruch zum Kreuzzug – hier das Handeln seines Sohnes Philipp II. vorwegnehmend – Paris durch eine neue Wehranlage sichern wollte? Und überhaupt: Wenn Ludwig VI. schon die hölzernen Brücken durch neue aus Stein ersetzen ließ, wäre es – trotz der weitaus höheren Gesamtkosten – näherliegender gewesen, sei es noch unter seiner Herrschaft, sei es unter der seines Sohnes, eine umlaufende Fortifikationsanlage aus Stein zu errichten. Ohne neue Quellenfunde, gleich welcher Provenienz, dürften die aufgeworfenen Fragen kaum zu klären sein. Die obigen Erwägungen zeigen nur an, daß die Diskussion mehr Aspekte einschließt, als bisher ernsthaft erörtert worden sind.

Die nächste, ebenfalls wesentliche Phase im Ausbau von Paris zur Festungs- und Residenzstadt vollzog sich unter Philipp II. Dessen Maßnahmen stehen weiterhin im Zeichen des kapetingisch-anglo-normannischen Konflikts und des Dritten Kreuzzuges. Drei große Bauprojekte wurden von ihm in Angriff genommen: Erstens ließ er vor dem Aufbruch zum Dritten Kreuzzug, den er mit der Ergreifung der roten *oriflamme* vom Altar des heiligen Dionysius in der Abteikirche Saint-Denis am 24. Juni 1190 einleitete, wie auch an anderen Orten die Errichtung einer Stadtmauer auf dem rechten Seineufer beginnen, und zwar auf Kosten der Bürger: *»Precepit etiam civibus Parisiensibus, quod civitas Parisii, quam rex multum diligebat, muro optimo cum tornellis decenter aptatis et portis diligentissime clauderetur ...«*[350] (siehe Abb. 10 und 11). Bis zum Jahre 1209 wurde diese neue, etwa trapezförmig verlaufende Fortifikationsanlage abgeschlossen. Zweitens wurde diese durch eine weitere vervollständigt, die nun auf dem linken Seineufer entstand – bis 1212, spätestens bis 1215. Die Wehrmauer des linken Ufers stieg in Form eines Dreiecks zur Spitze des Genovefahügels auf (siehe Abb. 12). Der Wehrring verfügte über keine vorgelagerten Gräben. Die Stadtmauer auf beiden Seineufern – die Inseln blieben ausgespart – war 2,60 Meter breit, 8–10 Meter hoch und insgesamt etwa 5400 Meter lang. Sie hatte 70 runde Türme, 13 Tore und einen umlaufenden, zinnengekrönten Wehrgang. Zwillingstürme sicherten die Tore. Die eingeschlossene Stadtfläche belief sich auf mehr als 250 Hektar Fläche.

Drittens wurde eine mächtige Burg nahe der Seine vor der Wehrmauer des rechten Ufers errichtet. Philipp II. ließ die Festung an dem Ort erbauen, der als *Lup(p)ara* oder *Luppera* bekannt war. Der Name ging möglicherweise auf einen ursprünglich dort aufgestellten Hundezwinger für die Jagd auf Wölfe zurück – und auf jene über[351]. Die Burg entstand auf einem alluvialen Wulst fast unmittelbar an der Seine und war interessanterweise nicht in die Stadtmauer eingefügt – wie später die Bastille in diejenige König Karls V. (1364–80) –, sondern dieser westlich vorgelagert[352]. Der strategische Zweck trat klar hervor: Die Festung, der Louvre, bezeichnenderweise der einzige Fortifikationsbau dieser Art, sollte die Wehrmauer schützen und einen feindlichen Angriff normannischer oder englischer Truppen aus westlicher Richtung, vorgetragen über den Fluß oder in dessen Nähe auf dem Landweg, abwehren. Deshalb war die westliche und nördliche Festungsmauer noch mit einem zusätzlichen Turm in der Mitte versehen.

Abb. 10/11 Der längste erhaltene Teil der Stadtmauer Philipps II. (rechtes Seineufer) bei dem Lycée Charlemagne und der Kirche Saint-Paul im Marais.

Abb. 12 Reste der Stadtmauer Philipps II. in der Rue Clovis beim Panthéon auf dem linken Seineufer.

Instruktive Aufschlüsse über den Bau erbrachte eine 1984 durchgeführte archäologische Ausgrabungskampagne, in deren Verlauf 16.000 Kubikmeter Erde zu bewegen waren; die Leitung oblag Michel Fleury und Venceslas Kruta von der Commission du Vieux Paris[353]. Die hochmittelalterliche Fortifikationsanlage wurde bis zu einer Höhe von mehr als 6 Metern freigelegt. Bei einem Besuch des Louvre-Museums ist es möglich, die Monumentalität der Festung zu erfassen: Wer durch breite Burggräben geht, kommt an den aus wuchtigen Pariser Kalksteinen bestehenden Mauerzügen mit den vorspringenden Ecktürmen vorbei und gelangt schließlich von der Seineseite aus zum Donjon (siehe Abb. 13 und 14). Dieser runde Turm, umgeben von der quadratischen Festungsmauer, maß am Sockel im Durchmesser bis zu 18 Meter, hatte eine Mauerstärke von 4 Metern, ragte einst mehr als 30 Meter empor und war somit noch um einiges höher als derjenige der Pfalz auf der Île de la Cité, doch ließ ihn König Franz I. (1515–47) bereits im Jahre 1528 weitgehend abtragen. Im übrigen hatte zuvor Karl V. (1364–80) den kargen Burgenbau des Louvre in ein wohnliches Palais verändert, wovon uns das Oktoberbild in der schon erwähnten Handschrift des Herzogs Johann II. von Berry eine Anschauung zu vermitteln vermag[354] (siehe Abb. 15). In zeitgenössischen Quellen des Hochmittelalters wird der Donjon des Louvre im Unterschied zum »alten« der Pfalz als der »neue Turm außerhalb der Mauern« bezeichnet[355]. Im Gegensatz zu dessen umlaufenden Rundgraben führte der äußere Burggraben Wasser, das wohl von der Seine dorthin gepumpt worden ist[356]. Daß Eisenketten von der Südseite des Louvre oder von der Stadtmauer des rechten Ufers über die Seine zum gegenüberliegenden Turm der Wehrmauer gespannt werden konnten beziehungsweise worden sind, läßt sich bis zum ausgehenden 13. Jahrhundert nicht belegen.

Damit hatte Paris definitiv Züge einer Festungsstadt bekommen. Philipps Sohn und Enkel, Ludwig VIII. und Ludwig IX., konnten sich somit auf ein mehrstufiges, kohärentes Verteidigungssystem in Paris stützen, das ihre Macht sicherte und ihrer Residenz wohl den bestmöglichen Schutz bot.

Die Merkmale der Festungs- und Residenzstadt, die Paris im Verlauf des 12. Jahrhunderts gewann, verstärkten sich in den nachfolgenden Jahrzehnten. Zudem erweiterten mehr und mehr neue bauliche Anlagen

Abb. 13 Erhaltene Festungsmauern des hochmittelalterlichen Louvre mit Türmen im gleichnamigen Kunstmuseum.

Abb. 14 Erhaltener Teil des Donjon des hochmittelalterlichen Louvre im gleichnamigen Kunstmuseum.

Abb. 15 Der Louvre nach den baulichen Veränderungen unter König Karl V. im Stundenbuch des Herzogs Johann II. von Berry (Monatsbild Oktober) aus dem 15. Jahrhundert.

weltlicher und geistlicher Großer des Königreiches die Stadt. In dieser nicht nur architektonisch interessanten Entwicklung manifestiert sich die wachsende Anziehungskraft des in Paris residierenden Königtums und drückt sich die gewonnene politische Zentralität der Seinestadt im Gefüge Frankreichs aus. Je öfter die politischen und administrativen Entscheidungen am Königshof beziehungsweise in Paris fielen, desto eher mußte den Großen daran gelegen sein, am höfischen Leben teilzunehmen und ihre Interessen vor Ort wahrzunehmen. So wuchs die Zahl der weltlichen Fürsten, der Bischöfe und Äbte, die über eine feste Unterbringung beziehungsweise eine Residenz in der Seinestadt verfügten[357]. Da die Île de la Cité offensichtlich nicht genügend Raum für derartige Bauten bot, entstanden sie auf dem rechten und linken Seineufer[358]. Die räumliche Nähe zur königlichen Residenz und Verwaltung wurde gesucht.

Der erste Würdenträger, der sich nachweislich zu einem festen Quartier in Paris entschloß, war der Abt von Saint-Denis. Bei Suger lag dies um so näher, als er die Regentschaft für den am Zweiten Kreuzzug teilnehmenden König Ludwig VII. mit auszuüben hatte. Er ließ bei der Kirche Saint-Merri ein Haus für 1.000 *solidi* kaufen: »*Domum quae superest portae Parisiensi versus Sanctum Medericum emimus mille solidis, quoniam, cum frequenter interessemus negociis regni, nos et equos nostros, sed et successores nostros ibidem honestius hospitari dignum duximus*«[359]. Dieses vor der Mitte des 12. Jahrhunderts erworbene Haus, das günstig an der Verlängerung des römischen *cardo* auf dem rechten Seineufer lag, sollte also auch seinen Nachfolgern als Unterkunft dienen. Bis zur Kirche Saint-Merri mag damals das urbanisierte Paris gereicht haben.

Ein zweiter geistlicher Würdenträger, der zu Zeiten Philipps II. über ein festes Absteigequartier in Paris verfügte, war der Erzbischof von Reims. Im frühen 13. Jahrhundert – vor 1222 – hatte der Metropolit Heinrich eine »*domus*« beim Louvre auf dem rechten Seineufer errichten lassen[360]. Für die nachfolgenden Jahrhunderte sollte allerdings ein ab etwa 1280 bestehendes Palais, das auf der gegenüberliegenden Seineseite nahe der Stadtmauer, nicht weit von Saint-Germain-des-Prés entfernt, lag, Amtssitz der Erzbischöfe von Reims werden[361]. Vielleicht könnte auch der Bischof von Auxerre, der wie sein Pariser Mitbruder dem Metropoliten von Sens unterstand, noch gegen Ende der Herrschaft

Philipps II. über eine Unterkunft nahe der großen Thermenanlage (beziehungsweise des späteren Hôtel de Cluny) verfügt haben[362].

In der Zeit Ludwigs IX. kam es zu weiteren Stadtresidenzen geistlicher Würdenträger, so des Erzbischofs von Rouen, der Bischöfe von Arras und Orléans, der Äbte von Saint-Père in Chartres und von Saint-Benoît-sur-Loire[363]. Die monastischen Vorsteher entschieden sich für einen Amtssitz am ehemaligen römischen *cardo* auf dem linken Ufer, die bischöflichen Oberhirten aus Arras und Orléans wählten gleichfalls dieses. Die Pariser Residenz des Metropoliten von Rouen lag gegenüber derjenigen seines Amtsbruders aus Reims.

Soweit es die Überlieferungslage zuläßt, entstanden Hôtels weltlicher Fürsten wohl erst unter Ludwig dem Heiligen. Während die Grafen von Auxerre, Mâcon und der Champagne das südliche Ufer bevorzugten, ließ der Graf von Ponthieu sein Hôtel beim Louvre errichten – ebenso der Bruder Ludwigs IX., der Graf Alfons von Poitiers († 1271), im Jahre 1254[364].

Die erhaltenen Residenzanlagen von geistlichen und weltlichen Fürsten in Paris stammen zwar durchweg aus dem späten Mittelalter (und der Frühen Neuzeit), doch vermögen sie gleichwohl heute eine Vorstellung von der architektonischen Prägung der Seinestadt durch derartige Palais zu vermitteln. Im Marais, ganz nahe am nördlichen Seineufer, erhebt sich das Hôtel der Erzbischöfe beziehungsweise der Metropoliten von Sens, deren Suffragane die Pariser Bischöfe waren. Im gegenwärtigen baulichen Zustand geht es wesentlich auf die vom Metropoliten Tristan de Salazar (1479–1519) in Auftrag gegebenen Arbeiten zurück[365] (siehe Abb. 16). Das heute am meisten besuchte mittelalterliche Palais in Paris (von den erhaltenen Residenzanlagen geistlicher und weltlicher Fürsten) ist das Hôtel der Äbte von Cluny, da sich hier – unter Einschluß römischer Thermenanlagen – das Musée national du Moyen Âge befindet. Die Residenz, etwa in mittlerer Hanglage auf dem südlichen Seineufer, ist in ihrem gegenwärtigen baulichen Erscheinungsbild Jacques d'Amboise († 1516) zu verdanken, welcher die Abtsstühle von Jumièges (1475) und Cluny (1480) sowie den Bischofsstuhl von Clermont (1505) bestieg[366] (siehe Abb. 17).

Es liegt auf der Hand, daß mit dem Ausbau von Paris zur glanzvollen Residenzstadt auch die Bevölkerung wuchs. Dabei ist nicht so sehr die

Abb. 16 Das Hôtel der Erzbischöfe von Sens im Marais.

Abb. 17 Das Hôtel der Äbte von Cluny auf dem südlichen Seineufer.

Tendenz an sich eindrucksvoll, sondern vielmehr die Dynamik des Wandels, die alle anderen Städte des damaligen Europa übertraf. Während die Bevölkerung Europas zwischen 1000 und 1300 um das Zweifache oder Dreifache anstieg, steigerte sich die Einwohnerzahl von Paris im selben Zeitraum sogar um das Fünfzigfache bis Siebzigfache[367]. Als sich der Kapetinger Heinrich I. in der Mitte des 11. Jahrhunderts für die Seinestadt als bevorzugten Aufenthaltsort entschied, lebten vermutlich 3.000 oder 4.000 Menschen in Paris, hauptsächlich auf der Île de la Cité und zudem in einigen Siedlungen beiderseits des Flusses. Zu Beginn des 14. Jahrhunderts dürfte die demographische Entwicklung bereits die Zahl von 200.000 Einwohnern überschritten haben. Paris wurde mit beachtlichem Abstand zur größten Stadt des Kontinents – Jean Favier charakterisiert sie zu Recht als »monstre démographique«[368] – und übertraf andere urbane Zentren wie Mailand, Venedig, Genua und Florenz in Italien, Gent und Brügge in Flandern, Köln und Nürnberg in Deutschland um 100.000 Einwohner und mehr[369]. Diesen demographischen Spitzenplatz in Europa besaß Paris bis weit in die Neuzeit hinein, um ihn dann an London abzutreten[370]. Epidemien wie die Pest, die besonders in der Mitte des 14. Jahrhunderts wütete, die Pocken und die Syphilis, auch der Hundertjährige Krieg und Überschwemmungen führten dazu, daß die Einwohnerzahl der Seinestadt auf 80.000 bis 100.000 in den 20er Jahren des 15. Jahrhunderts zurückging. Um 1500 wurde in Paris wieder das demographische Niveau der Zeit um 1300 erreicht.

So hatte Paris eine vielfach beeindruckende städtische Individualität gewonnen, die sich auch in einer topographischen, heute so vertrauten Dreiteilung ausformte. Diese hatte sich in einem langen historischen Prozeß herausgebildet und war – wie die Stadtwerdung in römischer Zeit zeigte – nicht zwingend. Seit den ersten Jahrzehnten des 12. Jahrhunderts spiegeln die Quellen die Dreiteilung wider. Die Bezeichnung »ultra Magnum Pontem« wird für das rechte Seineufer verwandt, das linke mit der Angabe »ultra Parvum Pontem« bedacht[371]. Seit dem 15. Jahrhundert wurden gewöhnlich die französischen Bezeichnungen Cité (von civitas für die große Flußinsel), Ville und Université für das nördliche und südliche Ufer benutzt[372].

2.4.6 Die Sainte-Chapelle als liturgischer und memorialer Mittelpunkt sowie als architektonische Aufgipfelung des dynastischen und höfischen Lebens

Nach dem Tode Philipps II. und der kurzen Herrschaft Ludwigs VIII. ging der Ausbau der Residenz weiter. Dieser verdient hier – in die Zeit Ludwigs IX. ausgreifend[373] – allein schon deshalb mit berücksichtigt zu werden, weil er dem königlichen Residenzbezirk eine neue Dimension erschloß, diesen funktionell abrundete sowie architektonisch und künstlerisch krönte. Nicht nur aus der deutschen Residenzenforschung wissen wir, welche Bedeutung Pflege und Ausübung des Frömmigkeitslebens gewöhnlich für den weltlichen Fürsten und seinen Hof hatten[374]. Der Ort für Gebet, Andacht und liturgische Vollzüge war die Kapelle, die zu Burganlagen oder Pfalzen gehörte und repräsentative und wehrhafte Züge miteinander verbinden konnte[375]. In Residenzen nahmen die Sakralbauten unterschiedliche Formen an, konnten in der Zahl schwanken und auch als Doppelkapellen gebaut sein[376].

Es gab vor dem 13. Jahrhundert – wie dargelegt – schon drei Sakralbauten im Bereich der kapetingischen Königsresidenz. Eine Nikolauskapelle bestand seit der Zeit Roberts des Frommen, Ludwig VII. ließ in den Jahren um die Mitte des 12. Jahrhunderts ein Oratorium zu Ehren der heiligen Jungfrau Maria errichten. Auf denselben Kapetinger geht ebenfalls eine Michaelskapelle zurück, die zuvor entstanden war und am Weg lag, der von der »Großen Brücke« direkt an der Residenz vorbei zum südlichen Ufer der Flußinsel führte[377].

Den Anlaß für den Bau der Sainte-Chapelle stellte der Erwerb kostbarer Reliquien dar, mit denen Ludwig IX. für sich und sein Königtum neue Ambitionen verband und in weitere Sphären der Legitimation vordrang[378]. Der Kauf der Reliquien ergab sich aus den großen Finanznöten des Lateinischen Kaiserreiches, das im Zuge des 1204 nach Byzanz beziehungsweise Konstantinopel umgeleiteten Vierten Kreuzzuges begründet worden war. Der lateinische Kaiser Balduin II. von Courtenay (1237–61) suchte das zu Geld zu machen, was in der Hauptstadt seines arg zusammengeschmolzenen Kaiserreiches in Hülle und Fülle vorhanden war: Reliquien – und dazu von herausragender »Qualität«, sprich religiöser Bedeutung. Um die Hauptstadt vor den Byzantinern, welche die Schmach des Jahres 1204 tilgen wollten, zu verteidigen, brauchte er Geld, viel Geld. Ludwig IX., der von einer tiefen Frömmigkeit geprägt und vom Wissen um die Wichtigkeit der Reliquien Jesu Christi für Gegenwart und Zukunft durchdrungen war, nutzte die Gelegenheit, die sich ihm bot. Für gewaltige Geldsummen der damaligen Zeit erwarb der Kapetinger in den Jahren 1239, 1241 und 1242 von Balduin II. von Courtenay zahlreiche Reliquien, darunter die beiden kostbarsten: die Dornenkrone Christi und ein Stück vom Heiligen Kreuz[379]. Die Überführung der Reliquien nach Paris wurde sorgfältig besorgt, in Ritus und Zeremoniell inszeniert, wobei dem König eine herausragende Rolle zufiel[380].

Als Aufbewahrungsort der Heiltümer kamen vor allem die definitiv zur Nekropole der Dynastie aufgestiegene Abteikirche Saint-Denis, die Kathedrale Notre-Dame auf der Île de la Cité, nicht weit von der kapetingischen Residenz entfernt, oder eine von deren Kapellen in Frage. Beim Eintreffen der Dornenkrone Christi am 18. August 1239 wurde diese von Ludwig IX. selbst in der Pfalzkapelle zum heiligen Nikolaus abgelegt und später zeitweise nach Saint-Denis überführt. Der Kapetinger entschied sich für seine Residenz, für die »physische Nähe« dieser Reliquie und der anderen Heiltümer, die ihn, seine Familie und sein Königtum schützen sollten. Neben die fortifikatorischen Schutzbauten aus vergangenen Herrschaftszeiten trat nun die bis ins Eschatologische geweitete Sicherung durch die außerordentliche und unüberbietbare *virtus* der Passionsreliquien. Um deren Bedeutung und angemessener Verehrung und Zurschaustellung architektonisch und liturgisch gerecht zu werden, ließ Ludwig IX. innerhalb seines Residenzbezirkes ein Gotteshaus errichten, und zwar in der höchsten Ausdrucksform der damaligen Sakralkunst (siehe Abb. 18). Gemäß Dieter Kimpel und Robert Suckale ist die Sainte-Chapelle »nach Karls des Großen Aachener Pfalzkapelle das vielleicht anspruchsvollste herrscherliche Bauwerk des Mittelalters«[381].

Vermutlich ließ sich der Kapetinger vom Vorbild der byzantinischen Kaiser inspirieren und veranlaßte den von 1241 bis 1245 entstandenen Bau einer doppelten, reich mit farbig leuchtenden Glasfenstern ausgestatteten Kapelle an der Stelle des Nikolausoratoriums[382]. Ludwig IX. hat die Ausführung vielleicht dem Werkmeister Pierre de Montreuil († 1267) anvertraut. Die untere Kapelle (6,60 Meter hoch) konnte vom Hof der Residenz aus betreten werden, die obere Kapelle – mit einer Höhe von

Abb. 18 Die Sainte-Chapelle auf der Île de la Cité.

20,50 Metern fast diejenige der Kathedrale von Noyon erreichend – von der Residenz aus. Sooft es der König wollte, konnte er sich also von seinen Gemächern aus in die Oberkapelle begeben, ohne den Weg über den Hof nehmen zu müssen. Es handelt sich gleichsam um einen gläsernen, lichtdurchfluteten, kostbar gestalteten »architektonischen Reliquienschrein«, welcher die Heiltümer aus Jerusalem barg. Einer eigenen Kanonikerkommunität, deren Einsetzung im Januar 1246 eine Bulle von Papst Innozenz IV. ermöglicht hatte, war es aufgetragen, die Reliquien zu hüten, die Offizien zu feiern und die neuen liturgischen, auf Initiative Ludwigs IX. eingesetzten Feste zu begehen. Prozessionen bezogen im übrigen den Bereich der Residenz im Verlauf der liturgischen Feier ein. Ein großer, 2,70 Meter langer Schrein aus Silber und vergoldetem Kupfer, der Bundeslade des Alten Bundes (zwischen Jahwe und seinem auserwählten Volk Israel) nachempfunden, nahm die wertvollsten Reliquien auf. Er stand zunächst auf dem Altar und war dann auf einer eigenen, von 1264 bis 1267 errichteten Schaubühne zur Verehrung ausgestellt. Am 26. April 1248 wurde die Oberkapelle zu Ehren des Heiligen Kreuzes in Gegenwart des päpstlichen Gesandten Odo von Châteauroux konsekriert, die Unterkapelle weihte der Erzbischof Petrus Berruyer der Gottesmutter[383]. Wenige Monate später brach Ludwig IX. zu seinem ersten Kreuzzug auf.

Mit der Sainte-Chapelle, die zum Mittelpunkt des dynastischen und höfischen Lebens wurde, hielt eine neue Dimension Einzug in die Genese der Residenz. Mit der »heiligen Kapelle« wurde die besondere Gottesnähe und Legitimation des französischen Königtums zum Ausdruck gebracht und zugleich der Machtanspruch der Kapetinger weiter sakralisiert sowie öffentlich symbolisiert, die nun in ihrem eigenen Residenzbezirk mit das Heiligste bargen, was an Verdinglichung, Konkretion und Heilsverheißung des Glaubens angehäuft werden konnte. Die heilige Sphäre der Passionsreliquien strahlte gewissermaßen auf die gesamte Residenz aus. Diese hatte somit einen eigenständigen sakralen Rang erhalten, der sie stark aufwertete und in gewisser Hinsicht neben die Abteikirche Saint-Denis und die Kathredralkirche Notre-Dame stellte. Von der heiltumsmäßigen Aufladung kam dem kapetingischen *palatium* keine andere Residenz im französischen Königreich gleich. Die Kapetinger gossen einen Machtanspruch in die architektonische und liturgische Symbolsprache, die ihrer Residenz einen zumindest ebenbürtigen Rang mit der Pfalz und Kapelle Karls des Großen in Aachen und mit dem Palast der byzantinischen Kaiser in Konstantinopel verschaffte. Gegenwart, Zukunft und Eschatologie, Irdisches und Himmlisches, Leben und Glauben, Paris und das neue, himmlische Jerusalem waren in der Sainte-Chapelle zusammengeführt worden; die Passionsreliquien waren Unterpfand der Heilserwartung[384]. Und der kapetingische König konnte so gleichsam seine Legitimation direkt und unmittelbar aus der Nähe Gottes, der Passionsreliquien Christi und den Heiltümern der Gottesmutter beziehen – und damit zumindest mit dem staufischen Kaiser Friedrich II. († 1250) konkurrieren, wenn ihn nicht gar übertreffen. So war er als *rex christianissimus*, als allerchristlichster König, ausgezeichnet.

Freilich gab es noch Erweiterungsmöglichkeiten für die in der Sainte-Chapelle konzentrierte Symbolkraft des französischen Königreiches. Eine Bedeutung als Nekropole, als letzte Ruhestätte sei es eines Königs, sei es eines Apostels oder eines Apostelschülers, blieb dem Gotteshaus versagt. Dessen Erbauer wurde zwar 1297 als erster und einziger Angehöriger seiner Dynastie heiliggesprochen, doch fand Ludwig IX. sein Grab wie die meisten seiner Vorfahren in der Abteikirche Saint-Denis. Doch gelangte immerhin 1306 sein Haupt in einem goldenen, von Philipp IV. in Auftrag gegebenen Reliquiar in die Sainte-Chapelle, die als Abbild des himmlischen Jerusalem und als memorialer Bezugspunkt der Dynastie figurierte. Die zwölf polychromen Apostelstatuen an den Pfeilern der Oberkapelle flankierten den neuen Heiligen, der nun in sein Sanktuarium zurückkehrte.

Die königliche Residenz strahlte seit der Zeit Ludwigs IX. in das Königreich noch in anderer, neuer und symbolisch verdichteter Weise aus. Auf Initiative des Königs, seiner Nachfolger oder der Prinzen der Dynastie entstanden an verschiedenen Orten Frankreichs, zum Beispiel in Riom und Bourges, weitere »heilige Kapellen«, die also die Sainte-Chapelle nicht nur architektonisch, sondern auch in ihrem Reliquienprogramm und der mit ihr verbundenen Liturgie nachahmten[385]. Dies konnte geschehen, indem ein kleiner Teil der Dornenkrone und/oder des Stückes des Heiligen Kreuzes von Paris an das neue Gotteshaus weitergegeben wurde. Zugleich wurde so in diesen Residenzorten – wie schon auf der Île de la Cité – die Dynastie kommemoriert, in besonderer Weise Ludwig IX. Der Mittelpunkt des dynastischen und höfischen Lebens, wie es sich in Paris abspielte, wurde dadurch noch stärker unterstrichen, und die Zentrierung des französischen Königreiches auf die Seinestadt und die Île de la Cité in symbolischer, architektonischer und religiös-liturgischer Hinsicht intensiviert. Damit erfuhr die Bedeutung des kapetingischen *palatium* an der Seine für Königtum und Reich seine Krönung, Paris erhielt als Hauptstadt Frankreichs eine weitere signifikante Bestätigung, welche dem entstehenden urbanen Großgebilde sogar eine ins Sakrale und Eschatologische gewendete Zentralität zuführte.

Am Schluß dieses Kapitels sei noch auf die Bauten hingewiesen, die in der Zeit Ludwigs IX. neben der Sainte-Chapelle im königlichen Residenzbezirk entstanden[386]: Ein langer gedeckter Flur, später *Galerie des Merciers* genannt, verband die königlichen Gemächer mit der heiligen Kapelle, deren Kanoniker (zumindest) drei Häuser im südwestlichen Bereich der Anlage aufnahmen. Auf der entgegengesetzten Seite, zum Nordufer der Insel hin, wurden ein neuer Turm (*Tour Bonbec*) und ein neuer Saal gebaut. Auf das an der Nordseite der Kapelle errichtete mehrgeschossige Gebäude, welches im zweiten Obergeschoß für das Archiv mit den Urkunden des Königtums (*Trésor des chartes*) bestimmt war, konnte bereits verwiesen werden. Das schon zitierte Stundenbuch des Herzogs Johann II. von Berry aus dem frühen 15. Jahrhundert zeigt uns vom Hôtel de Nesle, also vom linken Seineufer, aus die Residenzanlage an der westlichen Inselspitze, darunter ein Teil der neuen Bauten Ludwigs IX., unter denen sich die hochgotische Sainte-Chapelle abhebt und alle anderen überragt[387].

3. PARIS ALS AUFBLÜHENDES WIRTSCHAFTSZENTRUM

3.1 Verkehrswege zu Lande und zu Wasser

Die militärisch-strategische Situation gab zunächst den Ausschlag dafür, daß sich der Kapetinger Heinrich I. und seine Nachfolger für Paris als Hauptresidenz und königliche Residenzstadt entschieden. Weitere Umstände und Gründe kamen hinzu, welche die Entscheidung erheblich begünstigten. Zu diesen zählte die Tatsache, daß sich hier im mittleren Seineraum wichtige Verkehrsverbindungen zu Wasser und zu Lande kreuzten.

Die Lage an einem so wichtigen Fluß wie der Seine brachte Paris einen unbestreitbaren Vorteil[388]. Die Seine war mit ihren Nebenflüssen wie Marne, Oise und anderen schiffbar. Die Handelsachse, die zwischen Burgund und der Normandie zu Wasser und zu Lande bestand, verlief über Paris, ebenso diejenige, die Teile des nördlichen Frankreich mit der Mitte des Landes, dem Loireraum und weiter südlich gelegenen Gebieten verband. Im System der Verkehrsverbindungen des Pariser Raumes beziehungsweise der Île-de-France spielten die Schiffswege eine wichtige Rolle[389]. Das Gefüge der Wasserwege erlebte von der Spätantike bis zum 12. Jahrhundert kaum Veränderungen, war allerdings durch die normannischen Invasionen zeitweise stark beeinträchtigt. Wie sich im Verlauf des Hochmittelalters die Handelsströme entwickelten, wird weiter unten zu verfolgen sein.

Das in der Antike von den Römern grundgelegte Straßennetz – das gilt sowohl für Gallien als auch die Île-de-France – veränderte sich im Zeitraum vom 10. bis zum 12. Jahrhundert kaum. Das Gefüge der Verkehrswege zu Lande und zu Wasser erlebte die größten Veränderungen im 13. Jahrhundert – nicht früher –, zu dessen Beginn Philipp II. die Eroberung der Normandie gelang. Die Römer legten im Laufe ihrer Herrschaft über Gallien zahlreiche Straßen an, die vornehmlich an militärischen und administrativen Zielvorgaben ausgerichtet waren. Inwieweit die Wege bereits gallischen beziehungsweise keltischen Trassen folgten, läßt sich kaum feststellen und kann im übrigen hier beiseite bleiben. Das römische Straßennetz blieb bis zum Hochmittelalter grundlegend für die Verkehrslage[390] in Gallien beziehungsweise Frankreich und in der Île-de-France – und mutatis mutandis zeitlich auch noch darüber hinaus. Dieses läßt sich anhand von Angaben und Beschreibungen in antiken und mittelalterlichen Quellen, besonders im *Itinerarium Antonini Augusti* und in der sogenannten Peutingerschen Tafel (*Tabula Peutingeriana*), des weiteren aufgrund von Meilensteinen, erhaltenen Straßentrassen in situ und Ortsnamen rekonstruieren[391]. Die Archäologie hat mit ihren Methoden zu weiteren Erkenntnissen beigetragen.

Während das heutige Straßennetz in Frankreich unverkennbar auf Paris hin ausgerichtet und zentriert ist, gab es in Gallien zur römischen Kaiserzeit mehrere herausragende Verkehrsknotenpunkte[392]. Im Geflecht der Verkehrslinien hob sich Lyon beispielsweise deutlich von der Seinestadt ab, was der größeren Bedeutung des Rhôneortes für die römischen Kaiser in militärischer und administrativer Hinsicht entsprach. Auch in nordgallischen Städten wie Langres und Reims trafen wichtige Hauptstraßen zusammen. Hinsichtlich der verkehrspolitischen Lage kam gleichfalls Orléans an der Loire, in der Antike *Genabum* oder *Cenabum* genannt, eine nicht unbedeutende Rolle zu. Die Städte Paris und Orléans hatten nicht nur die Lage an einem Hauptfluß Galliens beziehungsweise des früh- und hochmittelalterlichen Frankreich gemeinsam, sondern auch, daß sich dort Wege in nord-südlicher und west-östlicher Richtung kreuzten. Von *Lutetia* gingen sternförmig römische Straßen aus: nach Rouen, Senlis, Orléans, Chartres und Dreux, ferner zwei weitere, die über Yerres und Lieusaint beziehungsweise Juvisy und Essonnes führten und sich in Melun vereinigten, um dann Sens zuzustreben[393]. Von diesen Wegen war derjenige im römischen Kaiserreich am wichtigsten, der von Lyon über Auxerre und Paris nach Rouen zur Kanalküste führte.

Das mittelalterliche Straßengefüge in Paris selbst hatte eine schnurgerade verlaufende, schon erwähnte Hauptachse, welche die Stadt durchzog und dem römischen *cardo* – heute die Rue Saint-Jacques auf dem linken Ufer – und dessen Verlängerung entsprach[394]. Teile des antiken Pflasters wurden wiederholt bei Reparaturarbeiten der Straße gefunden, zum Beispiel da, wo sich die Rue des Écoles und die Rue Saint-Jacques kreuzen. Diese hatte in der römischen Kaiserzeit eine Breite von 8 bis 9 Meter; hingegen waren die Wege auf der größten Flußinsel wie manche andere Seitenstraßen nur 1,50 bis 3 Meter breit[395]. Ein lineares Raster von Straßenzügen ergänzte den *cardo* auf dem linken Seineufer, der sich in dem Weg nach Orléans fortsetzte. In *Lutetia* überspannten zwei Holzbrücken dort den Hauptstrom der Seine, wo sich heute der Petit Pont und der Pont Notre-Dame befinden. An ihrer Stelle wurden – wie aufgezeigt – nach dem Jahre 1111 zwei steinerne Brücken errichtet, wobei diejenige, welche den Strom zwischen der großen Insel und dem nördlichen Ufer überspannte, 125 Meter weiter flußabwärts in die Nähe des königlichen *palatium* verlegt wurde[396]. Auf dem rechten Seineufer stellt die Rue Saint-Martin, an welche die Kirchen Saint-Merri und Saint-Martin-des-Champs grenzen, die Verlängerung des römischen *cardo* dar. Ungefähr dort, wo sich heute die Rue Saint-Martin und die Rue du Château d'Eau kreuzen, überquerte der römische Weg den nördlichen Seitenarm der Seine, um über Louvres, Survilliers und Thiers-sur-Thève nach Senlis, Flandern und dem Rheinland zu führen[397]. Zwei Parallel-straßen durchzogen die vom nördlichen Seinearm begrenzte Zone auf dem rechten Ufer: die östliche entspricht der Rue Saint-Martin, die west-liche der Rue Saint-Denis. Die zuletzt genannte römische Straße lief (der heutigen Autobahn A 1 folgend, vorbei an dem für die Fußballweltmei-sterschaft 1998 gebauten Stadion, dem Stade de France) auf Saint-Denis und dann auf Rouen zu. Ebenso gab es auf dem linken Ufer einen Weg, der etwa in gleicher Entfernung zum *cardo* parallel war, also wie heute die Rue de la Harpe beziehungsweise der Boulevard Saint-Michel, und am Forum vorbeiführte.

Auf dem rechten Seineufer gab es bereits in der Antike eine Ost-West-Verbindung, die in einiger Entfernung zur Seine verlief und wohl in Höhe der Rue de la Verrerie auf die Verlängerung des *cardo* traf[398]. Ungefähr in der Nähe der heutigen Kirche Saint-Paul im Marais verei-nigte sie sich wahrscheinlich mit zwei weiteren Wegen, um über die Rue Saint-Antoine und die Place de la Bastille die vom nördlichen Seinearm begrenzte Zone zu verlassen. Eine Trasse kam von der Place Saint-Ger-vais und der Rue François Miron her, eine weitere von der Rue de Rivoli. Aufs Ganze gesehen bestand das antike Verkehrssystem auf dem rech-ten Seineufer nur aus wenigen Straßen. Das Wegenetz sollte sich hier erst im Verlauf des 12. und noch stärker im 13. Jahrhundert wesentlich verdichten und ausdehnen[399]. Dies hängt untrennbar mit den neu entstehenden, rasch wachsenden Siedlungen um Klöster und Kirchen sowie neuen wirtschaftlichen Zentren zusammen. In den Zügen des urbanistischen Gesichts von Paris spiegelte sich der allgemeine Aufschwung wider, der auch Wirtschaft und Handel einbezog.

Wie schon herausgestellt worden ist, war ein drängendes und die Kapetinger herausforderndes Problem die bedrohte Sicherheit des Verkehrs und des Handels – auch und gerade in der Krondomäne. Hier war königliches Handeln dringend gefordert. Beispielsweise herrschte bis ins beginnende 12. Jahrhundert auf dem römischen Weg zwischen Paris und Orléans »tantum confusionis chaos«, weil Raubritter dort ihr Unwesen trieben und immer wieder Reisende und Händler überfielen[400]. Ein anderes Beispiel: Hugo von Crécy oder Pomponne, ein Sohn Widos von Rochefort, raubte Händlern ihre Pferde »in regia strata« und führte sie in seine Feste Gournay, die östlich von Paris an der Marne lag[401]. Außerdem brachte er, »miles strenuus, castellanus de Gornaco, castro super fluvium Matrone sito«[402], Handelsschiffe auf der Marne in seine Gewalt, plünderte sie aus und ließ die Beute in Gournay sicher verwahren[403]. Der kapetingische König Ludwig VI. setzte dem räuberischen Treiben Hugos von Crécy ein Ende, indem er dessen Feste Gournay einschloß, belagerte und schließlich eroberte[404]. Der König vertraute die Burg dem ihm ergebenen Geschlecht Garlande an[405]. Erst die von der königlichen Gewalt gewährte Sicherheit auf den Straßen und Flüssen rings um Paris – auch in der Stadt selbst und der näheren Umgebung – konnte den wirtschaftlichen Aufschwung und das Entstehen eines weit ausstrahlenden Handelszentrums mit ermöglichen. Besuchern von Märkten oder Messen beziehungsweise Kaufleuten wurde beispielsweise der königliche Geleitschutz ausdrücklich zugestanden[406].

3.2 Ausbau der städtischen Infrastruktur und wirtschaftliche Anreize

Je mehr sich die Kapetinger – beginnend mit Heinrich I. – Paris zuwandten, desto stärker konnten sie der weiteren Stadtwerdung ihren Stempel aufdrücken. Dies betraf den Ausbau des Wegenetzes, die Pflasterung von Straßen, Plätzen und Brücken sowie die Trockenlegung sumpfiger

Gebiete auf dem nördlichen Seineufer. Letzteres schuf die Voraussetzung für die progressive Urbanisierung dieses Ufers, die Nutzbarmachung von Land für wirtschaftliche beziehungsweise agrarische Zwecke und den Häuserbau, den privaten wie geschäftsmäßigen. Das Bild, das sich so von der Entwicklung im 12. und beginnenden 13. Jahrhundert – freilich kaum von der in der zweiten Hälfte des 11. Jahrhunderts – gewinnen läßt, bleibt aufgrund der Quellenlage in Teilaspekten fragmentarisch. Doch erlaubt die Gesamtsicht, Tendenzen aufzuzeigen und resultative Niederschläge von städtischen Entwicklungsprozessen zu beschreiben.

Infrastrukturmaßnahmen in und bei Paris dienten zugleich als Steuerungsinstrumente einer städtischen und territorialen Wirtschaftspolitik der Kapetinger. Wenn ein unverkennbarer Aufschwung in der Seinestadt einsetzte, dann profitierte er von der allgemein günstig verlaufenden Entwicklung im Pariser Becken. Der Landesausbau schritt infolge von Rodung und Siedlung gut voran, die Anbaumethoden erweiterten und verbesserten sich, was größere Erträge abwarf, die Bevölkerung nahm wohl gemäß dem allgemeinen demographischen Verlauf in der Krondomäne und im Königreich zu[407].

Als ein Schwerpunkt königlicher Interventionspolitik lassen sich der Norden und Nordwesten von Paris ausmachen, dort, wo es noch vielfach Wiesen, Felder, Bäume und Sümpfe gab. Dieser Zone wandte sich schon Heinrich I. zu, als er das regulierte Kanonikerstift Saint-Martin-des-Champs gründete, das außerhalb des urbanisierten Teiles des rechten Seineufers an der schnurgeraden Verlängerung des römischen *cardo* lag. Im Handeln seines Enkels Ludwig VI. erlangte dieses Ufer eine neue, stark wirtschaftlich ausgerichtete Gewichtung. Denn er gründete gegen Ende seiner Herrschaft einen neuen Markt, und zwar in den kleinen Feldern westlich der Straße, die von dem königlichen *palatium* aus zum Kloster Saint-Denis führte[408]. Eine Urkunde seines Sohnes Ludwig VII., welcher dem cluniacensischen Priorat Saint-Martin-des-Champs gleich zu Beginn seines Königtums Besitz und Güter bestätigte, führt eine »terra« an, »que est in Campeaus, in qua pater meus stabilivit novum forum, ubi habent locum venditores mercium et pars cambiatorum«[409]. Um auf diesen Markt hinzuweisen, wurde gewöhnlich die topographische Angabe »Parisius in foro novo, in loco videlicet qui in suburbio Parisiensi Campellus appellatur«, verwandt[410]. Der alte Markt befand sich im Unterschied zum neuen im Nordosten, bei der Kirche Saint-Gervais, und damit sehr viel näher am Hauptstrom. Eine Urkunde König Ludwigs VII. von 1141/42, die für »burgensibus nostris de Grevia et de Montcello« bestimmt ist, hält fest: »... planitiem illam prope Secanam, que Grevia dicitur, ubi vetus forum extitit...«[411] Dort am Uferstreifen – als Grève bezeichnet – befand sich nicht nur der alte Markt, sondern auch der Hafen von Paris, dessen Anfänge freilich im Dunkeln liegen[412]. Heute erstreckt sich dort der Quai de l'Hôtel de Ville. Damit sind die beiden Gravitationszentren des mittelalterlichen Paris benannt, zwischen denen sich die weitere wirtschaftliche Entwicklung der Seinestadt im wesentlichen vollzog. Dies trieb auch die fortschreitende Urbanisierung des nördlichen Ufers voran.

Der Marktgründung Ludwigs VI. blieben sein Sohn Ludwig VII. und sein Enkel Philipp II. verbunden, der weitere Initiativen ergriff, um »forum novum« und das umliegende Viertel zu entwickeln. Im Jahre 1181, bald nach der Herrschaftsübernahme, ließ Philipp II. dorthin »nundinas Sancti Lazari« – die Messe bestand damals fast 50 Jahre – verlegen und gestand dafür dem Leprosorium Saint-Lazare 300 Pariser Pfund jährlich zu[413]. Mit dieser Maßnahme und einer weiteren zwei Jahre später, die darin bestand, »duas magnas domos, quas vulgas halas vocat«, und offene Verkaufsstände zu errichten, verband der König offensichtlich auch die Erwartung, seine fiskalischen Erträge zu steigern[414]. Der Bau dieser ersten beiden, für andere Städte des Königreiches als Vorbild dienenden Hallen[415], die eingeschossig, ohne Zwischenwände und von einer Mauer umgeben waren, erwies sich als weitsichtig und sollte im übrigen dem sich um den Markt bildenden Stadtviertel den bis heute gebräuchlichen Namen geben: »Les Halles«[416]. Es wurde mit Getreide und Vieh sowie mit gewerblichen Produkten wie zum Beispiel Tuch gehandelt. Hier bestand bis zum Jahre 1969 der Hauptmarkt von Paris, bevor er vor die Tore der Hauptstadt, nach Rungis im Süden, verlegt wurde; das Hallenviertel mit seinen mittelalterlichen Prägungen wurde nahezu vollständig abgerissen[417]. Damit gab es eine höchst bemerkenswerte topographische Kontinuität – auch in europäischer Perspektive –, die mehr als 800 Jahre währte.

Um zu gewährleisten, daß der Betrieb des Marktes ohne Störungen durchgeführt werden konnte, ließ Philipp II. mehrere Maßnahmen für den östlich davon gelegenen Friedhof (mit der Kirche) Saints-Innocents ergreifen. Dieser war zu einem Ort verkommen, an den häufiger Schweine von den Marktbeschickern hingetrieben wurden, an dem diese und Kunden ihre Notdurft verrichteten, Freier und Prostituierte zusammenkamen. Philipp II. gebot der Verwahrlosung Einhalt, ließ den Friedhof mit einer Mauer umgeben und ihn nachts schließen[418].

Zu einem großen Problem, das sich mit Zunahme des Verkehrs und des Handels verschärfte, war die Verschmutzung der Straßen von Paris geworden. Kot und Unrat säumten vermehrt die meist ungepflasterten Wege. Philipp II. – vom Gestank in seinen Gemächern des *palatium* gestört, da sich der Verkehrsstrom über die »Große Brücke« von Norden (oder die »Kleine Brücke« von Süden) durch die Enge der Hauptinsel ergoß und notwendigerweise an der Residenz vorbeiführte – trug daher im Jahre 1186 den Bürgern und seinem Prévôt auf, »*quod omnes vici et vie totius civitatis Parisii duris et fortibus lapidibus sternerentur*«[419]. Somit dürften in den nachfolgenden Jahren zumindest die großen Straßen und die Hauptwege gepflastert worden sein.

Insgesamt ergab sich ein beträchtlicher Ausbau der städtischen Infrastruktur, von dem Handel und Gewerbe nur profitieren konnten. Dabei wiesen die königlichen Initiativen auf eine wirtschaftliche Akzentuierung – im Vergleich zu vorangegangenen Zeiten – an der Straßenachse hin, welche die königliche Residenz über die »Große Brücke« mit dem nördlichen Ufer und dann stadtauswärts mit der Abtei Saint-Denis verband. Ein weiteres Beispiel kann dies veranschaulichen: Ludwig VII. gab 1141 oder 1142 die Anordnung, daß die Geldwechsler ganz in der Nähe des königlichen *palatium*, auf der »Großen Brücke«, ihre Wechselstuben haben sollten[420]. Über diese Brücke mußte der Verkehr zwischen dem nördlichen Ufer und der Île de la Cité führen – außer man wollte ein Boot oder ein Schiff zum Übersetzen nehmen. Erst im nächsten Jahrhundert sollten auch Goldschmiede ihrem Gewerbe auf der »Großen Brücke« nachgehen[421].

Das königliche Handeln zielte überdies darauf ab, die Pariser Kaufleute gegenüber anderen Konkurrenten zu begünstigen. Anscheinend reicht deren Privilegierung in die Zeit Ludwigs VI. zurück. Als Ludwig VII. den Kaufleuten der Pariser Hanse im Jahre 1170 oder 1171 deren »*consuetudines ... ab antiquo*« bestätigte, bezog er sich ausdrücklich auf seinen Vater. Er bekräftigte das Privileg, daß es niemand erlaubt wäre, von Mantes bis Paris Waren zu transportieren, *»nisi ille sit Parisiensis aque mercator«*[422]. Ergänzend wurde hinzugefügt, daß die Kaufleute aus Rouen mit leeren Schiffen die Seine *»usque ad rivulum Alpeci«* hochfahren und nach Aufnahme von Ladung dort wieder flußabwärts zurückkehren konnten[423]. Die topographische Angabe bezieht sich auf den kleinen Fluß, der bei Le Pecq beziehungsweise Saint-Germain-en-Laye in die Seine mündete. Die rechtliche Privilegierung der Pariser Hanse kam quasi einem Handelsmonopol im mittleren Seineraum gleich.

Im Jahre 1192 bestimmte Philipp II. – *»propter incrementum ville Parisiensis et burgensium nostrorum«* – ausdrücklich, daß niemand den auf dem Wasserwege nach Paris transportierten Wein in der Seinestadt entladen könnte, *»nisi fuerit stacionarius et residens Parisius testimonio proborum hominum Parisiensium«*[424]. An der Urkunde verdient die Begründung für diesen Rechtsakt Aufmerksamkeit, denn es wird auf das Wachstum der Stadt Paris und ihrer Bürger hingewiesen. Das zeigt einmal mehr, wie stark mittlerweile die wirtschaftliche und demographische Dynamik das urbane Leben prägten.

Eine weitere Urkunde Philipps II. aus dem Jahre 1214 legt Abgaben fest, welche von Schiffen den Pariser Kaufleuten für die Dauer eines Jahres, gerechnet von Mariä Lichtmeß (2. Februar), zu entrichten waren. Ein flußabwärts bis Paris fahrendes, mit Wein beladenes Schiff hatte ihnen 5 *solidi* zu zahlen, eines mit Heu als Ladung 2 *solidi*, eines mit Holz 12 Denare[425].

Die beispielhaft angeführten Maßnahmen und Initiativen einer den Pariser Handel stark begünstigenden königlichen Wirtschaftspolitik trugen wohl maßgeblich dazu bei, daß sich die Seinestadt eines breit gefächerten Aufschwungs erfreute. Hieran hatten auch andere Akteure des ökonomischen Lebens ihren Anteil, wie Klöster und Stifte, die Pariser Hanse und die einzelnen Mitglieder, die aus Eigeninteresse und Gewinnstreben handelten.

Daß mehrere Märkte und Messen im Raum Paris abgehalten wurden und steigenden Zuspruch erfuhren, verweist ebenfalls auf den wirtschaftlichen Aufschwung, der sich seit dem 12. Jahrhundert immer deutlicher abzeichnet[426]. Es wirkte sich förderlich aus, daß es in der Nähe von Paris große Waldbestände gab, gerade im Hinblick auf Bau-

und Nutzholz, Steinbrüche gewissermaßen vor den Toren der Stadt lagen, Getreide unter anderem aus der nahen Beauce im Süden geliefert wurde, Fisch und Tuch aus der Normandie und Flandern herbeigeschafft wurden. Paris stellte ein wachsendes Dienstleistungszentrum dar, bot konsumorientierte Käuferschichten, darüber hinaus mit dem königlichen Hof und dessen Umgebung auch eine stetig steigende Nachfrage nach Luxuswaren. Das Hochschnellen der Bevölkerung der Seinestadt, was nicht im Sinne einer Pauperisierung aufzufassen ist, ließ das wirtschaftliche Leben eine entsprechende Eigendynamik entwickeln.

Die Märkte innerhalb der Stadtmauern von Paris und der berühmte Lendit der Abtei Saint-Denis dürfen in diesem Zusammenhang nicht (allein) als rivalisierende ökonomische Prozesse begriffen werden, zumal der Lendit zumindest ab 1124 in der Ebene zwischen Saint-Denis und Paris (plaine Saint-Denis), genauer an der Straße zwischen Saint-Denis, La Chapelle, Saint-Ouen und Aubervilliers, abgehalten wurde und somit der Seinestadt näherrückte, die ja im übrigen einigermaßen kontinuierlich nach Norden wuchs[427]. Bildlich ist der Lendit in einer Miniatur der Handschrift BnF, ms. lat. 962, fol. 264r, einem Pontifikale mit dem Ordo der Benediktion, dargestellt[428]. Es handelt sich um das Pontifikale des Bischofs Étienne de Givry von Troyes (1395–1426). Die Miniatur zeigt den Pariser Bischof bei der Segnung, mit der die Messe feierlich eröffnet wurde (siehe Abb. 19). Dazu hatte er sich in Form einer liturgischen Prozession von seiner Kathedralkirche aus zum Messeplatz begeben. Die Benediktion erfolgte jeweils am zweiten Mittwoch des Monats Juni; die Messe endete am Vorabend des Johannestages (24. Juni). Den Segensgestus vollzieht der Bischof gemäß der Darstellung von einem überdachten Turm aus, um den Marktstände mit planwagenähnlichen Abdeckungen gruppiert sind. Das Händlertreiben scheint nach der Miniatur schon begonnen zu haben, doch war es erst nach der Benediktion erlaubt. Der Maler hat die Ereignisfolge offenkundig in einem Bild zusammengezogen. An einem Stand wird Tuch verkauft, ein anderer ist als Taverne hergerichtet, in der mehrere Gäste an einem Tisch bedient werden. Weitere Händler warten an ihren Ständen auf Kunden, doch ist ihr Metier nicht zu erschließen. Häuser säumen den Messeplatz; vermutlich sollen damit die umliegenden Orte angedeutet werden. Eine Schafherde weidet am unteren Bildrand. Wann der Bischof von Paris zum

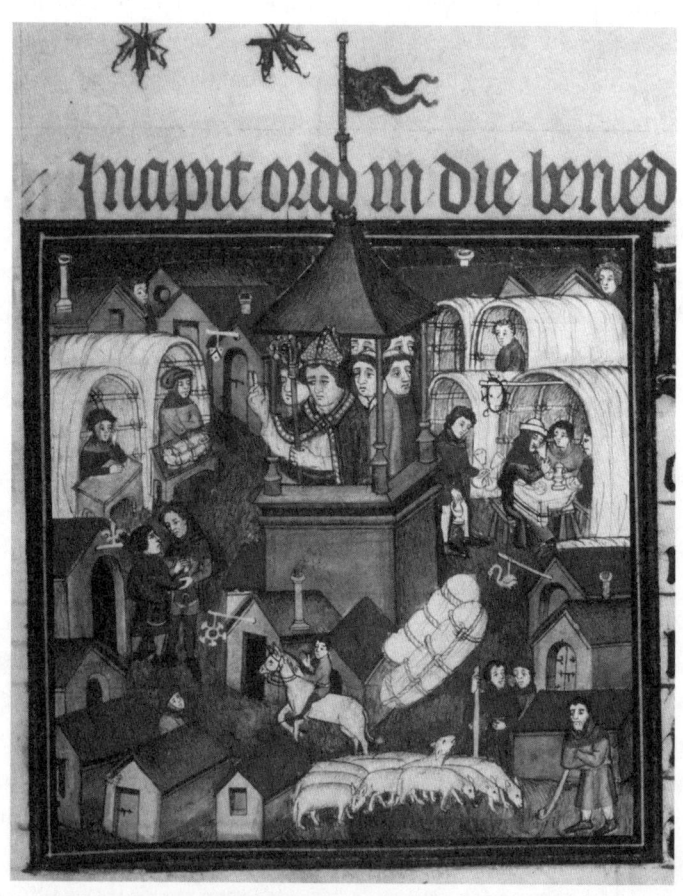

Abb. 19 Der Bischof von Paris bei der Benediktion des Lendit im Pontifikale des Bischofs Étienne de Givry von Troyes (1395–1426).

erstenmal die Benediktion für den Lendit vorgenommen hat, läßt sich nicht feststellen. Eine Prozession zur Messe scheint frühestens 1145/46 belegt zu sein, doch fand jene vermutlich schon zuvor statt[429].

Im Sinne der wirtschaftlichen Zentralitätsbildung von Paris sollten die Märkte und Messen der Seinestadt und der gleichfalls stark überregionale Lendit von Saint-Denis als komplementär beziehungsweise als Einheit angesehen werden – wie schon bei der Achse »Paris und Saint-Denis« in kirchenpolitischer Hinsicht zu erörtern und hervorzuheben war.

Der Wirtschaftshistoriker Franz Irsigler ordnet Paris in »eine dominante, s-förmige geschwungene Achsenzone« ein, die seit 1100 für mehr als zwei Jahrhunderte in besonderer Weise Nordwesteuropa und Oberitalien verband und so einen herausgehobenen Stellenwert in der europäischen Wirtschaftslandschaft beanspruchen konnte[430]. Der unverkennbare ökonomische Aufschwung der Seinestadt ist so in eine erweiterte europäische Perspektive hineingestellt.

3.3 Sozialtopographische Prägungen von städtischen Teilräumen

Der urbane Raum von Paris erfuhr im Zuge der wirtschaftlichen Entwicklung und regulierender Eingriffe des Königtums im hohen Mittelalter Prägungen, die bis weit in die Neuzeit Bestand hatten und teilweise bis zur Gegenwart reichen. Die drei Gebiete nördliches und südliches Seineufer sowie die Île de la Cité wurden bereits erwähnt. Wie gezeigt werden konnte, wurden nicht einfach von der Natur vorgegebene Strukturen übernommen, sondern der verfügbare Raum bewußt gestaltet. Darauf verweisen die ab dem 15. Jahrhundert gebräuchlichen Bezeichnungen *Ville* und *Université* für das rechte und linke Ufer, die auch aus sozialtopographischen Entwicklungen im wesentlichen seit dem 12. Jahrhundert hervorgegangen sind[431]. Bekanntlich wird heute im Sprachgebrauch der Pariser (und der Franzosen allgemein) die *rive gauche* mit der Universität, intellektuellen Zirkeln und »progressiven Geisteshaltungen« – was immer das im einzelnen bedeuten mag – in Verbindung gebracht und im übrigen auch von der Werbung so benutzt. Im

Unterschied hierzu gilt die *rive droite* eher als von Finanz und Wirtschaft dominiert, von Handel und Gewerbe geprägt, eben als »bürgerlich« mit dem Ensemble von Verhaltensweisen und Einstellungen. Daß sich im übrigen das politische Wahlverhalten der Pariser nicht so einfach und vergröbernd rubrizieren läßt, sei hier nur angemerkt.

Die *Cité*, die ab dem 15. Jahrhundert allgemein so genannte große Flußinsel, nahm zwischen den beiden Ufern nicht nur in natürlicher, sondern auch in sozialtopographischer Hinsicht eine Mittlerstellung ein. Schon die Brücken, welche die Insel mit dem rechten und linken Ufer verbanden, zeigen dies an. Während das geschäftige Treiben auf der »Großen Brücke« – zum nördlichen Ufer hin – im Zeichen der Geldwechsler und Goldschmiede stand[432], hatte die »Kleine Brücke« – zum südlichen Ufer hin – eine ganz andere Prägung, wie Guido von Bazoches aus der Picardie um 1175 in einem Brief an einen Freund berichtet: *»Pons autem Parvus aut pretereuntibus, aut spatiantibus, aut disputantibus logicis didicatus est«*[433]. Die »Kleine Brücke« diente also vornehmlich für Spaziergänge und Diskussionen der Gelehrten – und für Lehrveranstaltungen, wie wir von einem englischen *magister* wissen, der nach dem Ort genannt wurde: *»Adam Parvipontanus«*, »Adam von der Kleinen Brücke«[434]. Hier verkehrten vor allem Lehrende und Studierende, die wohl noch in anderer Hinsicht angezogen wurden. Nach dem Regularkanoniker Gottfried von Sankt Viktor war es beliebt, bei der »Kleinen Brücke«, an der Südseite der Insel, ein Sonnenbad zu nehmen und in der Seine zu schwimmen[435]. Hier wurden Badende nicht von vertäuten Mühlen und so vielen vorbeifahrenden Schiffen gestört oder mußten deshalb gar um ihr Leben fürchten, wie es an der Nordseite der Insel und an der »Großen Brücke« der Fall war.

Wo diese am rechten Seineufer endete, setzte sich die sozialtopographische Prägung fort. Als Brückenkopf fungierte dort die »Große Turmburg«, das »Grand Châtelet«. Während sich die Fischhändler an dessen westlicher und nordwestlicher Seite niederließen, entstand in nordöstlicher und östlicher Richtung das Viertel der Fleischer (oder Metzger)[436]. Deren Zunft hatte hier ihren Sitz. Der Fleischmarkt, »macellum Parisiensis«, ist seit dem 12. Jahrhundert bezeugt[437]. Der religiöse Mittelpunkt wurde – wie das geläufige Patrozinium anzeigt – die Pfarrkirche Saint-Jacques-de-la-Boucherie, wovon noch der im beginnenden 16. Jahrhun-

Abb. 20 Turm der ehemaligen Kirche Saint-Jacques-de-la-Boucherie aus dem
frühen 16. Jahrhundert an der Rue de Rivoli.

dert errichtete Turm erhalten ist (siehe Abb. 20). Bis ins 20. Jahrhundert hinein waren hier die Fleischer mit ihren Verkaufsständen vertreten[438]. Dies verweist im übrigen ein weiteres Mal darauf, wie sehr hochmittelalterlichen Prägungen urbaner Teilräume eine *longue durée* in der Geschichte von Paris zukam, zuweilen bis zum 20. Jahrhundert und gegebenenfalls bis zur Gegenwart.

Auch auf der anderen Seite der »Großen Brücke« bildeten sich Straßenzüge aus, die vornehmlich ein Gewerbe anzogen. Östlich des königlichen *palatium* verliefen mehrere Straßen, die auf die Verlängerung des römischen *cardo* zuführten. Dabei ergab sich aus der Nähe und der Bedeutung der königlichen Residenz und des Hofes mit den administrativen Strukturen, welche Gewerbe dort vertreten waren. Nach diesen wurden die Straßen benannt: so zum Beispiel die *Rue de la Pelleterie*, in der die Kürschner tätig waren und wohnten, und die *Rue de la vieille Draperie*. Hier boten die Tuchhändler für ihre herausgehobene Kundenschar die feinsten Stoffe an[439].

Die angeführten Beispiele von solchen sozialtopographischen Prägungen städtischer Viertel ließen sich weiter vermehren. Es handelt sich um die sichtbaren Niederschläge eines grundlegenden wirtschaftlichen Aufschwunges, der sich – von zeitlich kurzen Irritationen abgesehen – im weiteren Verlauf des hohen Mittelalters verstetigt und bis ins 14. Jahrhundert hinein andauert. Zugunsten von Paris spielen das immer mehr an Gewicht gewinnende Dienstleistungszentrum, die stets wachsenden Käuferschichten mit dem entsprechenden Konsumbedarf und der sich diversifizierende Markt für Luxusartikel einer exquisiten Kundengruppe eine wichtige Rolle.

Das prosperierende Pariser Bürgertum nahm an Zahl und Einfluß zu. Straßen und Plätze füllten sich mit mehrgeschossigen, giebelgekrönten Bürgerhäusern[440]. Aus dem Mittelalter, genauer aus dem späten, haben sich nur wenige architektonische Beispiele dieser Art erhalten. Doch vermögen sie auch eine Anschauung vom Häuserbau im hohen Mittelalter zu vermitteln. An dieser Stelle sei hingewiesen auf das viergeschossige, mit Giebel versehene Haus des vermögenden Pariser Notars und Alchimisten Nicolas Flamel (1330–1418) aus dem Jahre 1407, das auf dem rechten Seineufer, in der Rue de Montmorency im dritten Arrondissement, steht und die Nummer 51 trägt[441].

3.4 Die Anziehungskraft von Paris als Finanzplatz

Im hochmittelalterlichen Frankreich entstanden in wachsendem Maße Jahrmärkte, die sich zunächst in Bischofsstädten, dann mehr und mehr im Umkreis von Klöstern und Burgen entwickelten. Der Schutz vor allem durch den König, Herzöge und Grafen, Bischöfe und Äbte ermöglichte das Abhalten von Märkten und gewährte die Sicherheit für die Händler und die Gewerbetreibenden. Unter diesen Jahrmärkten mit überregionaler Bedeutung, für welche der Begriff Messe verwendet wird, waren diejenigen in der Champagne die bekanntesten[442]. Diese, deren Aufschwung in der zweiten Hälfte des 11. Jahrhunderts einsetzte, lagen an Handelswegen, die Flandern und Italien miteinander verbanden. Zu bestimmten Zeiten im Jahr, verbunden mit kirchlichen Festen, fanden die Champagnemessen an vier Orten statt: in Lagny, Provins, Troyes und Bar-sur-Aube[443]. Der Zyklus der insgesamt sechs Champagnemessen, verteilt über das ganze Jahr, begann bei der Abtei Saint-Pierre in Lagny zu Beginn des Monats Januar[444], eine weitere wurde während der Fastenzeit in Bar-sur-Aube abgehalten[445]; es kamen jeweils zwei weitere Messen in Troyes und Provins hinzu. Die Grafen von der Champagne – mit Tedbald IV. (1201–1253) setzten sie sich 1234 in den Besitz des spanischen Königreiches Navarra, das ihnen bis 1274 verbleiben sollte – schützten und privilegierten diese Messen, die sich im Verlauf der zweiten Hälfte des 13. Jahrhunderts vom Warenhandel (Tuche, Wein usw.) mehr und mehr auf den Geldhandel ausrichteten. Die führenden Finanzleute beziehungsweise Bankiers, die sich in die Champagne aufmachten, kamen aus Italien und dominierten im übrigen das Geldgeschäft in Europa.

Noch im 13. Jahrhundert setzte allerdings eine Entwicklung ein, welche die Bedeutung und Ausstrahlung der auf bestimmte Zeiten im Jahr begrenzten Champagnemessen allmählich verringerte und letztlich zur unangefochtenen Rolle von Paris als beherrschendem, durchgehend zur Verfügung stehendem Finanzplatz in Frankreich führte. Im Zuge dieser Entwicklung zog die Seinestadt immer stärker italienische Kaufleute und Bankiers an, was sich auch in den Steuerlisten – durch einen namentlichen Zuwachs von »Lombarden«, wie die Italiener allgemein, also unabhängig von ihrer Herkunftsregion, bezeichnet wurden

– und ab dem 13. Jahrhundert in der Ausprägung eines eigenen, kleinen Viertels nahe bei den Pariser »Hallen« auf der nördlichen Uferseite niederschlug[446]. Die Rue des Lombards im ersten und vierten Arrondissement erinnert mit ihrer Benennung noch heute daran. Das kirchliche Zentrum der italienischen Kaufmannskolonie wurde Saint-Sépulcre, ein nahes Gotteshaus, das an der Straße nach Saint-Denis lag und mit Stiftungen bedacht wurde. Große Luccheser Familien (also aus der Toskana, nicht aus der »Lombardei«) sind hier beispielsweise aus dieser Kaufmannskolonie anzuführen: Schiatta, Sbarra, Ricciardi, Onesti, Moriconi, Rapondi usw. Die Assimilation brachte es mit sich, daß die Namen rasch dem Französischen angepaßt wurden.

Die Bankgeschäfte der französischen Monarchie wurden nunmehr von Italienern übernommen beziehungsweise ausgeführt, zumal nach der Zerschlagung des Templerordens, dessen Pariser Niederlassung sich auf dem rechten Seineufer, östlich des Klosters Saint-Martin-des-Champs, befunden hatte[447]. Bezeichnenderweise wurden zwei Hoffinanziers Philipps IV. (1285–1314), die Brüder Albizzo († vor Juni 1306) und Musciatto Guidi de' Franzesi († vor 8. März 1307), im Volksmund sehr populär, der ihnen die Spitznamen »biche et mouche« gab[448].

Schon unter Philipp II. war Paris in wirtschaftlicher Hinsicht für das Umland und die Krondomäne bedeutender geworden. Diese zentrale Wichtigkeit verfestigte sich unter Ludwig IX. Mit der Herrschaft Philipps IV. wurde die Rolle von Paris als d a s Wirtschafts- und Finanzzentrum Frankreichs besiegelt, die fortan unbestritten blieb.

4. Der Aufstieg der Pariser Ortskirche

4.1 Zur Geschichte des Bistums Paris bis zum 11. Jahrhundert

In Gallien darf sich bekanntlich Lyon mit dem Titel der ältesten christlichen Gemeinde und des ersten, ab den 70er Jahren des 2. Jahrhunderts belegten Bischofssitzes schmücken[449]. Zum großen Ansehen Lyons trugen schon die ersten Bischöfe Pothinus und besonders Irenaeus bei, letzterer auch durch sein theologisches Werk. Im Unterschied zur Rhônestadt reichen die Anfänge des Christentums in Paris nicht so weit zurück. Diese sind gemäß der schriftlichen Überlieferung bis zur Mitte des 3. Jahrhunderts zu verfolgen und mit dem Namen des Missionsbischofs Dionysius verbunden. Wie andere sechs namentlich erwähnte Bischöfe sollte er in päpstlichem Auftrag den Glauben in Gallien verkünden. Nach der Memorialtradition erlitt er mit seinen beiden Gefährten Rusticus und Eleutherius auf einem Hügel außerhalb der römischen *civitas* das Martyrium – aus dem »*Mons Mercurii*« konnte so der »*Mons Martyrum*«, heute der Montmartre, werden –, nahm sein mit dem Schwert abgeschlagenes Haupt auf und trug es bis zum sechsten Meilenstein im »*vicus Catulacensis*«, wo er die letzte Ruhestätte finden sollte. Gegen Ende des 5. Jahrhunderts trug die heilige Genovefa († um 502) dafür Sorge, daß über seinem Grab eine Kapelle errichtet wurde. Dort entstanden im Laufe der Jahrhunderte Neubauten und manche architektonischen Veränderungen, bis das Gotteshaus mit der großen gotischen Kirche des hohen Mittelalters seine wesentliche architektonische Gestalt erhielt. Die Kirche und die sich um diese entwickelnde Siedlung beziehungsweise Stadt tragen den Namen des bischöflichen Märtyrers: Saint-Denis[450].

Für das sich wohl allmählich entwickelnde christliche Leben in und um Paris, in der Antike als *Lutetia* bekannt, bleibt grundlegend und folgenreich, daß die Grabkirche des als ersten Oberhirten verehrten Dionysius und die eigentliche Bischofskirche nicht identisch sind, sondern 9 Kilometer voneinander entfernt liegen, wenn man von der großen Flußinsel in der Seine ausgeht[451]. Wann erstmals die »Mutterkirche« des

Bistums Paris gebaut wurde, ist in der Forschung umstritten. Um die beiden Hauptprotagonisten der wissenschaftlichen Kontroverse vergangener Jahre zu zitieren: Nach dem Kunsthistoriker Alain Erlande-Brandenburg entstand schon im Verlauf des 4. Jahrhunderts die erste Kathedralkirche auf dieser Insel, der Île de la Cité, nach dem Historiker und Archäologen Michel Fleury erst im 6. Jahrhundert, und zwar durch Chlodwigs Sohn Childebert I. (511–58)[452]. Ob und gegebenenfalls wo eine andere Bischofskirche – deren Lokalisierung wird zum Beispiel inmitten des suburbanen Gräberfeldes von Saint-Marcel, unterhalb des Genovefa-Hügels auf dem linken Seineufer gelegen, vorgeschlagen – bestanden hat, wird zudem in der Forschung unterschiedlich beantwortet[453]. Jedenfalls amtierte im Jahre 346 Victorinus als »episcopus Parisiorum«, wie einem Brief von gallischen Bischöfen zur Unterstützung ihres Mitbruders Athanasius, des energischen Verteidigers des nizänischen Konzils, zu entnehmen ist[454]. Wo er und seine Nachfolger bis zum 6. Jahrhundert hauptsächlich die bischöflichen Offizien feierten beziehungsweise residierten, bleibt eine zentrale Fragestellung der noch nicht abgeschlossenen wissenschaftlichen Kontroverse.

Inzwischen ist aufgrund der archäologischen Ausgrabungen der Commission du Vieux Paris unter dem Vorplatz der Kathedralkirche Notre-Dame, die unter der Leitung von Michel Fleury und Venceslas Kruta (1965–72, 1974–88) durchgeführt wurden, geklärt, daß die dem heiligen Stephan geweihte Bischofskirche als fünfschiffige Basilika nach dem Vorbild der konstantinischen Kirchenbauten Sankt Peter und Sankt Johannes im Lateran in Rom konzipiert und errichtet worden ist[455]. Die Umrisse des Mittelschiffes und der Seitenschiffe – mit Ausnahme des nördlichsten, wo heute die Straße vor dem Hôtel-Dieu verläuft – sind in die moderne Pflasterung des Kirchenvorplatzes von Notre-Dame eingelassen, der nach Papst Johannes Paul II. (1978–2005) benannt worden ist. Die im Jahre 1980 eingerichtete, sogenannte archäologische Krypta unter dem Kirchenvorplatz zeigt eine Reihe von Ausgrabungsfunden und vermag eine Vorstellung von der Gesamtanlage zu vermitteln[456]. Bis ins 12. Jahrhundert hinein bestand Saint-Étienne. Es ist bemerkenswert, daß diese Bischofskirche mit den Maßen von 36 Metern Breite und mehr als 70 Metern Länge damals alle anderen Gotteshäuser Galliens überragte. Damit wird ein Anspruch deutlich, der über Paris, aber auch andere Bischofsstädte Neustriens weit hinausging. Die Architektur des Sakralbaues spiegelt nicht die dem Erzbischof von Sens untergeordnete Stellung des Pariser Oberhirten wider, denn Paris war als Suffraganbistum der Kirchenprovinz Sens inkorporiert. Dies hatte sich aus der spätantiken kirchlichen Provinzeinteilung ergeben, die gewöhnlich der weltlichen entsprach und infolge der Aufteilung der *Lugdunensis I* um 385 Paris der *Lugdunensis Senonia* beziehungsweise *Lugdunensis IV* zuordnete[457]. Wenn die These von Michel Fleury zutreffen sollte, wäre überdies der Sakralbau auf der Île de la Cité maßgeblich auf Childebert I. und seine Ambitionen zurückzuführen.

Mit dem Merowinger Chlodwig I. (482–511), welcher das großfränkische Reich begründete, zum christlichen Glauben konvertierte, sich in Reims vom Ortsbischof Remigius taufen ließ und sich somit in die vom Papst geleitete Kirche eingliederte, begann eine neue Phase in der Geschichte von Paris, wie bereits dargelegt wurde[458]. Nach dem Sieg über die Westgoten 507 bei Vouillé entschied sich Chlodwig für die Seinestadt als Hauptsitz seiner Herrschaft und ließ – wohl nach dem Vorbild von Kaiser Konstantin I. dem Großen (in Byzanz) – eine Kirche zu Ehren der Apostelfürsten Petrus und Paulus am Grab der heiligen Genovefa auf der Hügelkuppe des südlichen Seineufers als Familiengrablege bauen[459]. Sein Sohn Childebert I. bestimmte gleichfalls Paris zum Mittelpunkt seines Teilreiches. Somit erreichte die Seinestadt eine politisch dominierende Stellung, der damals interessanterweise die an Kirchenbauten sichtbare Stellung der Ortskirche von Paris entsprach. Es bildete sich in merowingischer Zeit eine städtische und suburbane Sakrallandschaft aus. Von den Klöstern und Kirchen seien zwei hervorgehoben: zum einen das Kloster Saint-Germain-des-Prés auf dem linken Seineufer, ursprünglich Sainte-Croix-Saint-Vincent genannt, dessen Gründung auf Initiative des Pariser Bischofs Germanus († 576) König Childebert I. mit einer reichen Dotierung ermöglichte, der im übrigen hier – wie auch später der Oberhirte selbst – bestattet wurde; ab dem 8. Jahrhundert war das Patrozinium mit dem Namen des Germanus verbunden, der schon kurz nach seinem Tod als Heiliger verehrt und insbesondere in der Zeit der Normanneninvasionen des 9. Jahrhunderts als Schutzpatron von Paris angerufen wurde[460]. Zum anderen gründete der nahe bei Limoges geborene Eligius († 660), der zum geschätzten Goldschmied und Münzmeister am merowingischen Königshof aufstieg und sich des Wohlwollens Dagoberts († 638/39) erfreute, mitten auf der Île de la Cité – dank einer Schenkung aus dessen Händen – ein Frauenkloster zu Ehren des heiligen Martialis, des Märtyrers und ersten Bischofs von Limoges[461]. Im 11. Jahrhundert figurierte Eligius, der 640/41 Bischof von Noyon geworden war, als Patron der Kommunität. Weitere Kirchengründungen entstanden auf der Insel und in der Nähe des Flußlaufes der Seine.

In merowingischer Zeit waren die politische und kirchliche Stellung von Paris offensichtlich miteinander verschränkt. Wenn der Ortskirche eine Bedeutung und ein Ansehen zukamen, die über die Seinestadt und das Bistum hinauswiesen, dann war dies mit der Nähe zu König und höfischer Umgebung sowie auch dessen Handeln und Gunsterweisen verbunden. Die Richtigkeit einer solchen Feststellung zeigt die karolingische Zeit an, in welcher sich die Herrscher von Paris abwandten und den nordöstlichen Raum des fränkischen Reiches – vor allem mit Aachen als neuem königlichem und kaiserlichem Mittelpunkt unter Karl dem Großen († 814) und Ludwig dem Frommen († 840) – klar bevorzugten[462]. Während Paris und sein Bischof an Einfluß einbüßten, gewann ein anderer kirchlicher Würdenträger mit seiner Gemeinschaft an Bedeutung: der Abt der benediktinischen Abtei Saint-Denis. Dies beruhte auf einer besonderen Bindung der Pippiniden beziehungsweise der Karolinger an das Kloster[463]. Der erste König aus karolingischem Hause, mit dem sich im Jahre 751 der Dynastiewechsel im Frankenreich vollzog, war Pippin III. der Jüngere († 768). Dieser war in der Abtei Saint-Denis erzogen worden, erhielt 754 bezeichnenderweise dort – und nicht in der Pariser Bischofskirche – von Papst Stephan II. (752–57) nochmals die Salbung, nachdem er eine erste 751 bei seiner Königswahl in Soissons empfangen hatte, und fand dort auch seine letzte Ruhestätte. Sein enger Vertrauter wurde Fulrad († 784), der Abt von Saint-Denis, der ihm – und Karl dem Großen – als Verbindungsmann zum Papsttum und als oberster Kapellan des Reiches diente und 757 seinem Kloster die Exemtion, also die Lösung von der Jurisdiktion des Pariser Bischofs, verschaffte. Mit dem westfränkischen König und Kaiser Karl dem Kahlen († 877), der infolge mehrerer Reichsteilungen in Compiègne ein »zweites Aachen« für sich und seine Macht zu errichten suchte, fand ein weiterer Karolinger sein Grab in Saint-Denis.

Synodale Zusammenkünfte fanden zwar hin und wieder während des Frühmittelalters in Paris statt, doch galt dies auch für andere Städte, und überhaupt gab es sie vor allem in merowingischer Zeit[464]. Die erste Synode wurde im Jahre 552 auf Initiative König Childeberts I. abgehalten und befaßte sich unter anderem mit der Neubesetzung des Pariser Bischofsstuhles. Somit läßt sich eine herausgehobene Stellung von Paris in der Ortswahl der Synoden nicht feststellen.

Da die immer mächtiger werdende Adelsfamilie der Robertiner – ihrem Stammvater Robert I. dem Tapferen übertrug der karolingische Herrscher Karl der Einfältige noch vor dem Ende des 9. Jahrhunderts das Kloster Saint-Denis – ihr machtpolitisches Gravitationszentrum im Raum zwischen Loire und Seine hatte, geriet mit ihrem Aufstieg auch die Pariser Ortskirche wieder mehr in den Blickpunkt des öffentlichen Geschehens im westfränkischen Reich[465]: mit Hugo Capet, der seinem Geschlecht 987 dauerhaft die Königskrone sicherte, und Heinrich I., mit dem sich die Kapetinger, die ehemaligen Grafen von Paris und Herzöge von Franzien, für die Seinestadt als Hauptresidenzort entschieden.

Für die Pariser Ortskirche ergab sich also im 11. Jahrhundert eine gewandelte Situation, die maßgeblich von den politischen Rahmenbedingungen und wohl weniger von den Einflüssen und Wirren des sogenannten Investiturstreites geprägt war, der in Deutschland (und Italien) erbittert zwischen Kaiser und Papst mit ihren jeweiligen Anhängern ausgetragen wurde. In Frankreich läßt sich allenfalls von einem »Investiturproblem« sprechen[466]. Die religiösen Reformaufbrüche des 11. Jahrhunderts, die im französischen Reich teilweise verwurzelt waren beziehungsweise hiervon ausgingen, strahlten bis in die Île-de-France aus – und auch nach Paris. Als Beispiel sei nur auf die aus dem burgundischen Kloster Cluny erwachsene Reformbewegung verwiesen, der sich König Philipp I. nach dem Adel seiner Krondomäne insoweit öffnete, als er deren Ausbreitung begünstigte und dem Abt Hugo von Cluny 1079 die schon erwähnte Gründung seines Vaters Heinrich I., das regulierte Kanonikerstift Saint-Martin-des-Champs vor den Toren der Stadt Paris, übertrug[467] (siehe Abb. 21). Fortan gehörte die Kommunität der *Ecclesia Cluniacensis* an, der Prior unterstand dem Abt von Cluny[468]. In der Île-de-France, nordöstlich von Paris, entstand selbst einige Jahrzehnte später eine Reformbewegung regulierter Chorherren, die Norbert von

Abb. 21 Der thronende König Heinrich I. mit seiner Stiftung Saint-Martin-des-Champs (oben) und bei der Urkundenübergabe (unten) an den knienden Pariser Bischof Imbertus von Vergy und die neue Kommunität im Chartular von Saint-Martin-des-Champs.

Xanten 1120 mit seiner Klostergründung Prémontré bei Coucy ins Werk setzte[469]. Aus diesem Konvent ging der Orden der Prämonstratenser hervor, der sich in viele Teile Europas ausbreitete.

Ein Grundzug der Pariser Kirchengeschichte zeigt sich schon im 11. Jahrhundert, wie im Vorgriff auf spätere Zeiten herauszustreichen ist: Neue religiöse Reformbewegungen und Orden finden den Weg in die Seinestadt, wurzeln dort ein und errichten Dependenzen. Insofern spiegelt sich die Weite der (landes- und) weltkirchlichen Entwicklung im Mikrokosmos der Pariser Ortskirche. So geraten deren Vorsteher, die Bischöfe, stärker als zuvor in eine herausgehobene Stellung. Für die Oberhirten galt es, ihre Stellung jenseits ihrer kirchenrechtlichen Befugnisse in der französischen Kirche, in Krondomäne und Königreich, näherhin in der bischöflichen Hierarchie, in Stadt und Bistum Paris zu finden – auch im Zusammenwirken mit König und Hof und in Absetzung von ihnen.

4.2 Der wachsende Einfluß des Bischofs und des Domkapitels

Wenn die Zentralität von Paris in kirchlich-religiöser Hinsicht näher bestimmt werden soll, ist zunächst zu beachten, daß der Ortsbischof erstens dem Metropoliten von Sens bis zur 1622 erfolgten Errichtung des Erzbistums und der Kirchenprovinz (mit den Suffraganen Chartres, Meaux und Orléans sowie ab 1697 Blois) unterstellt blieb und zweitens nie eine Primasfunktion für die französische Kirche innehatte. Der Erzbischof von Lyon durfte sich ab dem Jahre 1079 dank eines Privilegs Papst Gregors VII. mit dem Titel »Primas Galliae« schmücken[470], doch engte dies nicht den Handlungsspielraum des Pariser Bischofs ein. In unserem thematischen Zusammenhang ist eine Feststellung der Stadthistorikerin Edith Ennen anregend, wonach »für die zentralörtliche Stellung des Bistumssitzes Köln ... sie (die Metropolitanstellung, d. Vf.) nahezu ohne Belang« ist[471].

Die Zentralität der Pariser Bischofskirche manifestierte sich in liturgischen und kultischen Handlungen, zum Beispiel in der Weihe von Krankenöl, Chrisam und Katechumenenöl am Gründonnerstag, die dann bis zum Karsamstag in die Pfarreien des Bistums gebracht wurden[472]. Die Kathedrale ist die Mutterkirche der Diözese (mit einem eigenen Pfarrsprengel) und bildet das Zentrum des liturgischen und religiösen Lebens. Ab dem 11. Jahrhundert prägte sich eine Einteilung der Stadt und des Bistums Paris in Pfarreien – mit der wichtigen Aufgabe der Seelsorge, der *cura animarum* – aus, die mit den Dekanaten eine wichtige Strukturierung der Ortskirche darstellen. Hinzu kommt die Gliederung der Diözese in drei Archidiakonate (mit jeweils zwei Dekanaten), die sich bis zum 11. Jahrhundert herausgebildet hatten: Paris (mit Montmorency und Chelles), Josas (mit Châteaufort und Montlhéry) und Brie (mit Lagny und Vieux-Corbeil)[473]. Ein weiteres Archidiakonat befand sich als Exklave zwischen Melun und Nangis und war vom Erzbistum Sens umgeben[474]. In diesen kirchlichen Struktureinheiten nahm die abgestufte Zentralität der Ortskirche Form an. Der gesamte Raum der Diözese (2.500 Quadratkilometer)[475] wurde so erfaßt. Wie die Pfarreien auf die Mutterkirche des Bistums, also die Kathedrale, hingeordnet waren, wurde sinnbildlich in der Liturgie erfahrbar, genauer in dem Dienst der 13 Vorsteher der ältesten Pfarreien, welche dem Ortsbischof bei besonderen liturgischen Festen assistierten und als *cardinales* bezeichnet wurden[476]. Die Einrichtung von zwölf Pfarreien auf der Île de la Cité – die Zahl erinnert an die Apostel – geht auf den Bischof Mauritius von Sully zurück[477]. Die pfarrliche Einteilung sollte bis zum 18. Jahrhundert bestehen.

Die Kathedrale lag zwar am Weg der Pilger aus Nordfrankreich und dem Rheinland nach Santiago de Compostela, doch wurde sie selbst nicht zu einem regelrechten Wallfahrtsort[478]. Bis zum 11. Jahrhundert war sie nicht mit einem so außerordentlichen Reliquienbesitz ausgestattet, daß sie eine herausgehobene Zentralität in der Verehrung der Gläubigen beanspruchen konnte. Seit dem Jahre 1109 besaß sie ein Stück vom Heiligen Kreuz[479].

Zugunsten der Pariser Ortskirche und insbesondere ihres Vorstehers kamen indes weitere zentralitätsfördernde Entwicklungen von außen und von innen. Mit der dargestellten Urbanisierung von Paris, die zunächst auf das nördliche, dann auch allmählich auf das südliche Ufer ausgriff, wuchs die Bevölkerung rasch – und damit die Zahl der *fideles* beziehungsweise der Pfarrangehörigen der Ortskirche[480]. Pfarreien schossen wie Pilze aus dem Boden[481]. Die »Herde« des Pariser Bischofs stieg schnell an und übertraf bei weitem die anderer Amtsbrüder in der Krondomäne, der Île-de-France beziehungsweise der Kirchenprovinz Sens – von anderen ganz zu schweigen. Das verlieh dem Pariser Amtsinhaber ein ungleich größeres Gewicht.

Nicht nur neue Pfarrbezirke entstanden, sondern der Zuwachs drückte sich auch in einer beachtlichen quantitativen Zunahme des Klerus (und der religiösen Gemeinschaften) aus, die indes im einzelnen nicht genau zu beziffern ist. Neue Ordensniederlassungen entstanden immer wieder in Paris, Studienhäuser und Kollegien kamen hinzu; Lehrende und Studierende strömten in die Stadt. Es bildete sich die Universität in Paris aus, die in Entwicklungsschüben aus der Kathedralschule hervorging. Hierauf wird noch ausführlicher eingegangen werden[482]. Die Studierenden waren im wesentlichen Kleriker. Deshalb gab es in Paris, gerade im 12. Jahrhundert und in den ersten Jahrzehnten des 13. Jahrhunderts, erstens mehr Männer und zweitens mehr Kleriker als in anderen Städten der Krondomäne oder des Königreiches – oder größeren urbanen Zentren Europas. Hierauf ist schon verschiedentlich hingewiesen worden[483].

Mit der entstehenden Universität erweiterte sich auch der Einfluß und das Ansehen des Ortsbischofs. Denn die Studierenden wurden mit einer Verfügung König Philipps II. der kirchlichen Gerichtsbarkeit unterstellt[484], und überdies oblag es dem Kanzler des Domkapitels, die *licentia docendi*, also die Lehrerlaubnis, – in eingeschränktem Maße auch dem Vorsteher von Sainte-Geneviève beziehungsweise einem von ihm beauftragten Mitbruder (im Hinblick auf die Unterrichtung von Studierenden der *Artes liberales*) – den *magistri* zu verleihen[485]. Alles dies trug dazu bei, daß sich die Zentralität der Pariser Ortskirche im Laufe des hohen Mittelalters verstärkte und sich ihr Ansehen weit über ihre Grenzen hinaus mehrte. Keine andere Stadt Frankreichs zählte in ihrer Gesamtheit so zahlreiche Kapellen und Kirchen, Klöster und Stifte. Die Pariser Bischöfe (mit ihrem Domkapitel) – in deren Reihen wurden sieben Amtsträger als Heilige verehrt[486] – konnten auf die Geschicke der Kirche in der Krondomäne und anderer Teile des Königreiches größeren Einfluß nehmen, als es ihrem eigentlichen Rang in der kirchlichen Hierarchie entsprach[487]. Viele andere Oberhirten wie beispielsweise diejenigen von Orléans, Sens, Senlis, Chartres oder Laon konnten diesbezüglich nicht konkurrieren.

Daß Bischof, Domkapitel und Kathedralklerus von Paris über einen bemerkenswerten, weit verstreuten Grundbesitz verfügten und es zahlreiche Pfründen an der Domkirche gab, weist auf die solide Basis der Ortskirche und ihre Möglichkeiten hin[488]. Es war attraktiv – gewiß nicht nur für Gelehrte und nichtfranzösische Würdenträger –, eine Dompfründe zu bekommen. Auch in der Seinestadt selbst gebot der Bischof (mit seinem Domkapitel) über Rechte, Einkünfte und Grundbesitz, ohne freilich ernsthaft mit dem König konkurrieren oder dessen Stadtherrschaft in Frage stellen zu können. Es finden sich im übrigen keine Hinweise in den Quellen darauf, daß dies einmal intendiert gewesen war.

Einen unbestreitbaren Vorteil genoß der Pariser Bischof (zusammen mit seinen Domkanonikern) vor seinen Amtsbrüdern: die Nähe zu König, Hof und Residenz. Den Oberhirten, welcher »der prominenteste Geistliche des Reiches« werden sollte[489], versetzte dies in die Lage, seine Interessen und Anliegen direkt wahrnehmen zu können, sofern sie die herrscherliche Sphäre berührten. Je mehr Paris die Rolle des politischen Zentrums des Königreiches annahm, desto stärker mußte auch der Bischof der Stadt die Aufmerksamkeit des kirchenpolitischen Geschehens auf sich ziehen und sein Agieren an Gewicht gewinnen – vorausgesetzt, daß König und Bischof nicht gegeneinander handelten oder miteinander stritten (Gleiches galt für das Verhältnis von Bischof und Domkapitel). Das königliche *palatium* und die bischöfliche Residenz auf der Île de la Cité – im Westen und im Osten – lagen nicht weit auseinander. Die »Mutterkirche« des Bistums war gewissermaßen »die Hauskathedrale des Königs«[490].

Inwieweit der Pariser Oberhirte die ihm eigenen Handlungsspielräume nutzte, war auch von der jeweiligen Persönlichkeit abhängig. Das persönliche Profil einiger Amtsinhaber weist darauf hin, wie Kirche und *studium* miteinander verbunden waren. Petrus Lombardus verkörperte zum Beispiel diesen »Typ« des Bischofs[491]. Aus dem Gebiet um die norditalienische Stadt Novara gebürtig (zwischen 1095 und 1100), gelangte er auf Vermittlung Bernhards von Clairvaux nach Paris, studierte dort, lehrte spätestens seit 1145 an der Kathedralschule und wurde Archidiakon. Seine kirchliche Laufbahn krönte der Bischofsstuhl von Paris, den er freilich nur relativ kurz innehatte – von Juni 1159 bis Juli 1160, als ihn der Tod ereilte. Er verfaßte als theologisches Hauptwerk umfangreiche Sentenzenbücher, die aus seiner Lehrtätigkeit der Jahre 1155 bis 1157 hervorgegangen waren und die zum grundlegenden Lehrwerk der Theologie im Mittelalter wurden. Gleichfalls ein ausgewiesener Theologe von großem Ansehen war Wilhelm von Auvergne, der, um 1180 in Aurillac geboren, von 1228 bis 1249 der Pariser Ortskirche vorstand und zuvor an der Universität gelehrt hatte[492]. Sein Hauptwerk, das zugleich eine Antwort auf die nichtchristliche Weltdeutung in ihren verschiedenen Dimensionen sein soll, trägt den Titel *Magisterium Divinale et Sapientiale*. Ein anderer »Typ« des Bischofs war der stark seelsorglich orientierte, der um die spezifischen Bedürfnisse der Menschen in einer sich damals entwickelnden Großstadt des Mittelalters und um die Notwendigkeit der Glaubensvertiefung wußte. Mit je eigener Schwerpunktsetzung verkörperten diesen Typ die beiden Nachfolger des Petrus Lombardus: Mauritius von Sully (1160–96), geboren um 1120 in Sully-sur-Loire, und Odo von Sully (1197–1208), die nicht miteinander verwandt waren[493]. Während jenem, aus bescheidenen bäuerlichen Verhältnissen stammend, ein Predigthandbuch zu verdanken ist, gehen die Pariser Synodalstatuten des Jahres 1208 auf diesen zurück, der einer adeligen Familie des Orléanais entsproß. Das lateinische Handbuch sollte Modellcharakter für zu haltende Predigten haben und scheint nach Caesarius von Arles (um 470–542) die erste ähnliche Initiative eines Bischofs dargestellt zu haben – im übrigen eine erfolgreiche[494]. Die Synodalstatuten enthielten bedeutsame pastorale Regelungen, unter anderem zur Pfarrstruktur, zum priesterlichen Leben, zu den Sakramenten, deren Spendung und Empfang, und hatten sogar Einfluß auf das Vierte Laterankonzil von 1215. Als Mauritius von Sully 1183 anstelle der von König Philipp II. konfiszierten Synagoge die Kirche Sainte-Madeleine auf der Île de la Cité hatte errichten lassen, wurde die neue Pfarrei mit dem Titel des Pariser Erzpriesters, *Archipresbyter Parisiensis*, verbunden. Bis dahin war dieser Titel an die Kathedrale gebunden, von welcher die Pfarrfunktionen auf Sainte-Madeleine übergingen. Zugleich schuf Mauritius von Sully ein neues Archipresbyterat in Saint-Sévérin auf dem südlichen Ufer.

Die beiden »Seelsorger und Prediger auf dem Bischofsstuhl« hatten etwas gemeinsam, das ihre weit über den eigenen bischöflichen Residenzbezirk und die Diözese hinausgehenden Ambitionen architektonischen Ausdruck verlieh: den Neubau der Kathedrale in gotischem Stil, welche der Gottesmutter geweiht wurde. Während sich Mauritius von Sully zur Errichtung einer neuen Bischofskirche entschloß und 1163 den Grundstein legen ließ, entwickelte Odo von Sully ein architektonisches Programm, um die Bauarbeiten zum Abschluß zu führen und zugleich mit einem urbanen und liturgischen Konzept zu verbinden. Beide Kirchenfürsten suchten mit dem Bau einer neuen Kathedrale andere Amtsbrüder zu übertreffen und wohl auch den Abt von Saint-Denis.

Bevor der bischöfliche Residenzbezirk und die neue gotische Kathedrale vorgestellt werden, sei nochmals der Blick auf das Ganze gerichtet. Die kirchliche und religiöse Zentralität genau zu bemessen fällt schwerer als in Politik und Verwaltung. Die Pariser Ortskirche ist stärker durch die Gesamtheit der Kommunitäten und religiösen Einrichtungen bestimmt als einzig und allein durch den Bischof und das Domkapitel als Protagonisten. Die fehlende Metropolitan- und Primaswürde hat dem Ortsbischof keine wesentlichen Einbußen an tatsächlicher Einflußausübung im hohen Mittelalter gebracht und schon gar nicht seinen Aufstieg (wie den des Domkapitels) verhindert.

4.3 Der bischöfliche Residenzbezirk auf der Île de la Cité und die Kathedrale Notre-Dame als Manifest der *societas christiana*

Die Île de la Cité bot Inhabern beider Gewalten der damaligen Zeit, der weltlichen und geistlichen, Raum für einen eigenen Residenzbezirk. Dabei hatte es sich mehr oder weniger an den Inselspitzen zufällig gefügt, daß die königliche Residenz im Westen entstand und das bischöfliche Pendant im Osten lag (siehe Abb. 22).

Wie jeder kirchliche Residenzbezirk bischöflicher Provenienz stellte das Gotteshaus, die Kathedrale, den architektonischen, geistlichen und liturgischen Mittelpunkt dar. In der »Mutterkirche« der Diözese fanden die besonders feierlichen Gottesdienste zu den Hochfesten statt, zu de-

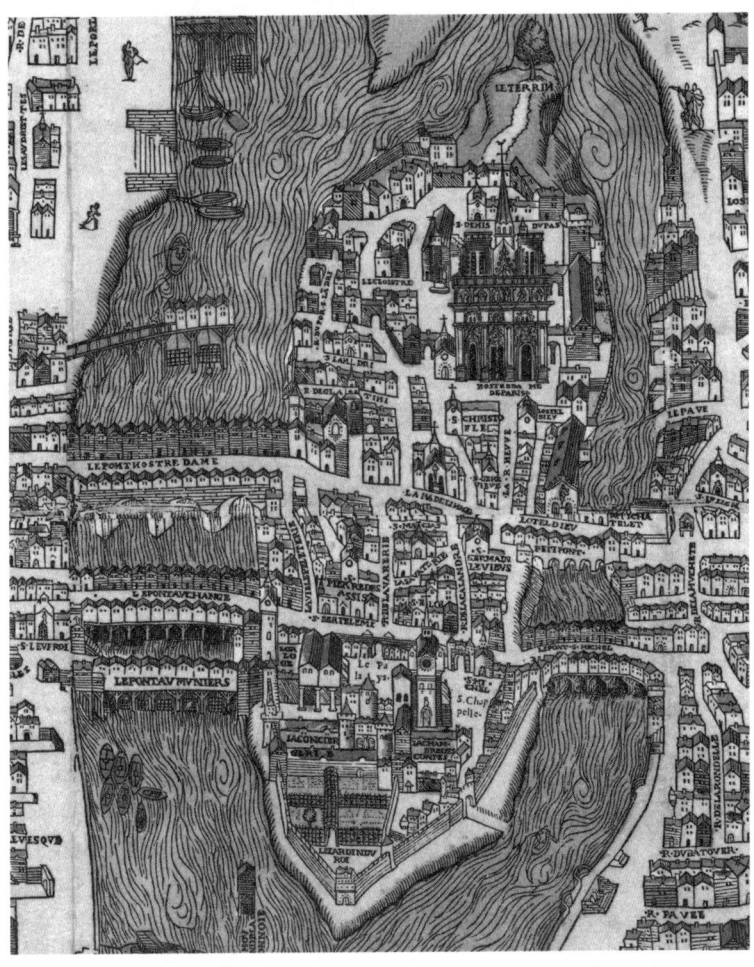

Abb. 22 Die Pariser Île de la Cité nach dem sogenannten »Basler Stadtplan«
aus der Mitte des 16. Jahrhunderts (Plan geostet).

nen sich der Bischof und das Domkapitel mit den Gläubigen aus Stadt und Bistum einfanden. So wurde die diözesane Glaubensgemeinde als Einheit erfahrbar. In der Kathedrale feierten der Bischof und die Domkanoniker – zur Zeit des Oberhirten Mauritius von Sully (1160–96) gab es rund 50 an der Zahl[495] – die Offizien; die Liturgie, das *opus Dei*, bildete die geistliche Mitte ihres Dienstes.

Der Bischof selbst hatte eine eigene Hausanlage, *domus episcopi*, deren genaue Lage bis zum 12. Jahrhundert umstritten ist. Es ist anzunehmen, daß sich das Gebäude in der Nähe der Kathedralkirche erhob, vielleicht östlich der ersten Bischofskirche[496]. Das Gotteshaus selbst, die schon mehrfach erwähnte Kirche Saint-Étienne, ist in seinen Ausmaßen dank der durchgeführten archäologischen Ausgrabungen (nahezu) bestimmbar und folgte dem Typus der konstantinischen fünfschiffigen Basilika, wie Sankt Peter und Sankt Johannes im Lateran in Rom. Die geistliche Kommunität, die sich um die Liturgie der Bischofskirche und die diözesanen Leitungsgeschäfte kümmerte, war als Domkapitel geformt, deren Angehörige über eigene Häuser – wohl aus Platzgründen schon immer an der nördlichen beziehungsweise nordöstlichen Seite der Kathedrale gelegen – verfügten. Da der Bischofskirche auch pfarrliche Aufgaben wie die Spendung des Taufsakramentes zufielen, bestand ein eigenes Baptisterium an der Nordseite. Da die Sorge um Arme und Kranke eine der vordringlichsten christlichen Aufgaben des Bischofs beziehungsweise der Spitze der Diözese seit den ersten Jahrhunderten war, gab es schon im frühen Mittelalter ein Hospiz. Ein solches wird mit dem Namen des Bischofs Landry und dem Jahre 651 verbunden, doch ist es erst ab 829 sicher bezeugt[497]. Damit sind fünf wichtige architektonische Bestandteile des kirchlichen Residenzbezirkes an der östlichen Spitze der Île de la Cité genannt worden. Hinzu kamen weitere Kapellen und Kirchen in diesem Bereich.

Eine grundlegende und weitreichende Umgestaltung des Bezirkes erfolgte in der zweiten Hälfte des 12. Jahrhunderts. Die neue Strukturierung des östlichen Inselbereiches nahm architektonisch, urbanistisch und liturgisch-pastoral Gestalt an. Den Anstoß zu dieser bis heute nachwirkenden Veränderung gab der Pariser Bischof Mauritius von Sully, indem er sich wohl in Abstimmung mit König Ludwig VII. und mit dessen Zustimmung zum Neubau der Kathedralkirche ab 1163 ent-

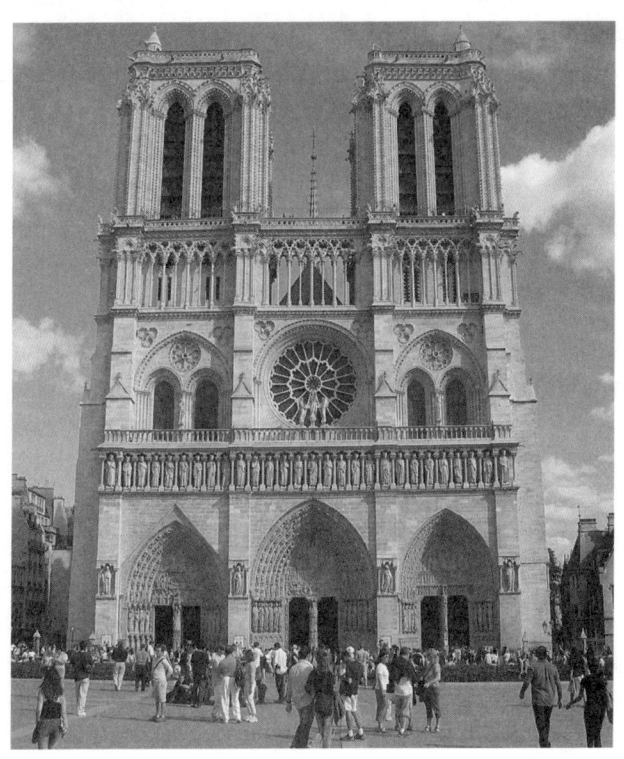

Abb. 23 Die Westfassade der Kathedralkirche Notre-Dame.

schloß, welche das Patrozinium der Gottesmutter, Notre-Dame, erhielt[498] (siehe Abb. 23). Was er anstieß, führte sein Nachfolger Odo von Sully weiter, band das Bauprojekt freilich in ein umfassendes Programm ein und näherte es dem Abschluß. So entstand ein massiver, doch zugleich faszinierender Eingriff in die gewachsene architektonische und urbane Struktur der Île de la Cité, der seine Krönung im Bau der gotischen Kathedrale Notre-Dame fand. Darin drücken sich gleichermaßen die erreichte Bedeutung von Bischof und Domkapitel in Paris aus wie auch die in Stein gemeißelten und ikonographisch ausgestalteten Ambitionen der Würdenträger und der kirchlichen Institution. Diese baulichen und urbanistischen Veränderungen lassen sich auch als Ausdruck errungener, beanspruchter und eingeforderter Zentralität verstehen. Die Bischofskirchen in anderen Städten sollten an Größe, Höhe und ikonographischer Ausstattung übertroffen werden; neue Maßstäbe sollten auf die herausgehobene Rolle der Pariser Ortskirche und ihres Bischofs hinweisen.

Noch bevor mit der Grundsteinlegung des Jahres 1163 – damals weilte Papst Alexander III. auf Flucht vor Kaiser Friedrich I. Barbarossa in Paris – der Bau von Notre-Dame in Angriff genommen wurde, war wohl ein neues Portal für die alte Kathedralkirche zur Zeit des Bischofs Theobaldus (1144–58) angefertigt worden[499]. Dieses sollte dann später als Annenportal – Anna war die Mutter Mariens – der Westfassade der neuen Bischofskirche eingefügt werden.

Als Achse, die eine wichtige Rolle im urbanistischen Umstrukturierungsprozeß des östlichen Inselteiles spielte, diente die Anlage einer neuen Straße, der Häuser weichen mußten[500]. Diese führte von dem verlängerten cardo geradeaus auf den Trumeau – den Mittelpfeiler – des mittleren Portals der neuen Kathedralkirche zu[501]. Wohnhäuser und Geschäftsläden säumten die ca. 6 Meter breite Straße, die somit größer als die anderen Wege war, welche die Île de la Cité und die Stadt durchzogen. Im Vergleich zur alten Kathedrale wurde die neue um 40 Meter nach Osten versetzt[502]. Zugleich wurde das unterschiedliche Bodenniveau nivelliert, so daß die Straße, der geschaffene, 40 Meter lange Vorplatz der neuen Kathedrale und diese selbst auf derselben Höhe lagen.

Die Bischofskirche Notre-Dame, die anders als der Vorgängerbau auf die römische Wehrmauer im Süden aufsetzte, hatte eine Länge von

122,50 Metern, eine Breite von 40 Metern und umfaßte eine Grundfläche von 5.500 Quadratmetern[503]. Deshalb mußte im übrigen der Chor jenseits der spätantiken Wehrmauer errichtet werden. Die Gewölbehöhe erreichte 35 Meter. Ohne hier im einzelnen die Baugeschichte von Notre-Dame und die Veränderungen des ursprünglichen Projekts, wie beispielsweise die Einfügung einer Königsgalerie, im Verlauf der Jahrzehnte nachzeichnen zu wollen, sei darauf hingewiesen, daß der Neubau fünf Kirchenschiffe mit einem doppelten Chorumgang vorsah[504].

Die Bauarbeiten an der Kathedrale begannen im Chorbereich[505]. Im Jahre 1182 wurde der Chor geweiht; der gesamte Innenraum war gegen 1218 vollendet. Im 13. Jahrhundert wurde die Fassade mit den beiden 69 Meter hohen Türmen und den reich skulptierten Portalen abgeschlossen[506]. Das mittlere Westportal zeigt das Jüngste Gericht, das nördliche den Tod, die Himmelfahrt und die Krönung Mariens, mit Heiligen des Bistums Paris im Gewände, das südliche stellt Szenen aus dem Leben Mariens dar und schließt auch solche aus dem Leben ihrer Eltern Anna und Joachim ein[507].

Über den drei Portalen durchzieht eine Horizontale mit 28 großen, mehr als 3 Meter hohen Statuen die gesamte Fassade: die 1220 fertiggestellte sogenannte Königsgalerie. Sie ist ein wichtiges ikonographisches Element, das später auch in Chartres, Amiens, Reims und Rouen anzutreffen ist.[508] Es unterstreicht die Bedeutung des Pariser Gotteshauses, daß hier erstmals eine derartige Königsgalerie an einer gotischen Kathedrale anzutreffen ist. Bei der Statuenreihe handelt es sich nicht um die französischen Könige, wie man während der Französischen Revolution meinte, was ja zu den bekannten Beschädigungen und Zerstörungen der Skulpturen geführt hat, sondern um alttestamentliche Könige aus dem Haus Juda. Nach dem Kunst- und Architekturhistoriker Alain Erlande-Brandenburg ist die Königsgalerie »ein Bildkommentar zur Weissagung des Jesaja, wonach der Sproß aus dem Stamm Davids mit der Jungfrau Maria und die aufgehende Blüte mit Christus gleichgesetzt wird«[509]. 143 Fragmente der Königsstatuen konnten 1977 aufgefunden werden. An Farbspuren läßt sich erkennen, daß die Statuenreihe ursprünglich mehrfarbig verziert war. Gewöhnlich tragen die Skulpturen eine Krone und einen langen Bart.

In der Aufnahme eines neuen ikonographischen Elementes an solch herausgehobener Stelle, in solcher Plastizität und in solch einem theologischen Zusammenhang der anderen Darstellungen der Hauptfassade wird in der Kathedralkunst Frankreichs ein wegweisender Schritt vollzogen, der einen interpretatorischen Bogen vom Alten Testament über das Neue Testament bis hin zur geschichtlichen Entfaltung der Offenbarung spannt. Monarchisches Handeln ist eingeordnet in die Heilsgeschichte und muß letztlich vor dem Jüngsten Gericht Gottes verantwortet werden, wie das Hauptportal so eindrücklich unterstreicht. Die Monarchie als Institution ist grundgelegt im Alten Testament, deren Dignität ist getragen von Gottes Gnade. Hieran ist auch die »aktuelle Monarchie«, das heißt die kapetingische der damaligen Zeit mit dem *rex christianissimus*, gebunden. Die *societas christiana* wird geprägt von dem Miteinander der weltlichen und geistlichen Gewalt, des königlichen und bischöflichen Handelns. Basis und Zentrum ist die verheißene, an das auserwählte Gottesvolk Israel ergangene Heilsbotschaft, die ihre universelle Ausrichtung durch Jesus Christus im Neuen Testament erfuhr. Die französische Monarchie wird so indirekt glorifiziert und zugleich gemahnt, ihre alttestamentliche Grundlegung und christliche Prägung nicht zu vergessen.

Wie sehr König und Bischof gemeinsam zu handeln haben, drückt das sogenannte Annenportal der Hauptfassade aus[510]. Im Tympanon erscheinen neben der thronenden Gottesmutter mit dem Jesuskind unter einem vorspringenden Baldachin, flankiert zu beiden Seiten von einem Engel, vom Betrachter aus gesehen rechts ein kniender König, der ein Spruchband entrollt, und auf der anderen Seite ein stehender Bischof mit Stab, Mitra und erhobener rechter Hand. Wer genau dargestellt ist, ob König Childebert I. und der heilige Bischof Germanus von Paris († 576) oder Ludwig VII. und Theobaldus (beziehungsweise Mauritius von Sully) oder zwei andere Amtsträger, läßt sich noch nicht entscheiden[511]. Am Trumeau des Annenportals ist jedenfalls der heilige Bischof Marcellus von Paris abgebildet. Die *societas christiana* findet ihren Bezugspunkt und ihre Einheit in der Hinordnung auf Christus und Maria – im französischen *regnum* wie anderswo – und ihre Vollendung am Ende der Zeiten: soteriologisch und eschatologisch. Dies ist wohl die ikonologische Botschaft der drei Portale der Hauptfassade.

Über der Königsgalerie zieht die Rose die Blicke der Gläubigen auf sich. Die Rosenwand leitet architektonisch zu den 1245 bis auf die heutige Höhe vollendeten Türmen über, deren Vertikalität und Himmelsausrichtung betont wird. Die Kathedrale wurde um ein Querhaus bereichert, das auf jeder Seite – von Jean de Chelles († 1258) zum Kreuzgang und Kanonikerbezirk im Norden hin, von Pierre de Montreuil zum bischöflichen Palais im Süden hin – mit einem großen Portal versehen wurde[512]. An der Nordseite kam noch ein kleinerer Portaleingang hinzu, der sich am Chor befand.

Auf einer Linie lagen die Fassaden der Kathedrale und der nördlich von ihr errichteten, bis 1748 bestehenden Taufkirche Saint-Jean-le-Rond, wie auch ein Gemälde mit dem heiligen Remigius – der Maler war der sogenannte Meister von Saint-Gilles – noch aus dem 15. Jahrhundert festhielt[513]. Nördlich und nordöstlich des Baptisteriums wie der Kathedralkirche schloß sich der Bezirk der Kanoniker an, der bis zum nördlichen Ufer der Insel reichte[514]. Dem Domkapitel gehörten rund 50 Kanoniker an, doch gab es dort nur 37 für Chorherren bestimmte separate Häuser, die an die Stelle des gemeinsamen Dormitoriums früherer Zeiten getreten und um den Kreuzgang gruppiert waren[515]. Für die restlichen Kanoniker mit weniger wichtigen Aufgaben scheint es einen kleineren gemeinsamen Schlafsaal unweit des Chores der Kathedrale gegeben zu haben[516]. Der Seelsorge im Kanonikerbezirk war Saint-Denis-du-Pas, die Kirche des Domkapitels, vorbehalten, die sich hinter dem Chor der Kathedrale erhob[517]. Der Haupteingang zum Kanonikerbezirk – es gab weitere drei Zugänge – befand sich vom verlängerten *cardo* aus gesehen hinter dem Baptisterium Saint-Jean-le-Rond, woran ein Weg auf der der Bischofskirche abgewandten Seite vorbeiführte. Die Priester, die am Baptisterium ihren Dienst versahen, kümmerten sich auch um die Seelsorge der Laien, die im Kanonikerbezirk lebten[518]. Beispielsweise zählten zu den Laien diejenigen, die häusliche Dienste für die Domherren versahen.

Mit der gotischen Kathedrale wurden ebenfalls das bischöfliche Palais und das Hospiz (Hôtel-Dieu) neu gebaut, und zwar auf einer Linie am südlichen Uferstreifen der großen Flußinsel[519]. Dafür mußte über die von der spätantiken Wehrmauer gezogene Begrenzung hinausgegangen und im Laufe der Zeit angeschwemmtes beziehungsweise trockengelegtes Land genutzt werden, was eine besondere Verankerung im Boden zur Stabilität der Gebäude erforderte. Dazu ging man bis auf eine Höhe von 9 Metern hinunter. Das zinnenbewehrte bischöfliche Palais mit einem großen Saal, einer Doppelkapelle und einem Turm ist spätestens in den 70er Jahren des 12. Jahrhunderts vollendet worden[520]. Denn Ludwig VII. ließ dort 1179 seinen Sohn Philipp durch eine Versammlung von Großen seines Reiches zum (künftigen) König bestimmen. Ob der Bischof Mauritius von Sully während der Bauarbeiten in einem Haus des Kanonikerstiftes Saint-Victor wohnte, mag hier dahingestellt bleiben. Jedenfalls wurde er Kanoniker dieses Stiftes spätestens im Angesicht seines Todes am 11. September 1196 und fand dort auch seine letzte Ruhestätte[521].

Das an der Seine entstandene Hospiz (Hôtel-Dieu) dehnte sich im Laufe der Jahrzehnte baulich weiter aus, auch dank großzügiger Stiftungen weltlicher Großer, und wurde mit mehreren Kapellen versehen[522]. Es zog sich längs des südlichen Flußarmes wie ein breiter Gebäuderiegel hin, reichte von der »Kleinen Brücke« bis zur Fassadenhöhe der Kathedrale und noch etwas darüber hinaus bis zum bischöflichen Palais.

Wie sich die Île de la Cité nach den beschriebenen umfassenden architektonischen und urbanistischen Veränderungen dem Betrachter in der Mitte des 15. Jahrhunderts darbot, vermittelt zumindest teilweise eine Miniatur von Jean Fouquet im Stundenbuch des königlichen Beraters und Kämmerers Étienne Chevalier († 1474)[523] (siehe Abb. 24). Der Auftraggeber stammte aus einer begüterten Familie hoher königlicher Amtsträger. Aus dem Himmel, welcher die Île de la Cité überwölbt, ragt – in der Bildmitte – die geöffnete göttliche Hand in goldener Farbe aus konzentrischen blauen Kreisen heraus. Der gestreckte Zeigefinger weist nach unten und lenkt den Blick des Betrachters auf die große, dicht bebaute Flußinsel und die sich im Hintergrund erhebenden stadtnahen grünen Landschaften mit Hügeln. Von einer Terrasse des linken Seineufers aus, die vielleicht zum Augustinerchorherrenstift gehören könnte, wohnen Mönche und geistliche Würdenträger mit zum Himmel gerichteten Blicken und erhobenen Händen in Gebetshaltung einer dramatischen, Ehrfurcht gebietenden Szene bei. Die ausgefahrene göttliche Hand vertreibt von der Île de la Cité schreckliche Dämonen in dunkelgrauer und dunkelbrauner Farbe, die sich in die Lüfte erheben und die

Abb. 24 Die rechte Hand Gottes vertreibt Dämonen von der Île de la Cité. Darstellung in einer Miniatur des Jean Fouquet im Stundenbuch von Étienne Chevalier.

– an der oberen linken und rechten Bildseite zu sehen – von der Insel fliehen. Der Betrachter schaut von südwestlicher Seite auf die dicht bebaute Flußinsel, aus deren Häusermeer die gotische Kathedrale mit ihrer bekannten Hauptfassade majestätisch emporragt. Das Gotteshaus dominiert das Eiland. Die zahlreichen Häuser sind mit rotem Ziegel gedeckt, Kirchturmspitzen recken sich nach oben, neben der Kathedralfassade erhebt sich der Turm der bischöflichen Residenz, die Dachgeschosse des Hospizes (Hôtel-Dieu) zeichnen sich ab. Eine dicht mit Häusern bestandene Brücke zwischen Insel und südlichem Ufer, wohl die Brücke Saint-Michel, spiegelt sich teilweise im Wasser, dahinter ist die schon ausgebaute Turmburg des linken Ufers, das »Petit Châtelet«, zu sehen. Vor dem bebauten Areal der Insel verläuft ein kleiner grüner, mit einigen Bäumen bestandener Uferstreifen, welcher den Eindruck von Idylle vermittelt.

Das »kirchlich-religiöse« Paris hatte mit der gotischen Kathedrale seinen weithin sichtbaren, bis heute bestehenden Mittelpunkt gefunden. Die zentrale Rolle, welche der Bischof von Paris über die Grenzen seiner Diözese hinaus beanspruchte, fand ihren steinernen Ausdruck in dem Residenzbezirk. Insofern verband der topographische Rahmen der Île de la Cité eine königliche und eine bischöfliche Residenz, die mit Meisterwerken gotischer Kunst und Architektur glänzten, symbolisch die Machtsphären politisch-administrativer und kirchlich-religiöser Provenienz verdichteten und die beide zur Zentralität von Paris wesentlich beitrugen. Bezeichnenderweise krönte jeweils ein Gotteshaus die Entwicklung des Residenzbezirkes: hier die Sainte-Chapelle, dort die Kathedrale Notre-Dame. Was diese mit ihrem reichen ikonographischen Programm als *societas christiana* darstellte, fand seinen Ausdruck in der Gesamtanlage der Insel mit den beiden Residenzen (und dem sich dazwischen erhebenden Stadtviertel voll von pulsierendem Leben).

4.4 Einheit und Vielfalt religiös-kirchlichen Lebens

Das kirchlich-religiöse Leben prägte in all seinen Erscheinungsformen das hochmittelalterliche Paris – wie auch andere Hauptorte politischer und administrativer Entscheidungsvorgänge[524]. Der öffentliche Raum war erfüllt von zahlreichen Prozessionen, religiösen Festen, Bestattungszeremonien, Ausstellungen von Reliquien und Mysterienspielen[525]. Auch im östlichen Teil der großen Insel prägten Prozessionen und eine bunte Vielfalt liturgischer Feiern den Ablauf des Kirchenjahres[526]. In der Gesamtheit der kultischen Handlungen drückte sich eine sinnenfrohe, lebendige Volksfrömmigkeit aus, die mit einer »hohen Theologie« im Ordnungssystem eines rationalisierten Glaubens kontrastierte, wie sie an den Hohen Schulen beziehungsweise an der Universität gepflegt wurde. Diesen Bekundungen hoch- und spätmittelalterlicher Volksfrömmigkeit kommen die Schilderungen nahe, die Victor Hugo in seinem Roman »Notre-Dame« von 1831 darbietet.

Wenn die Vielfalt liturgischen Lebens der Pariser Ortskirche ihren Mittelpunkt in der Kathedralkirche fand, wenn Prozessionen von hier ausgingen (und die Insel überschritten) und dorthin führten, dann zeigen sich hierin die einheitsstiftende und bestärkende Funktion sowie die Bedeutung des Gotteshauses – und auch des Residenzbezirkes – für die Seinestadt und die Diözese. Eine gesteigerte Zentralität gewann Gestalt und Dynamik. An der Konstituierung des urbanen Memorialraumes von Paris hatte das kirchlich-religiöse Leben einen wichtigen Anteil, wie beispielsweise heute noch Namen von Straßen, Brücken, Plätzen und Metrostationen widerspiegeln[527]. Ja, in der Polyvalenz liturgischer Vollzüge wurde ein »kulturelles Gedächtnis« mit geschaffen, das sich auf Stadt und Bistum Paris bezog[528]. Weltliches und Geistliches der hochmittelalterlichen Gesellschaft gingen im urbanen Memorialraum eine unauflösliche Symbiose ein. Dies drückte sich auch in zwei architektonischen Bedeutungsträgern der Île de la Cité mit ihren liturgischen Implikationen aus: in den geosteten Gotteshäusern von Notre-Dame und der Sainte-Chapelle, in der Kathedralkirche und der königlichen, doppelten Palastkapelle. Die vielfältigen Züge beider Kirchenbauten – diese erschließen sich somit nicht nur als herausragende »Erinnerungsorte« (»lieux de mémoire«) eigener Prägung[529] – sind vom sich historisch immer wieder verändernden Stadtkörper von Paris nicht zu trennen.

5. Paris als universitäres und kulturelles Zentrum

5.1 Zu Herrschern und Entstehung von Universitäten im Mittelalter

Im späten Mittelalter – wie in der Frühen Neuzeit – waren fürstliche Landesherren, auch Könige, bekanntlich bestrebt, in ihrer Residenzstadt eine eigene Universität zu errichten, um dort ihre Beamten und Juristen, Pfarrer und Lehrer ausbilden zu lassen[530]. Gerade aus Deutschland beziehungsweise aus dem Reich lassen sich hierfür manche Beispiele anführen: So gehen beispielsweise die Prager Universität (1348) auf den damaligen deutschen und böhmischen König Karl IV., die Wiener (1365) auf seinen habsburgischen Schwiegersohn Rudolf IV. den Stifter, Herzog von Österreich, und die Heidelberger (1386) auf den Kurfürsten Ruprecht I. von der Pfalz aus dem Hause Wittelsbach zurück. Um noch ein Beispiel aus dem Königreich Polen anzuführen: Kasimir III. der Große gründete 1400 die erste polnische Hochschule überhaupt in der alten königlichen Residenzstadt Krakau[531].

In Kenntnis dieser universitären Gründungen des späten Mittelalters, zumal wenn sie mit ausdrücklichem oder implizitem Rückgriff auf das Pariser Vorbild geschahen[532], könnte vermutet werden, daß die Kapetinger seit der Herrschaft Heinrichs I. oder seines Sohnes Philipp I. den Aufbau einer Hoch-schule in der Seinestadt bewußt geplant und zielstrebig realisiert hätten. Eine solche Vermutung erweist sich schnell als völlig abwegig – schon allein deshalb, weil eine neue Bildungseinrichtung wie eine Hoch-Schule im damaligen Europa erst noch kreiert werden mußte, zudem der Sohn und der Enkel Roberts II. keinesfalls Lehre und Wissenschaft besonders zugetan waren. Während die Hochschulen in Prag, Wien, Heidelberg und Krakau aus dem eigenen Interesse des Königs oder des fürstlichen Landesherren planvoll entstanden (und sich somit die Gründungsjahre genau angeben lassen), sich nach teilweise mühevollen Anfängen entwickelten und sich in den Ausbau ihrer Residenzstädte einfügten, prägten widerstreitende Interessenlagen, ungeordnete Vielfalt, teilweise Spontaneität die Genese der Pariser Universität. Was sich im Inneren der Schulen der Seinestadt vollzog, ließ die kapetingischen Herrscher im 11. Jahrhundert und in den nachfolgenden Jahrzehnten nahezu gleichgültig[533]. Als sich Heinrich I. im Laufe seiner Herrschaft von Orléans abkehrte und Paris zuwandte, spielten die dortigen Schulen keine Rolle für seine Entscheidung. Daß hier in Paris – und in Bologna – die erste Universität Europas entstehen sollte, war um die Mitte des 11. Jahrhunderts überhaupt nicht abzusehen.

5.2 Schule(n) und Bildung in Frankreich bis zum beginnenden 11. Jahrhundert

Das Bildungswesen in der Île-de-France und in den anderen Teilen Frankreichs entwickelte sich wie weithin im christlichen Abendland[534]. Seit dem Übergang von der Spätantike zum Mittelalter, genauer vom 6. Jahrhundert an, besaßen die Klöster als Träger und Vermittler von Bildung und Kultur eine herausragende Bedeutung – zumindest bis zum beginnenden 11. Jahrhundert. Sie hatten eine Schule, eine Bibliothek und ein Skriptorium, in dem Handschriften angefertigt beziehungsweise kopiert wurden. Die Reformmaßnahmen der karolingischen Herrscher, wie diejenigen Karls des Großen, zum Beispiel im Kapitular *Admonitio generalis* aus dem Jahre 789 ihren Niederschlag findend, die eine systematische Errichtung von Schulen in allen monastischen Gemeinschaften und auch in jeder Diözese vorsahen, trugen mit zum Aufblühen der Bildung im weiten fränkischen Reich bei. In der modernen Forschung wird diese Entwicklung als »karolingische Renaissance« gekennzeichnet. Da das Reformprinzip *una regula, una consuetudo* im Reich der Karolinger – seit Ludwig dem Frommen – zur Uniformierung des Mönchtums auf der Grundlage der Regel Benedikts von Nursia (um 480–547) führte, stand das Schulwesen weithin in der tradierten benediktinischen Prägung.

Als sich der monolithische Aufbau des monastischen Lebens im Verlauf des 11. Jahrhunderts dem Ende zuneigte, hörte auch die Dominanz des benediktinischen Schulwesens auf. Traditionelle Stätten der monastischen Bildungspflege wie die Klöster Corbie, Saint-Germain d'Auxerre, Saint-Martial de Limoges oder Saint-Martin de Tours verloren insgesamt an Ausstrahlung. An Zahl und Bedeutung gewannen

Schulen in Kanonikerstiften, zumal in regulierten, und an Kathedralen, wozu die (gregorianische) Kirchenreform und kanonikale Reformbewegungen beitrugen[535]. Besonders die von einem *scholasticus* oder *magister scholarum* geleiteten Domschulen, deren Einrichtung in den Diözesen schon die Aufmerksamkeit der karolingischen Herrscher gegolten hatte, erlebten im 11. und 12. Jahrhundert einen großen Aufschwung. An den Kathedralen konnte es – wie in Klöstern – eine »interne« und eine »externe« Schule geben, die letztere stand auch Laien offen. Von den eher abgelegenen, die Einsamkeit in der Landschaft vorziehenden Klöstern zogen institutionalisierte Formen der Wissensvermittlung in die Städte ein, vor allem in diejenigen, in denen ein Bischof seinen Sitz hatte.

5.3 Domschulen im 11. und 12. Jahrhundert

Zu Zeiten Heinrichs I. und Philipps I. bestanden in Paris Schulen in Klöstern, Kanonikerstiften und an der Kathedrale, doch konnten sie nicht an den ausgezeichneten Ruf heranreichen, den einige Domschulen in einem Umkreis von weniger als 150 Kilometern um die Seinestadt genossen: so diejenigen in Chartres, Laon und Reims. In dieser ehrwürdigen Bischofsstadt der Champagne hatten der Metropolit Adalbero († 989) und der Scholaster Gerbert von Aurillac, der spätere Papst Silvester II. (999–1003), den Ruf der Domschule begründet; deren Ansehen mehrten weitere Lehrerpersönlichkeiten wie Bruno der Kartäuser († 1101), Gottfried von Reims († 1095) und Alberich, der seine kirchliche Karriere als Erzbischof von Bourges (1136–41) beschloß[536].

Die Kathedralschule von Chartres, an der auch Medizin unterrichtet wurde, erlebte das erste große Aufblühen unter ihrem Leiter Fulbert († 1028), im Jahre 1006 ebendort zum Bischof erhoben[537]. Nachfolger wie Bernhard von Chartres († ca. 1126), *»exundantissimus modernis temporibus fons litterarum in Gallia«*[538], dessen Bruder Theoderich († 1155/56) – die beiden Bretonen waren *»viri doctissimi«*[539] nach dem adeligen Geschichtsschreiber Otto von Freising (um 1112–58), so nach seinem ab 1138 innegehabten Bischofssitz genannt – und Gilbert von Poitiers († 1154) wirkten als Lehrer weit über die Diözese hinaus[540]. An diesen, der 1142

Bischof von Poitiers wurde, erinnerte sich später voller Hochachtung der weitgereiste bürgerliche Geschichtsschreiber Wilhelm von Tyrus (um 1130–86) in seinem »Studienbericht«[541]. Wilhelm hatte ab 1146 Schulen in Paris und Orléans sowie Bologna besucht, war so der Theologie und beider Rechte kundig. Er wurde 1165 Kanoniker in Akkon, 1167 Archidiakon in Tyrus und acht Jahre später Bischof dieser Hafenstadt. Bezeichnenderweise sollte in Chartres durch den Bischof Ivo (1090–1115/16) die Lösung des Investiturproblems vorbereitet werden, indem er zu einer Unterscheidung von Sakrament und Symbol, von Spiritualien und Temporalien vorstieß; seine vielverbreiteten Kanonessammlungen dienten dem Mönch Gratian († vor 1160), dem »Vater der Kanonistik«, mit als Grundlage, um seine *Concordantia discordantium canonum* um 1140 zusammenzustellen[542]. Später wurde das Werk als *Decretum Gratiani* bezeichnet.

Das hohe wissenschaftliche Ansehen der Domschule von Laon, der nordöstlich von Paris in der Picardie gelegenen Bischofsstadt, in der sich eine der ersten Kommunalbewegungen Frankreichs Bahn brach, stand nicht hinter dem der beiden anderen zurück[543]. Ihre Blütezeit ist eng mit dem Wirken der Brüder Anselm († 1117) und Radulf von Laon († 1131/33), einem Schüler Anselms von Canterbury (1033–1109), verbunden, die beide dort lehrten und die Schule leiteten. Johannes von Salisbury rühmt sie als »*splendissima lumina Galliarum*«[544].

Bis zur Wende vom 11. zum 12. Jahrhundert blieb die dominierende Rolle der Domschulen von Chartres, Laon und Reims unangefochten. Diese schulischen Zentren wiesen den Raum nördlich der Loire als führende Bildungslandschaft Frankreichs aus. Erst allmählich sollte die Kathedralschule in Paris aus dem Schatten ihrer Rivalen in Chartres, Laon und Reims heraustreten.

5.4 Die Genese der Pariser Universität

5.4.1 Die Grundlinien der schulischen Entwicklung auf der Île de la Cité und dem linken Seineufer

Wenn ein Ereignis eine neue Phase in der schulischen Entwicklung von Paris symbolisiert, dann ist dies sicherlich die Ankunft des etwa 21jährigen bretonischen Adeligen Petrus Abaelard (1079–1142) gegen 1100 an der Seine[545]. Der ehrgeizige, hochbegabte Schüler fand in Wilhelm von Champeaux († 1122) einen anerkannten, seit 1095 an der Kathedralschule wirkenden Lehrer der Dialektik, der seine wissenschaftliche Ausbildung wesentlich Anselm von Laon verdankte[546]. Petrus Abaelard besuchte die Lehrveranstaltungen Wilhelms von Champeaux von 1100 bis 1102 und zog dann selbst als Magister nach Melun und Corbeil, bevor er für mehrere Jahre in seine Heimat an der Atlantikküste zurückkehrte. Als er im Jahre 1108 wieder nach Paris kam, forderte er seinen ehemaligen Lehrer im Universalienstreit heraus.

Mit Petrus Abaelard und Wilhelm von Champeaux sind die beiden herausragenden Gestalten unter den Lehrern genannt, welche die Anfangszeit des schulischen Aufbruchs in Paris prägen. Auf die Entwicklung der Pariser Domschule mag sich günstig ausgewirkt haben, daß zwei Schüler Ivos von Chartres um die Jahrhundertwende die Cathedra bestiegen: zunächst Wilhelm von Montfort († 1102), der ein Bruder der illegitimen Gemahlin Philipps I., Bertrada, war und im Jahre 1096 zum Bischof geweiht wurde, dann Galo († 1116)[547].

Allgemein läßt sich die Entwicklung in drei Phasen skizzieren[548]: In einer ersten Phase, die um 1100 einsetzt und sich im Verlauf der ersten Hälfte des 12. Jahrhunderts vollzieht, diversifiziert sich die Pariser Schullandschaft und kann eine zumindest ebenbürtige Bedeutung in bezug auf die Kathedralschulen in Chartres, Laon und Reims erringen. Die zweite Phase, die noch vor der Mitte des 12. Jahrhunderts beginnt und vor allem die nachfolgenden Jahrzehnte umfaßt, führt zur weiteren Entfaltung der Pariser Schulen und zu ihrer dominierenden Stellung im französischen Königreich; die Domschulen in Chartres, Laon und Reims büßen hingegen definitiv ihren ehemals glänzenden Ruf und ihre herausgehobene Stellung in Wissenschaft und Lehre ein. Zu Beginn des 13. Jahrhunderts – und damit einer dritten Phase – entstehen die rechtlichen Strukturen einer Universität aus dem pluralen Gebilde der Schulen an der Seine. Unter der Herrschaft Philipps II. und Ludwigs IX. verfestigt sich die Hochschule institutionell. Dies sollte in seinem Kern mutatis mutandis bis zur Französischen Revolution Bestand haben.

Den Ausgangspunkt für den intellektuellen und wissenschaftlichen Aufstieg von Paris stellt die Kathedralschule auf der Île de la Cité dar, an der das Studium von Petrus Abaelard begann. Bei dessen Rückkehr hatte sich eine bemerkenswerte Änderung vollzogen. Wilhelm von Champeaux, Magister, Archidiakon und Kanoniker der Pariser Domschule, hatte sich auf das linke Seineufer zurückgezogen, um dort in der Stille ein beschaulicheres geistliches Leben zu führen und dann gegen 1113 ein reguliertes Kanonikerstift mit Unterstützung König Ludwigs VI. zu gründen: Saint-Victor[549]. Wie in vergangenen Zeiten sammelte er Schüler um sich, zunächst im wesentlichen aus dem Kreise seiner Mitbrüder, und begründete den Ruf des schnell entstehenden Schulzentrums in den Mauern des Stiftes.

Der Ortswechsel von der größten Flußinsel zum linken Seineufer darf in mehrerlei Hinsicht als symbolisch für das Pariser Schulwesen im 12. Jahrhundert gelten: Dieses verbreitete sich und differenzierte sich allmählich, die intellektuelle Dynamik begann sich auf die *rive gauche* zu verlagern, das wissenschaftliche Forschen und Lehren ließ gewissermaßen die Enge der Insel zurück, um sich in der luftigen Weite zwischen Weinbergen, Wiesen, Weiden und Bäumen – vom Flußlauf bis hinauf zur Hügelspitze – eine neue Heimat zu suchen.

Petrus Abaelard folgte seinem ehemaligen Lehrer auf das linke Ufer, jedoch nur, um selbst auf dem Hügel im Schatten des Kanonikerstiftes Sainte-Geneviève Scholaren um sich zu scharen und zu unterrichten[550]. Damit ist zugleich das zweite sich herauskristallisierende Schulzentrum der *rive gauche* genannt. Die Kathedralschule, die Stifte Saint-Victor und Sainte-Geneviève bildeten den institutionellen Kern des aufblühenden Pariser Schulwesens, den eine wachsende Zahl von »freien« Lehrern mit ihren Studentenkreisen ergänzten. Diese ortsungebundenen Lehrer waren nicht durch Pfründen abgesichert, sondern boten ihren Unterricht gegen Bezahlung den Schülern an.

Daß Petrus Abaelard 1114 als Magister an die Domschule zurückkehrte und somit in die Fußstapfen seines ehemaligen Lehrers Wilhelm von Champeaux trat, sollte nur ein »Zwischenspiel« von wenigen Jahren darstellen. Denn als er gegen 1117 in das Haus des Domkanonikers Fulbert aufgenommen wurde, um dessen schöne Nichte Heloise zu unterrichten, begann mit dem heimlichen, etwa ein Jahr später entdeckten Liebesverhältnis, der Geburt eines Sohnes, Astrolabius', und der geheim gehaltenen Heirat die persönliche Unglücksgeschichte Abaelards, seine *Historia calamitatum*[551]. Es folgten die von Fulbert angestiftete Kastration, ein Leben zwischen Klostermauern und öffentlichen Lehrauftritten, lehramtliche Beanstandungen – bis hin zu synodalen Verurteilungen – und sogar Verbrennungen von seinen Schriften. Der »Fall Abaelard« – wen wundert es – fand rasch Widerhall in Europa, er bot Stoff genug für Erzählungen und Briefe, Gedichte und Studentenlieder und anderes mehr[552]. Zugleich wuchs damit der »Bekanntheitsgrad« des Pariser Schulwesens.

Eine Gestalt wie Petrus Abaelard, der seine Zuhörer und Zeitgenossen polarisierte, zu frenetischem Beifall oder scharfem Widerspruch herausforderte, sogar heftige theologische Lehrdebatten entfachte, zeigt zugleich den Aufbruch einer neuen Wissenschaft an. Diese heißt nach ihrer charakteristischen Institutionalisierung in der Schule (*schola*) Scholastik, führt Glauben und Vernunft zusammen und verbindet *fides et ratio* in einem geordneten Lehrsystem miteinander[553]. Damit gehen ein großer Rationalisierungsschub und eine Verwissenschaftlichung einher. Diese betreffen über die eigentliche Theologie hinaus alle höheren Disziplinen und finden unterschiedliche Ausprägungen. Das scholastische Distinguieren und die *disputatio* prägen fortan die schulische Entwicklung in Paris.

Was in der ersten Schulphase – von der Zeit um 1100 bis zur Mitte des 12. Jahrhunderts – sich aus mehr oder weniger zufälligen Begegnungen, Ereignissen und Konstellationen ergeben hatte, gewann an Zielgerichtetheit und Strukturierung im Laufe der nächsten Phase. Die Schule von Saint-Victor errang ein noch größeres Ansehen. Dazu hatte schon der wohl aus Sachsen stammende Universalgelehrte Hugo von Sankt Viktor († 1141) mit seinen philosophischen und theologischen Schriften, darunter dem *Didascalicon*, maßgeblich beigetragen, ihm folgte Richard von Sankt Viktor († 1173), vermutlich angelsächsischer Herkunft, als herausragender Lehrer, Theologe und Mystiker[554]. Der wissenschaftliche Ruf der Schule von Sainte-Geneviève stand hinter dem von Saint-Victor zurück, doch trat immerhin mit Stephan von Tournai (1128–1203) 1176 einer der ersten Dekretisten an die Spitze des Konvents, bevor er auf den Bischofsstuhl von Tournai rückte[555]. Der Kanzler des Domkapitels von Notre-Dame und (in geringerem Maße) der Abt von Sainte-Geneviève suchten mit der Erteilung der Lehrerlaubnis, *licentia docendi*, Einfluß auf das bunte Treiben an den Schulen und auf die *magistri*, auch die Wanderlehrer, zu nehmen[556].

In der dritten Phase kam es zum Durchbruch der institutionellen Ausprägung und zur rechtlichen Anerkennung der neuen Bildungsanstalt. Daß dies gelang, war hauptsächlich das Verdienst der Betroffenen selbst, also der Lehrenden und der Studierenden, die ihre Interessen vereint nach außen vertraten. Die Lehrer und die Scholaren bedienten sich dabei – so der Mediävist Arnold Esch – »einer Bauformel städtischer Gesellschaft«[557] der damaligen Zeit, einem durch Eid bekräftigten, horizontal strukturierten Organisationsmodell von Gleichberechtigten. Dieses zielte auf die gegenseitige Unterstützung, vornehmlich auf die Wahrung der eigenen Anliegen gegenüber der städtischen Bevölkerung, der königlichen und mehr noch der bischöflichen Obrigkeit, die nicht nur über den Kanzler mit der Erteilung der Lehrerlaubnis, *licentia docendi*, Einfluß nehmen wollte, sowie auf die innere Ausgestaltung der angestrebten Autonomie. Die genossenschaftliche Korporation, »*universitas magistrorum et scolarium Parisiensium*«, formierte sich vielleicht noch im 12. Jahrhundert[558]. Sie ist jedenfalls ab dem ersten Jahrzehnt des 13. Jahrhunderts bezeugt. Als der päpstliche Legat englischer Herkunft, Robert de Courçon (auch Courson oder Curson in der Fachliteratur), der selbst einige Jahre in Paris Theologie gelehrt hatte, 1215 die ersten Statuten der Lehranstalt verfaßte, tat er dies in vollem Einverständnis mit Papst Innozenz III.[559] Damit hatte das neue institutionelle Gebilde die päpstliche (und somit die allgemeine öffentliche) Anerkennung gefunden. Nachdem ein 1229 ausgebrochener Konflikt, in dessen gewalttätigem Verlauf Scholaren und königliche Beamte aneinander geraten waren, zum Auszug der Studierenden nach Orléans, Angers und sogar nach England – vom französischen Mediävisten Jacques Le Goff als »la première grande grève connue de l'Occident«[560] bezeichnet – geführt hatte, kam es zwei Jahre später zur gütlichen Einigung und zur Rückkehr. Papst Gregor IX. bekräftigte mit seiner Bulle *Parens scientiarum* von 1231, die als die »Magna Charta der europäischen Universität« (mit Regelungen zu Lehrbetrieb und Lehrinhalt, Kleiderordnung und Mieten sowie anderem mehr) gilt, die Statuten, präzisierte die Rechte und verhalf mit seiner Autorität der Pariser Hochschule zur definitiven Anerkennung[561]. Hierin wird Paris als »*altera Cariath Sepher, civitas litterarum*« herausgestellt[562].

Die neue Institution auf dem linken Seineufer der Stadt – die Lehrenden begannen in ihr trotz der anfänglich horizontal angelegten *universitas* zu dominieren, und so wird sie als »Professoren-Universität« in der europäischen Bildungsgeschichte typisiert – gliederte sich nach vier Lehrbereichen beziehungsweise Fakultäten: den *septem artes liberales*, der Theologie, der bedeutendsten Fakultät, der Kanonistik und der Medizin[563]. Das Zivilrecht zu lehren war seit 1219 untersagt. Ein zweites Gliederungsprinzip betraf die Artistenfakultät, die ein Grundstudium mit Trivium (Grammatik, Rhetorik, Dialektik) und Quadrivium (Arithmetik, Astronomie, Geometrie, Musik) – den sogenannten »Sieben Freien Künsten« – vermittelte. Hier waren die meisten Studenten, die vier Nationen zugeordnet wurden: Normandie, Picardie, Frankreich und England beziehungsweise Deutschland[564]. Die anglo-germanische oder englisch-deutsche *natio* umfaßte nicht nur die Scholaren von den britischen Inseln und aus dem deutschen Sprachraum, sondern auch diejenigen aus Nord-, Mittel-, Ost- und Südosteuropa. Die französische *natio* nahm auch Studierende von der Iberischen und Apenninenhalbinsel auf. Rein regional waren die beiden restlichen *nationes* zusammengesetzt und daher zahlenmäßig kleiner als die zuvor genannten.

Was den Rechtsstatus der Studierenden anbelangt, hatte König Philipp II. im Jahre 1200 verfügt, sie der kirchlichen Gerichtsbarkeit zuzuweisen[565]. Hierzu war es infolge eines blutig verlaufenen Streites in einer Pariser Taverne gekommen.

Der institutionelle Aufbau der Pariser Universität wurde durch die Integration der *studia (generalia)* der Bettelorden, nämlich der Dominikaner und Franziskaner, vervollständigt[566]. Im Zuge ihrer europaweiten Ausbreitung noch zu Zeiten von Dominikus (um 1170–1221) und Franziskus von Assisi (1181/82–1226) gelangten Angehörige der beiden Mendikantenorden auch nach Paris. Dort entstanden größere Niederlassungen auf dem linken Seineufer, direkt an der Stadtmauer König Philipps II., die zu regulierten Kollegien und damit zu den zentralen und zugleich bedeutendsten Bildungsstätten ihrer Orden wurden[567]. Ins Pariser Kolleg der Franziskaner sollte jede Ordensprovinz zwei Studierende »de debito« schicken, was bereits in der ersten Hälfte des 13. Jahrhunderts verbindlich vorgeschrieben war[568]. Das Generalkapitel von Narbonne, das im Jahre 1260 abgehalten wurde, bekräftigte diese Vorschrift[569]. Damit wäre bei 32 Ordensprovinzen von (mindestens) 64 Studierenden auszugehen. Anscheinend kamen weitere begabte junge Ordensmänner »de gratia« in nicht geringer Anzahl hinzu. Das franziskanische Generalkapitel von Assisi sah sich 1279 veranlaßt, die Gesamtzahl der Studierenden im Pariser Kolleg auf 140 zu begrenzen[570].

Die universitäre An- und Einbindung verlief keineswegs planvoll, wie das Beispiel der grau gewandeten Minderbrüder zeigt[571]. Der Scholastiker Alexander von Hales (um 1185–1245), ein englischer Universitätsprofessor, entschloß sich 1236 zum Eintritt in den franziskanischen Konvent und brachte seinen Lehrstuhl gewissermaßen mit. Seither hielt der magister regens seine Vorlesungen dort und trug maßgeblich zum wissenschaftlichen Ruf des Kollegs bei. So kam der Orden der Minderbrüder in die noch junge Universität, genauer in die theologische Fakultät, und konnte sich die Besetzung eines Lehrstuhls sichern. An den Lehrveranstaltungen im Kolleg konnten auch andere Studierende der Universität teilnehmen, die nicht dem Minoritenorden angehörten. Den Dominikanern gelang es, über zwei Lehrstühle in der theologischen Fakultät zu verfügen: Erster dominikanischer Lehrstuhlinhaber wurde 1229 Roland von Cremona (vor 1200–59), zweiter 1231 der Engländer Johannes von Saint Albans (um 1170–1253) oder von Saint-Gilles genannt, bereits magister regens, der sich dem Orden der Predigerbrüder anschloß (und diesem quasi seinen Lehrstuhl hinterließ) – bezeichnenderweise in der Zeit des »Streiks« der meisten Lehrenden und Studierenden[572]. Damit waren das Ordens- und Universitätsstudium der Theologie eng miteinander vernetzt, ohne daß die Eigenständigkeit des franziskanischen beziehungsweise dominikanischen studium generale in Frage gestellt wurde.

Welche bedeutenden Theologen und Philosophen im Pariser Kolleg der Minderbrüder – um beim Beispiel dieses Ordens zu bleiben – im

13. Jahrhundert und danach lehrten, zeigt ein bislang wenig bekanntes, in situ erhaltenes, aber teilweise beschädigtes Fresko in der Bozner Franziskanerkirche, das um 1500 zu datieren ist[573] (siehe Abb. 25). Hier begegnen dem Betrachter lebensgroß dargestellte, miteinander diskutierende berühmte Gelehrte wie Bonaventura (um 1217–74), dessen Geschichtstheologie Joseph Ratzinger, der heutige Papst Benedikt XVI. (seit 2005), in seiner Münchner Habilitationsschrift des Jahres 1957 untersuchte[574], Johannes Duns Scotus (1265–1308) und Nikolaus von Lyra (um 1270/75–1349) – um nur wenige zu nennen. Den Dargestellten ist jeweils ihr scholastischer Ehren- oder Doktortitel inschriftlich beigegeben worden. Zumindest ebenso glanzvoll war die Reihe der dominikanischen Lehrstuhlinhaber, von denen der Schwabe Albertus Magnus (um 1200–80) und sein italienischer Schüler Thomas von Aquin (1225–74) im 13. Jahrhundert herausragen[575]. Fraglos trugen die *studia* der Bettelorden dazu bei, das Ansehen der Pariser Universität in Frankreich und Europa zu mehren und deren zentralörtliche Funktion für das kulturelle Leben im kapetingischen Königreich zu verstärken.

Die Integration der *studia* der Dominikaner und Franziskaner in das Gefüge der Pariser Universität verlief indes nicht ohne Konflikte, die um die Mitte des 13. Jahrhunderts kulminierten. Der heftig ausgetragene sogenannte Mendikantenstreit, den Säkularkleriker in den Reihen der Theologieprofessoren – Wilhelm von Saint-Amour (um 1200–72) aus der Franche-Comté, der Pfalzgrafschaft Burgund, spielte mit seinem öffentlichen Agieren und der polemischen Schrift *Tractatus brevis de periculis novissimorum temporum* in den Auseinandersetzungen eine wichtige Rolle – geschürt hatten, wurde schließlich durch Papst Alexander IV. (1254–61) beendet[576]. Dieser entschied eindeutig zugunsten der Bettelorden und ihrer Professoren. Dabei unterstrich er die Bedeutung von Paris als wissenschaftliches und kulturelles Zentrum nicht nur Frankreichs, sondern auch Europas, ja seine Wertung ging sogar darüber hinaus: *»De Parisius itaque fons limpidus scientiarum emanat, de quo potant cunctarum populi nationum«*[577]. Die päpstliche Wertschätzung von Paris als klarer Quelle der Wissenschaften für alle Nationen wird an anderer Stelle noch wortreicher ausgedrückt: *»Hec est igitur egregia litterarum civitas, artium urbs famosa, eruditionis scola precipua, summa sapientie officina et potissimum gygnasium studiorum. Hic conversantur et degunt scientie ...«*[578] Wäre ein grö-

Abb. 25 Sogenannter »Doktorenfries« in der Franziskanerkirche zu Bozen
(Wandmalerei um 1500).

ßeres Lob für die so ausgezeichnete Stadt der Studien und der Wissenschaften, der Gelehrsamkeit und der Weisheit von einem Papst vorstellbar?

5.4.2 Allgemeine Gründe für den Bildungsaufschwung im 12. Jahrhundert

Der französische Historiker Jacques Verger hat das 12. Jahrhundert prägnant als »le grand siècle de l'essor culturel de l'Occident médiéval« bezeichnet[579]. Das gelehrte Interesse sowie wissenschaftliche Bildung und literarische Kultur nahmen im damaligen Europa deutlich zu[580]. Hinzu kommt ein tiefgreifender Prozeß der Verschriftlichung und Verrechtlichung des gesellschaftlichen Lebens[581]. Mit diesen Aufbrüchen hängen untrennbar Migrationsströme von Studierenden und Lehrenden zusammen. Diese neue, sozial- und bildungsgeschichtlich bedeutsame Mobilität ergab sich aus mehreren Veränderungen: Erziehung und Unterricht von adeligen Sprößlingen oblag nicht mehr allein einem Hauslehrer; hinzu kam ein Besuch von Schulen – und dies keineswegs in der näheren oder weiteren Umgebung des Stammsitzes. In der französischen und anglo-normannischen Adelswelt war solches gewiß noch verbreiteter und intensiver als in der deutschen. Doch machten sich Scholaren nicht nur adeligen, sondern auch in wachsendem Maße bürgerlichen Standes aus ihrer Heimat auf, um in der Fremde zu studieren, sich ihre Lehrer selbst auszusuchen und sich gegebenenfalls von Schule zu Schule zu begeben[582]. Der amor sciendi mag eine wichtige Rolle gespielt haben. Die steigende Zahl der Scholaren aus dem niederen Adel und mehr noch aus dem Bürgertum deutet indes an, daß ihr Handeln neben dem Wissensdrang vom Streben nach sozialem Aufstieg bestimmt war. Aufstiegsmöglichkeiten eröffneten sich ihnen in der bischöflichen Hierarchie, an den Höfen der geistlichen und weltlichen Fürsten, an den Hohen Schulen und in städtischen Führungspositionen. So näherten sich im übrigen bürgerliche, gelehrte und höfische Kultur einander an und begannen sich gegenseitig zu durchdringen.

Offensichtlich zogen Schulen besonders in zwei europäischen Großregionen Scholaren an: zum einen in Norditalien mit Bologna als Zentrum, zum anderen im Raum, der sich nördlich der Loire erstreckte und von hier bis nach Flandern und Lüttich reichte[583]. Ein Beispiel aus

Tournai vermag anzuzeigen, wie groß der Einzugsbereich einer Schule sein und welche Größe der Kreis der dortigen Scholaren erreichen konnte. So hatte der Magister Odo von Cambrai († 1113) vor 1092 etwa 200 Schüler an der Domschule von Tournai um sich gesammelt, die »non solum ex Francia vel Flandria seu Normannia, verum ex ipsa quoque longa remota Ytalia, Saxonia atque Burgundia« kamen[584]. Daß sich nach Tournai nicht nur Scholaren aus Flandern, der Normandie und anderen Teilen Frankreichs, sondern sogar aus weit entfernten Gegenden in Italien und Sachsen begeben hatten, ist bemerkenswert.

Grundlegende Veränderungen der europäischen Gesellschaft wie eine fortschreitende urbane Prägung, eine weite Lebensbereiche erfassende moderne Schriftlichkeit, eine voranschreitende Laisierung von Aufgaben und Funktionen in Kirche und Gesellschaft, neue, höhere Anforderungen in der Seelsorge, der kirchlichen und weltlichen Verwaltung wirkten zusammen und führten dazu, daß schulischer Bildung – über das Studium des Triviums und Quadriviums hinaus – ein größerer Stellenwert zukam. Das höfische Leben, vor allem im normannischen, später staufischen Sizilien und in England, wertete die curialitas, die weltgewandte Bildung, auf und belohnte sie zugleich[585]. Für die Karriere eines Höflings, eines curialis, lassen sich manche Beispiele anführen, hier sei nur auf Peter von Blois (um 1130/35–1211/12) aus niederem bretonischen Adel verwiesen[586]. Dieser studierte Theologie in Paris und Rechtswissenschaften in Bologna, war Erzieher des minderjährigen Königs Wilhelm II. in Palermo, stand in Diensten des Erzbischofs von Canterbury und in engem Kontakt zum englischen Königshof, wurde Archidiakon in London und hinterließ ein umfangreiches literarisch-theologisches, in etwa 520 Handschriften überliefertes Werk.

Nicht nur die höfische Umgebung wird im Verlauf des 12. Jahrhunderts mit an der Bildung gemessen, sondern allmählich auch der König selbst. Dieser soll »litteratus« sein, wie Johannes von Salisbury in seinem Werk Policraticus ausführt. Seine Worte wurden von nun an oft zitiert, auch weit über das Mittelalter hinaus: »... rex illiteratus quasi asinus coronatus«[587]. Daran wird noch einmal erkennbar, welche große Rolle Bildung in der mittelalterlichen Gesellschaft und Kultur einzunehmen beginnt.

5.4.3 Spezifische Faktoren für die Entstehung und die Ausstrahlung der Pariser Universität

Wenn Paris andere Städte mit einer hervorragenden Bildungstradition in Frankreich – vornehmlich Chartres, Laon und Reims – überflügeln konnte, lag dies an einem Bündel von Gründen. Daß die schulische Entwicklung in Paris im wesentlichen nicht auf die Domschule – wie in den drei genannten Orten – beschränkt blieb, sondern sich wie dargestellt so stark diversifizierte, verweist schon auf spezifische Faktoren, welche das Entstehen und auch die Ausstrahlung der Universität begünstigten.

Eine Rolle spielte gewiß, daß der Ruf der Pariser Magister im Verlauf des 12. Jahrhunderts immer besser wurde. Während Domschulen anderer französischer Städte für traditionell betriebene Theologie standen, wurde Paris gleichsam zum Signum für geistige Frische sowie innovative Aufbrüche in Lehre und Forschung, zum intellektuellen Brennpunkt nicht nur der Theologie. Der Siegeszug scholastischen Denkens war nicht aufzuhalten. Der Ruf der Pariser Magister und die Neuheit der Lehre gingen eine Symbiose ein. Der Austausch von Informationen und Nachrichten zwischen der Île-de-France und anderen Teilen Europas machte Paris weithin bekannt: über heimkehrende Scholaren, auch Pilger auf französischen Wallfahrtswegen, Kaufleute und Händler. Ein so geknüpftes Kommunikationsnetz funktionierte. In der Sicht nichtfranzösischer Scholaren scheint Paris immer stärker Karriereerwartungen im geistlichen Bereich entsprochen zu haben. Oder anders gewendet: Wer Karriere an einer bischöflichen Kurie, als Bischof oder Würdenträger in Rom machen wollte, vielleicht auf sanften Druck seiner Eltern oder Protektoren hin, begab sich zum Studium nach Paris, dem so schon im 12. Jahrhundert die Rolle der führenden theologischen Ausbildungsstätte zuwuchs. Zwei Tendenzbeispiele aus verschiedenen geographischen Räumen seien angeführt.

Während deutsche Scholaren anfangs noch eine Reihe von Schulen in Frankreich besuchten, konzentrierten sich die Auslandsstudien nun immer stärker auf Paris. Ein dortiges Studium schien mit am besten auf eine kirchliche Karriere in der Reichskirche vorzubereiten – eine (hoch-)adelige Abstammung vorausgesetzt. Zu dem Kreis deutscher Oberhirten, die zuvor in Paris studiert hatten, zählen beispielsweise die Metropoliten Friedrich I. (1100–31) und Bruno II. von Köln (1131–37), Adalbert II. von Mainz (1138–41), Eberhard I. von Salzburg (1147–64), dessen Nachfolger Konrad II. (1164–68) und Albrecht II. von Magdeburg (1205–32), die Bischöfe Otto von Freising (1138–58) und Heinrich von Lübeck (1172/73–82)[588]. Die Dichte der schulischen Beziehungen zwischen Paris und dem deutschen Sprachraum nahm zu.

Möglicherweise hängen gotische Einflüsse auf den Neubau, der an die Stelle des 1207 abgebrannten Magdeburger Doms Ottos des Großen trat, mit dem Studienaufenthalt Albrechts II., des Sohnes des Grafen Günther von Käfernburg und der Gräfin Agnes von Saarbrücken, in Frankreich zusammen. Nach Bernt Schwineköper wurde in Magdeburg »der erste Kathedralbau auf deutschem Boden geschaffen, der dem Muster der französischen Gotik folgte«[589]. Freilich wird dies in vornehmlich kunsthistorischen Beiträgen der jüngsten Zeit wieder verstärkt in Frage gestellt, zumindest nuancierter gesehen, und so wird die kontroverse Diskussion weitergehen[590].

Was in bezug auf die Beziehungen zwischen Paris und dem deutschen Sprachraum zu beobachten ist, trifft auch auf die Bindungen zu, die sich zwischen der Seinestadt und Rom in schulischer Hinsicht ergaben[591]. Dies zeigt nicht zuletzt die Reichweite der sich über Schule und Unterricht ergebenden Vernetzungen der Seinestadt in Europa an. Die im Laufe des 12. Jahrhunderts immer enger werdenden Bande zwischen Paris und Rom waren eingebettet in das Beziehungsgefüge, das sich zwischen Frankreich und der römischen Kurie seit der gregorianischen Kirchenreform entwickelte[592]. Die Allianz zwischen kapetingischem Königtum und Papsttum, der auch zeitweise eine antisalische und antistaufische Spitze zueigen war, die herausgehobene und verbindende Rolle, welche der Abtei Cluny, der *Ecclesia Cluniacensis* und dem *Ordo Cluniacensis* sowie den Zisterziensern im Kommunikationsnetz zwischen Frankreich und dem Apostolischen Stuhl zukam, die französische Herkunft oder Prägung von kurialen Spitzenfunktionsträgern und Kardinälen trugen dazu bei, daß die Pariser Schulen in wachsendem Maße adelige Sprößlinge aus Rom anzogen. Auch sei darauf hingewiesen, daß Papst Alexander III. (1159–81) und seine engere kuriale Umgebung in den Wirren des Schismas von 1162 bis 1165 Zuflucht in Frankreich suchten.

Als »Relaisstation« zwischen Paris und der Ewigen Stadt diente unter anderem das regulierte, von den Kapetingern geförderte Kanonikerstift Saint-Victor, das sich guter Verbindungen zu stadtrömischen Adelsfamilien erfreute[593]. Dieses spiegelt sich auch in den Briefsammlungen des Stiftes wider[594]. Engere Beziehungen nach Paris scheinen die Pierleoni und die Bobonen geknüpft zu haben. Auch herausragende Lehrer wie Petrus Abaelard dienten als Vermittlungsträger und scharten immer wieder Scholaren aus Rom oder der römischen Campagna um sich.

Ein Studium an den Pariser Schulen schien für eine Karriere im Umfeld der römischen Kurie mit die besten Aussichten zu eröffnen, zumal wenn ein Studium der Rechtswissenschaften in Bologna hinzukam. Charakteristisch für die sogenannten »Juristenpäpste«, wohl am besten durch Innozenz III. (1198–1216) verkörpert, wurde ein solches Doppelstudium, das freilich nicht immer nachweisbar ist. Innozenz III. erinnerte sich im Jahre 1212, als er sich an den Bischof, Dekan und Archidiakon der Ortskirche in Troyes wandte, an sein Studium in Paris: »Cum igitur tempore, quo vacavimus Parisius studio litterarum ...«[595]

Die Ausstrahlung, die Paris noch in der ersten Hälfte des 12. Jahrhunderts erreichte, läßt sich am Hörerkreis von Petrus Abaelard illustrieren. Seine Scholaren kamen nicht nur aus Flandern, dem Anjou, der Bretagne, der Normandie, der Picardie und der Gascogne, aus nahen und fernen Gegenden Frankreichs, sondern auch aus Spanien, Deutschland und slawischen Regionen, wie einem gegen 1118 zu datierenden Brief des Priors Fulco von Deuil, einem Kloster nicht weit von Saint-Denis gelegen, zu entnehmen ist[596]. Italien beziehungsweise Rom nimmt als Einzugsbereich einen besonderen Platz ein[597]. Wie vielfältig Abaelards Schülerkreis zusammengesetzt war, läßt sich an zwei markanten Gestalten nicht nur der Geschichte Roms aufweisen: an Guido de Castello, dem späteren Papst Cölestin II. (1143–44), und Arnold von Brescia, der sich an die Spitze der kommunalen Bestrebungen in Rom setzte und vor der Macht des eisern die Stadtherrschaft verteidigenden Papsttums 1139 nach Paris weichen mußte[598]. Einige Jahrzehnte später werden mit Petrus dem Älteren und dem Jüngeren auch zwei Süditaliener aus der Amalfitaner Familie de Capua als Studenten faßbar, die zu beachteten Gelehrten und Kardinälen aufstiegen[599]. Der Brauch setzte sich in Teilen des europäischen Adels fest, Söhne zum Studium nach

Paris zu schicken. Hierin erblickte der Mediävist Joachim Ehlers »Vorläufer der späteren Kavaliersreisen«[600].

Doch sollte nicht unbeachtet bleiben, daß die in Paris Studierenden aus verschiedenen sozialen Schichten kamen, worauf schon hingewiesen worden ist. Das Beispiel von Jacques Pantaléon, der später Papst wurde und sich Urban IV. (1261–64) nannte, vermag das zu veranschaulichen[601]. Er war der Sohn eines einfachen Flickschusters aus Troyes in der Champagne.

Daß es zu multinationalen Scholarenscharen in Paris kam, war auch durch die Internationalität der Lehrenden begünstigt. Wie international die damals in Paris unterrichtenden Magister waren, läßt sich beispielhaft anhand der Lehrer des Engländers Johannes von Salisbury während seiner Pariser Studienzeit beleuchten, die von 1136 bis etwa 1147 währte[602]. Allein drei seiner Lehrer kamen aus England, wenn man zu Robert von Melun und Robertus Pullus auch Adam Parvipontanus hinzurechnet, des weiteren je zwei aus der Bretagne (Petrus Abaelard, Theoderich von Chartres) und dem Poitou (Gilbert von Poitiers, Petrus Helias), interessanterweise einer aus Deutschland, nämlich Hardewinus, bei dem der spätere Bischof von Chartres einen Teil des Quadriviums studierte[603]. Näheres ist zu diesem deutschen Magister bislang nicht bekannt. Ob Johannes von Salisbury am Unterricht der aus der Normandie stammenden Lehrer Wilhelm von Conches und Richard Episcopus in Chartres oder Paris teilnahm, ist umstritten[604]. Was den Dialektiker Alberich[605], der nicht mit Alberich von Reims, dem vor 1120 eingesetzten Leiter der dortigen Domschule und späteren Erzbischof von Bourges (1136–41), zu verwechseln ist, die Magister Wilhelm von Soissons und Simon von Poissy anbelangt, so läßt sich deren Herkunft noch nicht sicher bestimmen. Daß von den Beinamen nicht ohne weiteres auf die Heimat geschlossen werden kann, zeigt das Beispiel des Engländers Robert von Melun (!), der später noch im Kanonikerstift Saint-Victor lehrte[606].

Es sei angemerkt, daß neben dem soeben genannten Hardewinus weitere Deutsche nur vereinzelt unter den Pariser Magistern des 12. Jahrhunderts belegt sind. Am berühmtesten ist Hugo von Sankt Viktor gewesen, der wohl aus Sachsen stammte[607]. Vielleicht lehrte Eberhard der Deutsche, »*Everardus Alemannus*«, noch im ausgehenden 12. Jahrhundert in Paris, der das poetische Werk *Laborint(h)us* verfaßte und später als Schulleiter, *rector scolarium*, in Bremen wirkte[608].

Für Paris wirkte sich ferner eine relativ neue Erscheinung bei den Lehrenden im europäischen Bildungswesen günstig aus, welche der dargelegten Migrationsbewegung unter den Scholaren entspricht. Seit dem ausgehenden 11. Jahrhundert waren vielfach ortsungebundene Lehrer unterwegs, die ihren Lebensunterhalt nicht aus den Einkommen von Pfründen, sondern aus dem Unterrichtsgeld ihrer jeweiligen Schüler bestritten[609]. Solche *magistri* begaben sich an die Orte, an denen sie sich am ehesten ein finanzielles Auskommen erhofften: also dorthin, wo sie eine genügende Anzahl von Lern- und Studierwilligen vorzufinden trachteten. Ein mehrmaliger Ortswechsel war damals für diese Magister nicht selten. Deshalb erscheint die Bezeichnung »Wanderlehrer« durchaus angebracht. Ihre Tätigkeit wurde dadurch erleichtert, daß das Dritte Laterankonzil 1179 den Bischöfen auferlegte, geeigneten Magistern die Lehrberechtigung ohne irgendein Entgelt zu erteilen. Wie sehr die Migrationsbewegungen von Studierenden und Lehrenden miteinander verbunden waren, geht auch aus der Tatsache hervor, daß nicht wenige Scholaren nach dem Schulbesuch eine Tätigkeit als Magister anstrebten. So hatten einige Lehrer zumindest einen Teil ihrer schulischen Ausbildung bereits in Paris absolviert.

Gerade die Mischung aus »festen« und »freien« Lehrern scheint das Pariser Schulwesen im 12. Jahrhundert geprägt zu haben. Jene waren an der Kathedralschule und an den Stiften Saint-Victor und Sainte-Geneviève tätig, diese unterrichteten auf dem linken Ufer unter freiem Himmel oder in angemieteten Räumen. Es liegt auf der Hand, daß die Seinestadt bei den wachsenden Studentenströmen den ortsungebundenen, Arbeit suchenden Lehrern weitaus eher Verdienstmöglichkeiten bot als kleinere oder mittlere französische Bischofsstädte nördlich der Loire. Daran, daß der Gelderwerb ein beherrschendes Leitmotiv für die Unterrichtstätigkeit in diesen Personenkreisen – wie im übrigen auch für die Aufnahme eines Studiums – darstellte, kann es keinen Zweifel geben.

Weitere sozioökonomische Faktoren trugen zum Aufstieg von Paris als schulischem und kulturellem Zentrum bei. Allein die Seinestadt scheint in der Lage gewesen zu sein, eine ständig wachsende, beträchtliche Zahl von Studierenden aufzunehmen, zu ernähren und ihnen

Schutz zu gewähren. Eine derartige Pluralität von Schulen, wie sie das Paris des 12. Jahrhunderts kennzeichnet, hätte in weitaus kleineren Städten wie Chartres, Laon oder Reims nicht bestehen können, in denen das Bildungswesen de facto auf die Domschule zugeschnitten war. Darüber hinaus konnte sich in Paris, das sich anschickte, zu einer Großstadt europäischen Ausmaßes aufzusteigen – zumal unter König Philipp II. und seinen Nachfolgern –, weitaus eher als in konkurrierenden Bischofsstädten ein Markt für Hand- beziehungsweise Mitschriften herausbilden, über den sich Studierende mit den nötigen Lehrmitteln und neuen Übersetzungen aus Spanien und Süditalien versorgen konnten[610]. Das Beispiel England, wo interessanterweise die ersten Universitäten weder im politisch-administrativen, tendenziell großstädtischen Zentrum London noch an den Brennpunkten kirchlichen Lebens wie Canterbury oder York (mit Sitz eines Metropoliten), sondern in eher kleinen Städten wie Oxford oder Cambridge entstanden[611], mahnt freilich dazu, den Aufstieg der Pariser Schullandschaft und das Entstehen der Pariser Universität nicht allein aufgrund sozioökonomischer Faktoren zu erklären.

Es scheint, daß sich die Erwartungen an ein Studium zumindest bei einem Teil der Scholaren im Vergleich zu vorangegangenen Zeiten verändert haben, wie schon angedeutet wurde. Mit dem Anwachsen der Scholarenscharen nahm auch der Anteil derjenigen zu, die ein zügiges, von in ihren Augen überflüssigem Wissen entlastetes Studieren bevorzugten, um dann umgehend ihr Auskommen zu finden. Dieser Erwartungshaltung mögen Lehrer der *Artes liberales* entgegengekommen sein, indem sie versprachen, ihren Hörern »*totam philosophiam brevius quam triennio aut biennio*« zu vermitteln[612]. Anscheinend waren traditionelle Lehrstätten wie zum Beispiel die Domschule von Chartres nicht dazu bereit, dem Streben nach einer derart raschen Ausbildung nachzugeben. Das weitmaschige Netz der Schulen in Paris konnte sich diesbezüglich als elastischer erweisen[613].

Zudem gab es damals – wie heute – wohl manche, welche die Wahl des Studienortes nicht nur (oder hauptsächlich) von der Qualität der Bildungsinstitution oder dem wissenschaftlichen Ruf der Lehrenden abhängig machten, sondern sich auch (oder überwiegend) von »rein weltlichen« Motiven leiten ließen[614]. Verschiedene zeitgenössische Quellen überzeichnen hier und da die Situation und stellen das Ausmaß des sittenlosen Treibens der Studierenden – im übrigen auch der Pariser Bürger – etwas verzerrt dar; sie mögen von einer eher allgemeinen kritischen Einstellung zur universitären Entwicklung sowie von Vorstellungen traditioneller monastischer Theologie bestimmt sein. Den mehr oder weniger stark ausgeprägten weltlichen Motiven kann nicht mit dem möglichen Einwand begegnet werden, daß es sich bei der ganz überwiegenden Zahl der Scholaren um Kleriker und damit – so implizit – um dem weltlichen Treiben abgeneigte, allein der Askese und dem kargen Studium hingegebene junge Männer gehandelt habe. Denn die rechtliche Konstruktion des Schulwesens brachte es mit sich, daß sich die zukünftigen Scholaren zwar gewöhnlich die Tonsur hatten geben lassen. Diese war ja im übrigen Voraussetzung dafür, um ein kirchliches Benefizium zu erhalten. Jedoch scheint ein beträchtlicher Teil der Studierenden, wohl die Mehrzahl, später nicht zum Priester geweiht worden zu sein[615]. Das Leben in Paris dürfte auf solche Kreise eine starke Anziehungskraft ausgeübt haben. Denn die Seinestadt – hiermit konnten weder Chartres noch Laon oder Reims konkurrieren – bot nicht nur ein attraktives wissenschaftliches, breites und differenziertes Schulwesen, sondern auch viel Welt: von international angesehenen, rhetorisch brillanten Lehrern über lange geöffnete Tavernen bis hin zu hübschen Mädchen und verführerischen Liebesdienerinnen – und alles in großer Zahl und Mannigfaltigkeit. Das großstädtische, sinnenfrohe Leben an der Seine umfaßte königliche und höfische Prachtentfaltung, das bunte Treiben einer sozial und international gemischten Bevölkerung, Märkte und Messen, Feste und Feiern – und anderes mehr. Der aus der Gegend um Reims stammende Geschichtsschreiber Jakob von Vitry (vor 1170–1240), der selbst in Paris studiert hatte und später zum Bischof von Akkon (1216) und Kardinalbischof von Tusculum (1229) aufstieg, widmete der Seinestadt ein ganzes Kapitel in seiner *Historia Occidentalis*[616]. Er schildert anschaulich das aufdringliche Werben der Freudenmädchen um Freier in den Gassen und Straßen, wenn Kleriker vorbeigingen, und berichtet von Häusern, in deren Obergeschoß sich eine Schule befand und die Magister Vorlesungen hielten, in deren Erdgeschoß unterdessen Prostituierte ihre Dienste anboten[617]. Während oben die Studierenden den Explikationen ihrer Lehrer lauschten oder eifrig disputiert wurde, stritten sich unten die Dirnen untereinander oder mit ihren Freiern. Daß die Prostitution kein marginales Phänomen im mittelalterlichen Paris darstellt, ist bekannt[618]. Die Quellen hierzu sind indes weitaus zahlreicher aus dem späten als aus dem hohen Mittelalter. So ist verständlich, wenn der prämonstratensische Exeget und Hagiograph Philipp von Harvengt († 1183) dem Parisaufenthalt an sich keinen Wert beimißt, sondern erst ein ernsthaftes Studieren an der Seine als ehrenvoll erachtet[619].

Und ein Letztes ist anzuführen: In Paris fanden Scholaren wie Lehrer politische und rechtliche Rahmenbedingungen vor, welche die Stadt begünstigten. Die starke Stellung des kapetingischen Königtums und der Ausbau von Paris zur Festung boten Sicherheit und Schutz vor äußeren Feinden, innerhalb der Stadtmauern und im Schatten ihrer Wehrtürme ließ es sich relativ unbeschwert leben. Wenn auch der privilegierte Rechtsstatus der Scholaren erst im Laufe der Zeit und nach Auseinandersetzungen von seiten des Königs Philipp II., welcher die Studierenden Klerikern rechtlich gleichstellte, gewährt wurde, so trug dies doch dazu bei, die Attraktivität des Studienortes zu verstärken.

Es lag insgesamt an päpstlichen Interventionen und Legitimationen, weniger am königlichen Handeln und letztlich an eigenen Initiativen und Zusammenschlüssen der Lehrenden und der Studierenden, daß die Pariser Universität als institutionell faßbare Größe aus der schulischen Entwicklung im beginnenden 13. Jahrhundert hervorging. Welche Gründe für Magister oder Scholaren bei der Wahl von Paris den Ausschlag gaben, läßt sich eher selten im einzelnen genauer bestimmen. Doch sind die Faktoren für die spezifische Anziehungskraft der Pariser Schulen und insbesondere der werdenden Universität benannt worden, die aufzeigen können, warum letztlich die Domschulen in Chartres, Laon und Reims ins Hintertreffen gerieten. Daß sich eine solche Tendenz noch vor der Mitte des 12. Jahrhunderts abzeichnete, zeigt ein Quellenzeugnis an, wonach vier Studierende bei einer Vorlesung an der Domschule in Chartres zugegen waren, jedoch ungefähr 300 an der Zahl bei einer entsprechenden Lehrveranstaltung in Paris, »in aula episcopi«[620]. Im übrigen läßt sich die Zahl der Studierenden an den Pariser Schulen beziehungsweise an der entstehenden Universität für die Jahrzehnte des 12. und der ersten Hälfte des 13. Jahrhunderts nicht systematisch oder in ihren Entwicklungstendenzen näher erfassen, weil keine Matrikellisten oder vergleichbare serielle Quellen vorliegen. Gegen Ende der Herrschaft Philipps II. mögen einige tausend Studenten in Paris gelebt haben.

Im Verlauf des 13. Jahrhunderts wurde mit dem Dominikaner und Prinzenerzieher Vinzenz von Beauvais († 1264) in Frankreich das Deutungsschema der *»translatio studii«* geformt, auf Paris appliziert und verbreitet[621]. Die Anschauung, daß einst Karl der Große die Pariser Universität aus Rom an die Seine überführt hätte, wurde zunehmend bekannter und von französischen Königen des Spätmittelalters sogar bewußt propagiert. Als Gründer der Pariser Universität fungierte so Karl der Große, was deren Memoria bereicherte, deren Ansehen steigerte und im übrigen den Ruf von Paris als universitäres (und kulturelles) Zentrum weiter erhöhte[622].

5.4.4 Die Kapetinger und die Universität

Zunächst standen die Kapetinger der Pariser Kathedralschule und dem sich aus ihr entwickelnden hohen Schulwesen mehr oder weniger gleichgültig gegenüber. Diese Haltung änderte sich auch unter dem 1120 geborenen König Ludwig VII. nicht wesentlich, welcher die Domschule für eine gewisse Zeit in Vorbereitung einer geistlichen Karriere besucht hatte[623]. Als sein älterer, für die Thronfolge ausersehener Bruder Philipp im Jahre 1131 in den Straßen von Paris durch einen Sturz vom Pferd ums Leben kam, mußte er auf den weiteren Besuch dieser Schule verzichten. Statt eines Bischofsstuhles wartete nun auf ihn die Nachfolge seines Vaters Ludwig VI. Die Aufgeschlossenheit gegenüber den Problemen, welche das studentische Leben mit sich brachte, die Erkenntnis der wirtschaftlichen Bedeutung der Scholaren für die Hauptstadt und das Wissen um das Ansehen der neuen Bildungsanstalt mögen zwar bei Philipp II. gewachsen sein, doch vermochte er noch nicht die eigentliche Bedeutung der entstandenen Universität zu erfassen und sah diese – wie sein nur von 1223 bis 1226 regierender Sohn Ludwig VIII. – wohl als »un ornement de son royaume«[624]. Weder Philipp II. noch sein Enkel Ludwig IX. verfolgten eine dezidierte »politique universitaire«, worauf Jacques Le Goff hinweist[625]. Das von Honorius III. im Jahre 1219 verhängte Verbot (mit der Bulle *Super speculam*), Zivilrecht an der Pariser

Universität zu lehren, dürfte im übrigen eher auf die Interessen des Papsttums als auf eine irgendwie geartete Intervention des Königtums zurückzuführen sein[626].

Wenn König Ludwig IX. mit gelehrten Klerikern wie dem schon erwähnten Dominikaner Vinzenz von Beauvais und dem noch näher vorzustellenden Robert de Sorbon in engeren Kontakt trat, dann stand dahinter wohl weniger ein ausgeprägtes wissenschaftliches Interesse als vielmehr die Sorge darum, den Weg zum eigenen Heil zu finden[627]. Ob der später kanonisierte Kapetinger einmal Thomas von Aquin an seine königliche Tafel gebeten – wie Louis Sébastien Le Nain de Tillemont im 17. Jahrhundert geschrieben hat[628] – und den intellektuellen Austausch mit ihm gesucht hat, bleibt zweifelhaft. Ludwig IX. erscheint denn seinem maßgeblichen Biographen der Gegenwart, Jacques Le Goff, folgendermaßen: »Salomon était un sage, non un intellectuel. Tel fut Saint Louis, le nouveau Salomon.«[629] In der Umgebung des »neuen Salomon«, um diese Charakterisierung aufzunehmen, begegnen uns Gelehrte mit profundem Wissen. Einige dieser königlichen Vertrauten wurden vom französischen Papst Urban IV. (1261–64) in seinen zwei Konsistorien zu Kardinälen kreiert[630]. Darunter fanden sich der Erzbischof Gui Foucois von Narbonne, der spätere Papst Clemens IV. (1265–68), der Bischof Raoul Grosparmi von Evreux, der ehemalige königliche Siegelbewahrer, und Simon de Brie, der Ludwig IX. als Kanzler gedient hatte und als Papst Martin IV. (1281–85) stark kirchenpolitisch agierte. Die Kardinalspromotionen erfolgten seitens Urbans IV. auch, um ein enges Bündnis des Papsttums mit der kapetingischen Monarchie und dem Haus Anjou im Kampf gegen die Staufer zu zimmern. Es sollte erst Philipp IV. der Schöne (1285–1314) sein, der Theologie- und Rechtsprofessoren quasi »systematisch« zu seinen Beratern berief und zu wichtigen Angelegenheiten die Meinung der Universität Paris einholte, gerade auch in den Konflikten, die er mit dem Papsttum und namentlich mit Papst Bonifaz VIII. austrug[631]. Spätestens mit diesem Kapetinger begann eine neue Phase im Verhältnis zwischen Kapetingern und Universität beziehungsweise Hochschullehrern.

5.4.5 Das mittelalterliche »Quartier Latin«

Was heute den Touristen aus aller Welt als »Quartier Latin« bekannt ist, hat sich im Laufe von mehreren Jahrhunderten entwickelt. Im übrigen handelt es sich um eine moderne Bezeichnung. Das »Lateinische Stadtviertel« des linken Seineufers reicht in seiner topographischen Struktur weit zurück. Seit dem hohen Mittelalter, genauer seit dem 12. Jahrhundert, hat es sich geformt. Um Schulen, Universität und Kollegien prägte sich ein eigenes, sozialtopographisch homogenes Stadtviertel aus, in dem für Lehrende und Studierende das Latein ganz selbstverständlich die verbindende Sprache war – nicht nur in den Lehrveranstaltungen. Die lateinische Sprache wahrte ihren herausgehobenen Rang im »Universitätsviertel« bis ins 19. Jahrhundert.

Als Wilhelm von Champeaux, Petrus Abaelard und andere Lehrer auf das linke Seineufer zogen, war die Landschaft vom Flußbett bis zur Kuppe des Genovefa-Hügels eine reine Naturidylle. Diese grüne Hügelzone war mit Bäumen und Sträuchern bestanden, Wiesen und Weiden dehnten sich aus, vereinzelt erhoben sich Kirchen, Kommunitätsgebäude und Gehöfte. Von der ehemals relativ dichten römischen Stadtbebauung zeugten Ruinen wie ein Amphitheater und Thermenanlagen. Nur wenige Wege durchschnitten die Landschaft, darunter die Hauptstraße, der ehemalige römische *cardo*, über den damals die Pilger zum Jakobusheiligtum nach Santiago de Compostela im fernen Spanien zogen und der heute der Rue Saint-Jacques entspricht. Jenseits der Hügelkuppe, von der Seine aus gesehen, erstreckte sich das »grüne Tal«, »*vallis viridis*«, in dem mit dem Einsturz des mehrstöckigen Kommunitätsgebäudes im Jahre 1229 die Ansiedlung der Franziskaner scheiterte[632]. Hingegen glückte später den Kartäusern ihr Bau des Klosters in Vauvert. Damit hatten beide Orden den außerstädtischen Bereich gewählt, den heute der schöne Jardin du Luxembourg zwischen dem Sitz des Senats, dem Palais du Luxembourg, und dem Boulevard du Montparnasse ausfüllt.

Das linke Seineufer hatte damals viel ländlichen Charme. Und insofern hätte diese Landschaft ebenso an den Ufern der Loire oder der Vienne liegen können. Am Hang und auf der Kuppe des Genovefahügels lehrten die *magistri*, indem sie die Schüler in der freien Natur, auf offener Straße oder auf Plätzen um sich scharten und unterrichteten – oder in einfachen, hauptsächlich angemieteten Schulräumen wie beispielsweise Stiftsgebäuden oder auf der »Kleinen Brücke«[633]. Der Name einer Straße bei der Kirche Saint-Séverin, nahe am Flußufer gelegen, erinnert an diese Zeiten: Rue du Fouarre. Dieses Wort (ebenso wie *feurre*) meint Stroh. Die Bezeichnung der Straße, »*vicus stramineus*«, erklärt sich daraus, daß Studierende dort auf Stroh sitzen konnten, um den Ausführungen ihrer Lehrer zu folgen, sei es in angrenzenden Häusern, sei es unter freiem Himmel[634]. Häuser, die für Lehrzwecke genutzt wurden, scheinen erst im 14. Jahrhundert erworben worden zu sein; eigene Gebäude für Lehrveranstaltungen entstanden wohl nicht vor der Mitte des 15. Jahrhunderts, wobei hier von den Kollegien und ihrer Sonderrolle abzusehen ist[635].

Wie heute gab es damals Gelegenheit für die Studenten, gemeinhin die Kleriker, sich sportlich zu ertüchtigen. Dem diente ein großes Terrain, das sich am südlichen Ufer entlang des Flusses erstreckte und natürlich außerhalb der Stadtmauern König Philipps II. lag: Pré-aux-Clercs[636]. Dieses Sportfeld – der Plural wäre wegen der Größe angebrachter – zog sich etwa von der Höhe des am anderen Ufer sich erhebenden Louvre bis zu der Stelle, an der sich heute das Parlamentsgebäude, das Palais Bourbon, befindet. Von der Abtei Saint-Germain-des-Prés war das Terrain vor dem Jahre 1215 an die Universität gekommen.

Die grünen Zonen innerhalb der Stadtmauern, von der Seine bis hinauf zur Kuppe des Genovefahügels, begannen sich allmählich aufzufüllen. Die Stifts- und Klostergebäude wurden erweitert, Kirchen und Kapellen, Kollegien und Lehranstalten entstanden, einige Residenzen von Bischöfen und Äbten sowie weltlichen Großen sowie Friedhöfe kamen hinzu. Und bei all dem studentischen Leben konnten die Tavernen nicht fehlen, deren Zahl rasch wuchs[637]. Dieser Umwandlungsprozeß, der im 12. Jahrhundert anhob, zog sich jedoch über mehr als zwei Jahrhunderte hin. Die *rive gauche* sollte erst im 14. Jahrhundert eine urbane Homogenität erreichen und eine architektonische Dichte erlangen, die zu einer dauerhaften Prägung als Universitätsviertel in der Großstadt Paris führten. Das mit der Errichtung der südlichen Stadtmauer verbundene, ehrgeizige urbanistische Zielvorhaben Philipps II., den Häuserbau auf dem linken Seineufer bis zum Wehrring voranzutreiben, sollte indes erst noch später verwirklicht werden[638].

Zum Ausbau des Universitätsviertels trugen die an Zahl stetig zunehmenden Kollegien bei, die als karitative Stiftungen anfangs nur der Unterbringung und dem Unterhalt armer Studenten dienten[639]. Nur die ersten Einrichtungen dieser Art befanden sich noch nicht am Genovefahügel, wo das pulsierende Herz des universitären Lebens schlug. Ein Kolleg geht auf einen Jerusalempilger aus London, »*Jocius de Londoniis*«, zurück, der eine »*camera*« im Hospiz des Domkapitels erwarb und diese gegen 1180 zur Aufnahme von 18 »*scolaribus clericis*« stiftete[640]. Dieses Hôtel-Dieu befand sich damals an der Südseite der Île de la Cité (nicht an der nördlichen wie heute), also zwischen den Häusern an der Rue Neuve und dem kleinen Seinearm. Ein anderes Kolleg, Bons-Enfants de Saint-Honoré, ist mit den Namen von Ronald Chérein und Étienne Belot verbunden, die es 1208 für 13 arme Studenten bei der gleichnamigen, nahe beim Louvre gelegenen Kirche außerhalb der Stadtmauern gründeten[641]. Ebenfalls in der Nähe der königlichen Festung ließ der Bruder König Ludwigs VII., Robert I. de Dreux, gegen 1186 das Kolleg Saint-Thomas du Louvre errichten[642]. Von diesen drei Einrichtungen der Frühzeit abgesehen, befanden sich die Kollegien am Genovefahügel, und zwar innerhalb des Mauerringes. Grundsätzlich lassen sich zwei Typen von Kollegien unterscheiden: zum einen Häuser für weltliche Klerikerstudenten, worunter die soeben erwähnten ältesten Gründungen fallen, zum anderen Niederlassungen, die für den Nachwuchs von Orden beziehungsweise monastischen Gemeinschaften bestimmt waren[643]. Die ersten Orden, die über Kollegien in Paris verfügten, waren die Mendikanten. Die Dominikaner ließen sich im Jahre 1218 fast oben auf der Hügelkuppe beim Stadttor nieder, durch welches die Straße, der ehemalige römische *cardo*, hinaus nach Orléans führte[644]. Da die Pilger, die aus Nordfrankreich, Flandern, dem Rheinland und der Seinestadt dem Wallfahrtsort Santiago de Compostela zustrebten, Paris über diesen Weg verließen, hieß das Stadttor *porte Saint-Jacques* (und die Straße *rue Saint-Jacques*). Die topographische Nähe der Ordensniederlassung führte dazu, daß sich der Name auf die Dominikaner übertrug, die als »Jakobiner« bekannt wurden.

Ab dem Jahre 1230 siedelten sich am südwestlichen Hügelabhang Franziskaner an, die dort ihr Kolleg errichteten[645]. Das diesbezügliche Grundstück hatte ihnen Abt Odo von Saint-Germain-des-Prés überlassen. Das Wohlwollen des Ortsbischofs Wilhelm von Auvergne und die Unterstützung des Königs Ludwig IX. kamen hinzu. Die ersten Minoritenbrüder waren bereits 1217 nach Frankreich und wohl auch in den Pariser Raum gekommen, wo sie Aufnahme in der Nähe der benediktinischen Abteikirche Saint-Denis fanden. Nach der Schnur, mit welcher das Ordensgewand gebunden wurde, hießen sie schon bald im Sprachgebrauch »Cordeliers« (Strickbrüder) und ihr Studienhaus »Collège des Cordeliers«. Die Weihe der dreischiffigen Kirche Sainte-Madeleine, die mit über 90 Metern Länge zu den größten in der Seinestadt gehörte und im Jahre 1580 einem Brand zum Opfer fiel, fand am 6. Juni 1262 statt. Vom franziskanischen Kolleg ist noch das Refektorium (Rue de l'École de Médecine) erhalten, dessen Bau in den 70er Jahren des 14. Jahrhunderts begonnen und Anfang des 16. Jahrhunderts abgeschlossen wurde[646]. Die franziskanische Präsenz endete im Zuge der Französischen Revolution. Im Refektorium wurde 1835 das Museum für pathologische Anatomie (Musée Dupuytren) eingerichtet; zuvor war bereits die Medizinische Hochschule (École de Médecine) gegründet worden, der auch das Gelände der franziskanischen Ordensniederlassung zur Verfügung gestellt worden war. Statt Philosophie und Theologie wird nunmehr an diesem Ort Medizin gelehrt.

Gegenüber der Minoritenkirche, auf der anderen Straßenseite, lag das Kolleg der Prämonstratenser (und später das Collège de Bourgogne), dessen Gründung in das Jahr 1252 zurückreicht[647]. Der Orden der Prämonstratenser folgte damit dem Beispiel der Dominikaner und Franziskaner. Um 1260 entstand nicht weit davon entfernt ein weiteres reguliertes Kolleg, das für Cluniacenser bestimmt war[648]. Es erhob sich an der mittelalterlichen Rue de la Harpe, die sich hügelaufwärts zog und dem Boulevard Saint-Michel in seinem oberen Verlauf entspricht, und grenzte an die nördliche Seite des heutigen Vorplatzes der Sorbonne an. Die Zisterzienser standen hinter den anderen Orden nicht zurück. Weiter unten am Genovefahügel, an dessen östlicher Seite, entstand das zisterziensische Kolleg, Collège des Bernardins, das ab 1245 zunächst Studierenden aus der Abtei Clairvaux, dann jedoch dem Nachwuchs aller Zisterzen dienen sollte[649] (siehe Abb. 26). Es lag am Weg, der aus dem umwehrten Stadtbereich nach Saint-Victor führte. Die Gründung kam auf Betreiben des englischen Abtes von Clairvaux, Stephan von Lexing-

Abb. 26 Das restaurierte Collège des Bernardins in einer Teilansicht.

ton († 1258), zustande, der selbst in Paris studiert hatte und seinen Orden für das Universitätsstudium zu öffnen suchte. Da das zisterziensische Kolleg nicht weit vom Flußlauf entfernt lag, war es hochwassergefährdet. Als die Seine am 21. Dezember 1296 über die Ufer trat, reichten die Wassermassen bis an die Dächer der Skriptorien, drangen ins Refektorium ein und bedeckten die Altäre mit Ausnahme des Hochaltares[650]. Von der ehemaligen Anlage des Kollegs, die heute vom Boulevard Saint-Germain durchschnitten wird, sind nur noch – inzwischen restaurierte – Teile an der Rue de Poissy erhalten, die als neues Kulturzentrum vom Erzbistum Paris genutzt werden.

Die große Zeit der Kolleggründungen – für Studierende aus bestimmten Diözesen, Regionen oder Ländern beziehungsweise Sprachräumen – waren die 100 Jahre, die zwischen 1250 und 1350 lagen. Es mag kein Zufall sein, daß das berühmteste und später für die Universität namengebende Kolleg in diesem Zeitraum, genauer zu dessen Beginn, ins Leben gerufen wurde. Im Jahre 1257 wurde dieses von Robert de Sorbon († 1274), der aus einfachen bäuerlichen Verhältnissen in den Ardennen stammte und Kaplan und Berater Ludwigs IX. war, für 20 arme Studenten der Theologie gegründet[651]. Der König selbst unterstützte die Stiftung, die somit nicht Studenten gleicher Landsmannschaft, sondern gleicher Fakultät galt, mit der Schenkung von mehreren Häusern. Es darf als bemerkenswert gelten, daß der Name einer der bedeutendsten Universitäten der Welt, aus der Ende der 60er Jahre des 20. Jahrhunderts 13 Pariser Universitäten hervorgingen, in Zusammenhang mit dem so kleinen Dorf Sorbon in den Ardennen steht, in dem heute nur rund 200 Menschen leben[652].

Die Kollegien nahmen Studierende als Stipendiaten auf, beherbergten und verpflegten sie, später boten sie ihnen eine Bibliothek und gegebenenfalls eigene Lehrveranstaltungen an. Die Zahl der aufgenommenen Studierenden war begrenzt und konnte von einer Handvoll bis zu mehreren Dutzend reichen. Das größte Kolleg mit 70 Studierenden war die Stiftung Johannas von Navarra, der Gemahlin König Philipps des Schönen, aus dem Jahre 1305[653]. Gemeinhin sind die Kollegien nach der Gründergestalt benannt oder nach der geographischen Herkunft des Stifters beziehungsweise der Stifterin – häufig deckungsgleich mit derjenigen der aufgenommenen Studenten. Es gab im spätmittelalterlichen

Paris – zugleich Zeichen der Internationalität der Universitätsstadt – beispielsweise Kollegien für Schotten, Dänen, Schweden, Deutsche und Italiener[654]. Für Studenten aus dem Byzantinischen Reich, näherhin aus dem griechischen Kulturkreis, war das 1205 gegründete »Collège de Constantinople« bestimmt[655]. Dessen Errichtung steht wohl in einem Zusammenhang mit den Ereignissen im Zuge des Vierten Kreuzzuges und insbesondere mit dem Lateinischen Kaiserreich am Bosporus, das seit 1204 bestand.

Wie sich in der wachsenden Zahl der Unterkünfte und Palais der weltlichen und kirchlichen Großen des Königreiches die politische Zentralrolle von Paris spiegelt, so verhält es sich mit den Kollegien im Hinblick auf die universitäre und kulturelle Zentralrolle der Stadt. Dies geschah jedoch zeitlich versetzt. Paris hatte also seine universitäre beziehungsweise kulturelle Zentralrolle in Frankreich schon gefunden, bevor sich diese architektonisch und funktionell so eindrucksvoll in der Gesamtzahl der Kollegien zeigte[656]. Neben den schon angeführten Häusern sei zum Beispiel hingewiesen auf die Kollegien Harcourt (für Studierende aus der Normandie), Cholets (Picardie), Cornouaille (Bretagne), Bourgogne (Burgund), Chanac (Limousin) und Narbonne (Diözese)[657]. Die regionale, nationale und internationale Vielfalt der Scholaren spiegelt sich in den sich ausbreitenden Kollegien am Genovefahügel wider. Es versteht sich, daß nur eine Minderheit der in Paris Studierenden Aufnahme in einem der zahlreichen Kollegien finden konnte. So nahm das Viertel um die mittelalterliche Universität Gestalt an. Jene hatte indes kaum eigene Gebäude, sondern mußte, zum Beispiel für Versammlungen ihrer Organe, liturgische Feste und Offizien sowie feierliche Promotionen, im Laufe eines akademischen Jahres auf Räumlichkeiten zurückgreifen, die sie auf dem südlichen Seineufer nutzen konnte: Kirchen, Kapellen, Kollegien und anderes mehr[658]. Zu den Gotteshäusern, die so in universitäre Abläufe, auch in diejenigen der Fakultäten und Nationen einbezogen waren, gehörten beispielsweise Saint-Julien-le-Pauvre und diejenigen der Dominikaner und Franziskaner. Auch das Maturinerkloster und die Stiftung Roberts de Sorbon spielten eine Rolle.

Der Einzugsbereich der Pariser Universität ging freilich, wie auch das um sie – ein institutionelles Gebilde, hier mehr funktionell als konkret räumlich verstanden – entstehende Stadtviertel anzeigt, weit über die Grenzen des französischen Königreiches hinaus; in bezug auf die Theologie hatte sie zumindest hinsichtlich des europäischen Festlandes – auf die insularen theologischen Lehrstätten in England, wie zum Beispiel in Oxford, sei hier nicht weiter eingegangen – bis ins 14. Jahrhundert keine ernsthafte Konkurrenz. Ja, es ist nicht übertrieben, wenn man Paris als das theologische Zentrum der lateinischen Christenheit im hoch- und spätmittelalterlichen Europa bezeichnet[659]. Oder anders gewendet: Paris war zur unbestrittenen intellektuellen Hauptstadt der christlichen Theologie und Philosophie geworden. Der Aufstieg hierzu hatte sich im 12. und beginnenden 13. Jahrhundert vollzogen.

5.5 Zum kulturellen Geschäftsumfeld der Schulen

Das sich ausbildende Schulwesen und die sich entwickelnde Universität brachten es mit sich, daß vermehrt neue Produktionsstätten für die Anfertigung und Illuminierung von Handschriften entstanden – zusätzlich zu den bestehenden *scriptoria* der Klöster in Paris und der Umgebung[660]. So sollte die wachsende Nachfrage, die mit der steigenden Zahl der Magister und vor allem der Scholaren zusammenhing, nach diesen Hilfsmitteln für das Studium, das wissenschaftliche Lehren und Forschen befriedigt werden[661]. In einer neuen Weise bedurfte es einer derartigen seriellen Herstellung. Ein System von *peci(a)e* hat sich nachweislich spätestens im letzten Viertel des 13. Jahrhunderts ausgebildet[662]. Darunter sind Lagen beziehungsweise Teile von Handschriften, auch von Vorlesungsmitschriften oder von Manuskripten, die Professoren für ihre Lehrveranstaltungen angefertigt hatten, zu verstehen. Diese *peci(a)e* konnten vom *stationarius* gegen eine Gebühr entliehen werden, um Abschriften davon herzustellen. Begehrt waren besonders Werke theologischen und kirchenrechtlichen Inhalts.

Die Pariser Buchproduktion wurde des weiteren angeregt durch die zunehmenden Bedürfnisse königlicher und höfischer Prachtentfaltung sowie liturgisch-religiöser Frömmigkeitsformen und Andachtsübungen gerade von Laien, insbesondere unter Ludwig IX.[663]. Als ein Prachtexemplar des hohen Mittelalters gilt der berühmte Ingeborg-Psalter (Chantilly, Musée Condé, Ms. 1695), der für die dänische Gemahlin des französischen Königs Philipp II. – um 1237 oder 1238 in Corbeil verstorben – angefertigt wurde[664].

So zog Paris Pergamenthersteller und -händler, Schreiber, Kopisten, Miniaturmaler, Buchbinder und -händler an. Laien führten die neu gegründeten Ateliers, in denen Handschriften angefertigt und illuminiert wurden. Bis zum 14. Jahrhundert konnte Papier Pergament als Schreibstoff nicht verdrängen[665]. Buchhändler ließen sich in der Nähe ihrer potentiellen Kunden nieder, so zum Beispiel in der Rue Neuve vor der Kathedralkirche Notre-Dame sowie in den Straßen um die Kirche Saint-Séverin auf dem linken Seineufer[666]. Namentlich bekannte in Paris tätige Buchmaler sind erst ab dem ausgehenden 13. Jahrhundert bekannt, so der Maître Honoré, der seine Werkstatt auf dem linken Seineufer, in der heutigen Rue Boutebrie nahe bei der Kirche Saint-Séverin, hatte[667]. Die hügelabwärts führende Straße stößt auf die Rue de la Parcheminerie, deren Name an die ab dem späten Mittelalter dort ansässigen Pergamenthändler erinnert[668]. Aufschlüsse über die topographische Verteilung der verschiedenen Gewerbe ermöglichen fiskalische Quellen, die allerdings erst mit dem ausgehenden 13. Jahrhundert einsetzen.

5.6 Entstehung und Einwurzelung der Gotik in Paris und der Île-de-France

Eine neue Kunstrichtung in Architektur, Plastik und Malerei verlieh dem aufstrebenden universitären und kulturellen Zentrum Frankreichs glanzvolle Prägekraft: die Gotik. Der vom lateinischen Wort *gothicus* abgeleitete Begriff »Gotik«, den italienische Humanisten im abwertenden, ja verachtenden Sinne in die Fachwelt beziehungsweise Kunstgeschichte eingeführt und – so auch der Maler, Architekt und Schriftsteller Giorgio Vasari (1511–74) – gleichbedeutend mit »barbarisch« in Anlehnung an den germanischen Stamm der Goten in der Antike verwandt haben, erfuhr ab dem 19. Jahrhundert eine wissenschaftliche und gesellschaftliche Konnotierung, ja sogar eine positive Aufwertung[669].

In der Île-de-France entstand nicht nur die Universität (wie in der norditalienischen Emilia-Romagna), sondern auch die Gotik, welche Vorformen in der Romanik fand und diese ablöste. Und wieder spielte Paris – nun mit seinem Umland – die Hauptrolle. Von Paris und der Île-de-France aus trat die Gotik ihren Siegeszug durch Frankreich und Europa an. Nördlich der Alpen bestimmte sie die architektonische Formensprache mindestens bis zum 16. Jahrhundert. Insbesondere vier gotische Bauwerke, jedes in seiner Art bedeutsam, markieren die Einwurzelung der neuen Kunstrichtung in der Seinestadt und ihrem Umland[670]. Damit war die Basis gelegt, auf welcher die Spätgotik ihren Höhepunkt in Paris – (nicht nur) in der französischen Forschung sinnigerweise als »gothique international« bezeichnet – während der Herrschaft Karls VI. (1380–1422) finden konnte[671].

Den ersten frühgotischen Bau überhaupt stellt wohl der Chor des einflußreichen cluniacensischen Priorates Saint-Martin-des-Champs, des von Philipp I. 1079 an die burgundische Abtei Cluny tradierten Regularkanonikerstiftes, dar[672]. Dieser Chor mit dem doppelten Umgang und den angrenzenden Radialkapellen bildet einen neuen architektonischen Typus, der sich in gotischen Sakralbauten von nun an häufiger wiederfindet. Mit den Bauarbeiten begannen die Mönche vermutlich während der Amtszeit ihres Priors Matthäus, des späteren Kardinalbischofs von Albano, also zwischen 1116/17 und 1126. Somit entstand ein Schlüsselzeugnis der Frühgotik mitten in der kulturellen Aufbruchzeit des damaligen Paris. In jenen Jahren lag das Priorat an der Verlängerung des römischen *cardo* noch vor der bewohnten Stadtzone des rechten Ufers. Heute ist neben dem Chor noch das hochgotische zweischiffige Refektorium mit einer fein verzierten Lesekanzel erhalten, das als Bibliothekssaal für das Conservatoire des Arts et Métiers dient. Um 1230 wird dieses Refektorium datiert[673].

Das zweite hier vorzustellende Bauwerk der Gotik ist die benediktinische Abteikirche Saint-Denis in der Nähe von Paris[674]. Der Chor von Saint-Martin-des-Champs ging wohl zeitlich demjenigen von Saint-Denis voraus, der von 1141 bis 1144 unter Abt Suger errichtet wurde[675]. Der neue Narthex an der Westseite der Kirche war 1140 abgeschlossen worden. Das Langhaus und das Querschiff im hochgotischen Stil wurden von 1231 bis 1281 gebaut. Ebenso wie in Saint-Martin-des-Champs unterstreichen die früh- und hochgotischen Teile der Kirchenanlage auch die Ambitionen und Selbstdarstellungen der klösterlichen Kommunität (und ihres Abtes).

Das dritte zu nennende gotische Bauwerk entstand ab 1163 im Unterschied zu den beiden zuvor genannten nicht auf monastische, sondern auf bischöfliche Initiative hin – und nicht vor dem urbanisierten Seineufer oder in der Nähe der Stadt, sondern mitten im Herzen von Paris: die Kathedralkirche Notre-Dame auf der Île de la Cité[676]. Der Bischof Mauritius von Sully, der sich vielleicht auch durch die Baufälligkeit der ersten Kathedrale zum Handeln gedrängt sah, wetteiferte mit seinen Amtsbrüdern darum, die prachtvollste und größte Kirche mit dem reichsten ikonographischen Programm zu erbauen. Seinerzeit waren die Bauarbeiten unter anderem an den Gotteshäusern in Noyon, Senlis und Laon im Gange, die hochgotische Kathedralkunst strebte ab den letzten Jahren des 12. und den ersten Jahrzehnten des 13. Jahrhunderts in Chartres, Reims und Amiens neuen Höhen entgegen – und in zu ehrgeiziger Weise in Beauvais, wo 1284 die Langchorgewölbe einstürzten[677]. In diesen Städten gingen Brände der alten Bischofskirchen dem Neubau voraus: in Chartres 1194, Reims 1210 und Amiens 1218[678]. Der architektonische Stil verfeinerte sich im Laufe der Zeit zusehends: die Formen wurden stärker durchgegliedert, erhöht und verdünnt, die Gesamtanlage gewann an Grazilität. An der Wende vom 12. zum 13. Jahrhundert überragte die Pariser Bischofskirche Notre-Dame, an der die wesentlichen Bauarbeiten bis etwa 1330 dauerten, mit 35 Metern Chorhöhe andere Kathedralen der Krondomäne wie diejenigen in Noyon und Senlis (22 Meter) sowie in Laon und Sens (24,50 Meter)[679]. Letzteres ist auch insoweit von Interesse, als das Bistum Paris zur Kirchenprovinz Sens gehörte und somit der Bischof der Seinestadt dem dortigen Metropoliten unterstand. Ein neues Element wurde in Paris mit der – alttestamentlichen – Königsgalerie an der Westfassade in die architektonische Formensprache der Kathedralgotik eingeführt und zum Beispiel in Amiens wieder aufgegriffen.

Das vierte zu erwähnende und schon vorgestellte, gleichfalls wegweisende Bauwerk der Gotik in Paris zierte die königliche Residenz auf der Île de la Cité: die Sainte-Chapelle, deren Errichtung den »Höhepunkt in der Entwicklung der Hochgotik in der Île-de-France« darstellt, wie der Kunst- und Architekturhistoriker Günther Binding befindet[680]. Dieses Gotteshaus, von 1241 bis 1245 auf Anordnung Ludwigs IX. gebaut und 1248 konsekriert, um die von ihm erworbenen kostbaren Passionsreliquien aufzunehmen, brachte in Architektur und Liturgie die Sakralisierung der kapetingischen Königsmacht zum Ausdruck und zeigte in neuer Weise die besondere Gottesnähe und Legitimation der französischen Monarchie.

Vielfach ist schon versucht worden, die Frage, warum die Gotik ausgerechnet in Paris und der Île-de-France entstand, zu beantworten[681]. Es ist ebenso vielfältig, was an vermuteten Gründen geäußert worden ist. Und die kontroverse Diskussion unter Historikern und Kunsthistorikern dauert an. Im Blick auf die Entstehung von Paris als Hauptstadt erscheinen folgende Erwägungen naheliegend: Soweit erkennbar, ging in Paris und der Île-de-France die Initiative zu den erwähnten Bauwerken der Frühgotik, die gemeinhin etwa bis 1190 beziehungsweise 1200 in Frankreich datiert wird, von monastischen oder bischöflichen Würdenträgern aus. In Paris selbst stellt die Sainte-Chapelle der königlichen Residenz das erste architektonische Zeugnis dar, das direkt von einem kapetingischen Monarchen, nämlich von Ludwig IX. dem Heiligen, initiiert und gebaut worden ist. Ein Bündel von Gründen wird die Handelnden zum Neubau der Gotteshäuser veranlaßt haben: Baufällige Kirchenstrukturen, eingetretene Unglücksfälle wie Brandkatastrophen, liturgische Erfordernisse und wachsende Zahlen von Gläubigen infolge von Zuzug oder Urbanisierungsprozessen mögen als Anlässe gedient haben; hinzu kamen wohl bei den Protagonisten eigene Ambitionen sowie das Entstehen einer künstlerischen beziehungsweise architektonischen »Modewelle«, die kirchliche Führungskreise im bischöflichen, kanonikalen und monastischen Bereich erfaßte[682]. Die derart handelnden kirchlichen Amtsträger kritisierte der Magister und Kanoniker Petrus Cantor († 1197) – der Beiname rührt von seiner ihm 1183 verliehenen Dignität im Pariser Domkapitel von Notre-Dame her – heftig in seinem Werk *Verbum abbreviatum* unter dem bezeichnenderweise überschriebenen Kapitel »*Contra superfluos edificatores*« und warf ihnen ihre Baulust, »*libido aedificandi*«, vor[683].

Wie die Kunsthistoriker Dieter Kimpel und Robert Suckale zu Recht anmerken, entstand die Gotik als »Territorialstil« der Krondomäne[684].

Doch solch ein Kunststil wird nicht einfach erfunden und als zu realisierende Bauform von oben angeordnet. Vielmehr entsteht er aus Vorformen (in diesem Fall in der Romanik), führt über bauliche Zwischenstufen und Transformationen in Variationen zu seiner typischen Formgebung. Der Genese des hohen Schulwesens nicht unähnlich entwickeln sich anfangs Tendenzen in Kunst und Architektur und prägen sich nebeneinander aus, ohne offenkundige Rückbindung an die Monarchie, verbinden sich später und finden vermehrt Aufmerksamkeit beim König (und seiner höfischen Umgebung). Wenn dieser auch zunächst indifferent gegenüber den ersten (partiellen) frühgotischen Sakralbauten gewesen sein mag, so änderte sich dies im Laufe der Jahrzehnte[685]. Er war in der (von ihm stets vergrößerten) Krondomäne, in der sich seine Macht zugleich immer stärker verdichtete, mehr als nur involviert, wenn ein neuer Bischof zu designieren und zu wählen war. Ihm kam hierbei zumindest ein wichtiges Wort der Mitsprache zu; faktisch konnte ihm die Auswahl des neuen Bischofs zufallen. Dabei spielten auch handfeste materielle Interessen eine Rolle, denn während einer Sedisvakanz des Bischofsstuhles standen dem König aufgrund der Regalien- und Spolienrechte sämtliche Einkünfte zu[686].

Aufs Ganze gesehen bestanden in Paris und der Krondomäne – um moderne Begriffe zu verwenden – ein günstiges »Investitionsklima« und ein ebensolches »Innovationsklima« im Schutz und in der Sicherheit königlicher Machtentfaltung, was für die Errichtung technisch anspruchsvoller gotischer Bauten dringend benötigte spezialisierte Fachkräfte und Baumeister anzog. Aufschlußreichen Einblick in den Baubetrieb und den technischen Entwicklungsstand gewährt das von Villard de Honnecourt, einem Werkmeister, *artifex*, aus der Picardie, um 1220/30 angefertigte Skizzenbuch (BNF, Paris, ms. fr. 19093), das aus seiner Arbeit und seinen Reisen zu Bauhütten entstand[687]. Als sich die Universität ausbildete, führte dies zu einer weitreichenden Rationalisierung und auch Konzentrierung von »Wissensressourcen«, was sich wiederum günstig auf Rahmenbedingungen und Ausführung von baulichen Vorhaben ausgewirkt haben dürfte. Von den Studienfächern war für den Architekten die Geometrie am wichtigsten. Entgegen hier und da anzutreffenden Vorstellungen entstand die Gotik freilich nicht aus einer irgendwie gearteten »gotischen Theologie« (die gab es nicht)[688].

Noch klarer formuliert: Die Gotik ist nicht das bauliche Resultat der scholastischen Theologie (oder der von Abt Suger von Saint-Denis dargelegten Lichtsymbolik). Unbeschadet dessen verwiesen die gotischen Gotteshäuser auf das himmlische Jerusalem, wie es im Neuen Testament dargestellt ist.

Da die Finanzierung von gotischen Kirchenbauten im 12. Jahrhundert und in der ersten Hälfte des 13. Jahrhunderts kaum aus den zugänglichen schriftlichen Quellen zu erschließen ist, sind diesbezügliche größere Erkenntnisfortschritte zur Klärung der Entstehung der Gotik in der Île-de-France wohl kaum zu erwarten. Es ist mehr als beachtenswert, daß andere Länder oder Königreiche wie England, das über ungleich größere Finanzkräfte verfügte, nicht die Gotik hervorbrachten – und dies gibt auch zu denken[689]. Die Gotik zieht in die Städte der Île-de-France ein, wird hier heimisch und verleiht insbesondere Paris zusammen mit der Universität eine gewaltige intellektuelle und künstlerische Dynamik, an der andere Städte Europas in dieser Zeit nicht heranreichen. Die fortschrittlichste und – sit venia verbo – kreativste Region Europas war damals die Île-de-France. In der Zeit, die uns hier interessiert, erscheinen die Krondomäne und insbesondere Paris als Baustelle. Und so ist die Aussage nicht zu gewagt, daß die Gotik als architektonische Besiegelung des Aufstiegs von Paris zur Hauptstadt Frankreichs erscheint.

6. ZUSAMMENFASSUNG

Der bekannte deutsche Fernsehjournalist Ulrich Wickert, langjähriger ARD-Korrespondent in Paris, schreibt in der ihm eigenen Diktion über die Seinestadt: »Möglicherweise ist Paris die einzige Metropole der Welt, die über gewiß (sic!) tausend Jahre hinweg im Mittelpunkt des geistigen und politischen Lebens der Welt und dann Europas stand.«[690] Dies ist im Vorwort zu seinem 2006 erschienenen Buch zu lesen, das den bescheiden formulierten Titel trägt: »Alles über Paris«. Hier irrt Ulrich Wickert, denn vor rund tausend Jahren (und mehr) war Paris – »gewiß« – eine relativ kleine Stadt, wesentlich auf der großen Flußinsel zusammengedrängt, in der einige tausend Menschen lebten. Vereinzelte Siedlungskerne gab es auf den Uferseiten. Von einer Mittelpunktfunktion war dieses städtische Ensemble weit entfernt – weder für die Krondomäne noch für Frankreich, und schon gar nicht für Europa oder die Welt. Andere Orte im westfränkisch-französischen *regnum* konnten mit der Seinestadt ohne weiteres konkurrieren – und sie auch an Bedeutung und Einwohnerzahl übertreffen.

Wie aufgezeigt werden konnte, war es Orléans, die Stadt an dem höchsten Loirebogen, die nach dem dynastischen Wechsel des Jahres 987 der bevorzugte Aufenthaltsort der Robertiner Hugo Capet und Robert II. des Frommen wurde. Dort setzten die beiden Könige, insbesondere der letztere, die Hauptakzente ihres politischen und religiösen Handelns; von dort übten sie ihre Herrschaft aus. Das königliche Wirken drehte sich um die Achse »Orléans – Fleury«. Das Benediktskloster an der Loire fungierte als religiös-spiritueller Bezugspunkt für die Dynastie, die sich unter anderem auf die Äbte als Berater stützte und im Konvent auch Geschichtsschreiber und Biographen fand. Später, ab Ludwig VI., ergab sich eine neue Achse: »Paris – Saint-Denis«. Daß ein tragfähiges Bündnis zwischen den Kapetingern und der Abtei Saint-Denis zustande kam, sicherte ihnen mit den Machterhalt und -ausbau. Wie wichtig es war, zeigte sich unter anderem, als das Königtum zwei brenzlige Situationen in den Jahren 1119 und 1124 zu überstehen hatte.

Anders als hier und da in der Forschungsliteratur zu lesen ist, kam Paris erst unter dem Sohn Roberts II. eine wichtigere Rolle zu. Es war nämlich Heinrich I., der sich um die Mitte des 11. Jahrhunderts eher in Paris als in Orléans aufhielt. Diese einschneidende politische Kurskorrektur ergab sich aus einer grundlegend veränderten militärisch-strategischen Gesamtsituation, in welcher die Interessen und Ambitionen des kapetingischen Königs und des normannischen Herzogs und späteren englischen Königs (ab 1066) Wilhelm II. diametral entgegensetzt aufeinander prallten. Diese vor allem bipolare Machtkonstellation bestimmte die Lage Frankreichs bis zum beginnenden 13. Jahrhundert. Daher entschied sich das weitere Schicksal der kapetingischen Dynastie und damit auch der Seinestadt in diesen teilweise äußerst erbittert geführten militärischen Auseinandersetzungen, die vor allem im Vexin – auf dem von Paris ca. 60 bis 70 Kilometer entfernten Kalkplateau – ausgetragen wurden. Folglich entstand eine ganze Reihe von Donjons und Burganlagen beiderseits des Grenzflusses Epte. Wenn die Kapetinger aus den Kämpfen im Vexin siegreich hervorgingen, war dies eine Voraussetzung dafür, daß Frankreich im Verlauf des 13. Jahrhunderts zur stärksten Macht Europas aufstieg.

In der Retrospektive ist zu erkennen, wie sich Paris seit der Zeit Heinrichs I., der mit der Gründung des regulierten Kanonikerstiftes Saint-Martin-des-Champs ebendort – und nicht in Orléans – die weitreichende Neuorientierung der Dynastie unterstrich, zur Hauptstadt entwickelte. Diese zunehmend zielgerichtete Entwicklung gewann im Laufe der nachfolgenden Jahrzehnte eine immer größere Dynamik, war jedoch weder schon in den Anfängen vor mehr als 2000 Jahren angelegt noch mehr oder weniger linear-unumkehrbar. Die Kapetinger schufen für die Entwicklung die machtpolitischen Voraussetzungen, indem sie ihren Einfluß zunächst in der ca. 180 Kilometer langen, schlauchförmigen Krondomäne zwischen Compiègne und Orléans sowie in Paris konsolidierten und ausbauten. Die Burgherren, auch die widerspenstigen und aufsässigen *châtelains*, mußten sich diesem Prozeß allmählich fügen. Damit ging eine administrative Verdichtung in der Seinestadt einher. Paris erreichte eine somit fast kontinuierlich steigende Bedeutung als Zentralort in politischer und administrativer Hinsicht – zunächst der Krondomäne, dann auch sukzessive des Königreiches.

Hinzu kam eine – zeitlich etwas später einsetzende – universitäre und kulturelle zentralörtliche Funktion von Paris, die sich ab der zweiten Hälfte des 12. Jahrhunderts abzeichnete und sich in den ersten Jahrzehnten des 13. Jahrhunderts voll ausprägte. Daß zwei höchst bedeutsame kulturelle Phänomene, welche die Geschichte Europas über das Mittelalter hinaus prägten, im Verlauf des 12. und beginnenden 13. Jahrhunderts in der Île-de-France entstanden sind, verdient entsprechend herausgestellt zu werden. Es handelt sich neben der Universität (mit Paris und Bologna als Ursprungsorten) um die Gotik, die mit ihrer stark vertikalen, lichterfüllten Formensprache Erde und Himmel verband und mit der Abteikirche Saint-Denis, der Kathedrale Notre-Dame und der Sainte-Chapelle der königlichen Residenz auf der Île de la Cité Jahrhunderte überdauernde Memorialbauten schuf. Professoren wie der Deutsche Albertus Magnus und der Schotte Johannes Duns Scotus, die Italiener Bonaventura und Thomas von Aquin – noch manche bedeutenden Gelehrten ließen sich anführen – verliehen der Universität am Genovefahügel Glanz und internationales Ansehen. So ist die Feststellung nicht übertrieben, daß die Île-de-France mit Paris als dem dominierenden Zentrum die innovativsten und kreativsten kulturellen Tendenzen der damaligen Zeit hervorgebracht und vereint hat. Erst später haben sich andere Regionen Europas diesen Tendenzen geöffnet, diese nachgeahmt und weiter entwickelt.

Es wirkte sich förderlich auf die Seinestadt aus, daß sie günstig an der Kreuzung von Verkehrsstraßen zu Wasser und zu Lande lag. Freilich bedurfte es mehr als »le rayonnement de ses routes fluviales, l'excellence de son terroir de culture«, wie gegen den französischen Althistoriker Camille Jullian (1859–1933), Lehrstuhlinhaber am Collège de France seit 1905, einzuwenden ist, der »ces deux causes combinées, immanentes et éternelles« betonte und die Hauptstadtrolle von Paris quasi durch die Lage vorgegeben sah[691]. Zur voranschreitenden wirtschaftlichen Zentralitätsbildung der Seinestadt trug das kapetingische Königtum in erheblichem Maße bei, das den Akteuren des ökonomischen Lebens Schutz und Sicherheit sowie Privilegierung – deren Nutznießer waren vor allem die Pariser Kaufleute selbst – bot, darüber hinaus die städtische Infrastruktur ausbauen ließ und neue Märkte und Messen entschlossen förderte, zumal in der Stadt selbst und im nahen Umland.

Dieser Prozeß war bis zum Tode Philipps II. weit gediehen und verstärkte sich unter Ludwig IX., doch besaß Paris erst mit dem vor dem ausgehenden 13. Jahrhundert einsetzenden Niedergang der Champagnemessen eine ungeschmälerte Anziehungskraft als Finanzplatz. Der Aufstieg zur bevölkerungsreichsten Stadt Europas – mit mehr als 200.000 Einwohnern zu Beginn des 14. Jahrhunderts gegenüber schätzungsweise rund 50.000 gegen Ende der Herrschaft Philipps II. – brachte eine Vervielfachung der Konsumentenscharen und eine progressive Diversifizierung des Warenangebotes.

Der allenthalben feststellbare Aufschwung, der die Zentralität weiter festigte, galt auch für die Pariser Ortskirche, in deren Mikrokosmos sich die religiösen Reformaufbrüche der Zeit in voller Vielfalt spiegelten. Ungeachtet ihrer kirchenrechtlichen Unterordnung unter das Erzbistum Sens (bis 1622) wuchs sie an Ausstrahlung und Bedeutung. Der zunehmende Einfluß des Bischofs und des Domkapitels speiste sich auch aus der eng mit der Ortskirche vernetzten Entstehung der Universität, aus dem vergleichsweise hohen Anteil der Kleriker an der Gesamtbevölkerung und aus der Nähe zum König, zu seiner Residenz und seinem Hof. Keine andere Stadt der Krondomäne oder des Königreiches wies so viele Gläubige, Kirchen, Klöster und Ordenshäuser sowie so große Pfarreien auf. Gleichwohl ist nicht erkennbar, daß religiöse Gründe den »letzten Ausschlag« für die Entwicklung von Paris zur Hauptstadt gegeben haben, wie der Würzburger Romanist Franz Rauhut (1898–1988) im Jahre 1963 urteilte[692].

Die Ordnung von weltlicher und geistlicher Gewalt, sprich königlicher und bischöflicher, fand eine mehr als nur topographische Entsprechung auf der Île de la Cité. Während sich der bischöfliche Residenzbezirk um die neue gotische Kathedrale Notre-Dame mit einem ikonographischen Manifest der *societas christiana* ausbildete, entstand an der gegenüberliegenden Inselspitze im Westen eine prächtige königliche Residenz, die Raum für eine sich differenzierende Verwaltung bot und mit der Sainte-Chapelle und den Passionsreliquien dem kapetingischen Königtum eine Sakralisierung und Legitimation der Herrschaft ungekannten Ausmaßes verschaffte. Ein eigenes Kanonikerstift bei der »Heiligen Kapelle« sorgte sich um die liturgischen Offizien und die Memoria der Dynastie. Diese fand zudem in Ludwig IX., von Papst Bonifaz VIII. 1297 kanonisiert, ihren Heiligen, dessen Reliquien die von ihm selbst erbaute Sainte-Chapelle bereicherten.

Vom urbanen Kern des mittelalterlichen Paris, der Île de la Cité, griff die Stadt immer weiter aus: zunächst auf das nördliche Ufer, dann auch auf das südliche. Der Ausbau zur königlichen Residenzstadt, die ein mehrstufiges Fortifikationssystem mit dem mächtigen Louvre schützte, erfolgte bis zum Ende der mehr als 42 Jahre währenden Herrschaft Philipps II., des nach Einschätzung Dietrich Lohrmanns »wohl bedeutendsten der französischen Könige«[693]. Unter diesem Kapetinger kam die neue, um die Mitte des 11. Jahrhunderts einsetzende Epoche in der mehr als 2000jährigen Stadtgeschichte von Paris zu einem gewissen Abschluß. Wilhelm der Bretone, Kaplan und Chronist Philipps II., bezeichnete die Seinestadt als »*caput regni*«[694]. Die zentrale Rolle von Paris spiegelte sich beispielsweise in den Hôtels weltlicher und geistlicher Großer, die immer mehr nach der Präsenz bei Hofe und in der Stadt strebten, beiderseits der Seine wider. Dem entsprach es im universitären und kulturellen Leben, wenn zahlreiche Kollegien – Wohn- und Bildungseinrichtungen für Weltkleriker, Angehörige von Klöstern und Orden aus Frankreich und ganz Europa – die Straßen des mittelalterlichen »Quartier Latin« säumten.

Was mit Heinrich I. begonnen hatte und von seinen Nachfolgern bis hin zu Philipp II. (und Ludwig IX.) fortgesetzt wurde, ließ ein weit gefächertes urbanes Gebilde entstehen, dessen zentralörtliche Funktionen – weder »naturgegeben« noch eine Laune der Geschichte – sich immer stärker verdichteten und gegenseitig beeinflußten sowie dynamisierten. Insofern erscheint es gerechtfertigt, hierfür den Begriff Hauptstadt zu verwenden. Daß sich im übrigen die Kapetinger an anderen urbanen Herrschaftsmittelpunkten der Zeit wie Rouen, Palermo oder London orientiert hätten, um nach deren Vorbild Paris als Hauptstadt zu gestalten, läßt sich nicht belegen[695].

Das Mittelalter hinterließ der Moderne ein symbolisch aufgeladenes, auf Wachstum hin angelegtes, ja über die Ringe der Wehrmauern weit hinausdrängendes urbanes Ensemble, das bis zur Gegenwart durch die mittelalterliche topographische Dreiteilung geprägt ist. Die sozialtopographischen Regulierungen sind im Laufe der Jahrhunderte durchlässiger geworden. Gleichwohl bietet das rechte Seineufer weiterhin Finanz und Handel vorzugsweise eine Heimstatt: Dort befinden sich die Wertpapierbörse, Bourse des valeurs, und die Handelsbörse, Bourse de commerce, ebenso der Sitz der französischen Nationalbank, Banque de France; große Konsumtempel der Gegenwart wie die Einkaufshäuser Lafayette und Printemps gehören ebenfalls zu den Symbolträgern. Hingegen steht das linke Seineufer immer noch im Zeichen des intellektuellen Diskurses und des universitären Lebens wie im Mittelalter. Eine Reihe von Universitäten und Grandes Écoles, darunter die École normale supérieure (Rue d'Ulm), das 1530 von König Franz I. (1515–47) gegründete Collège de France, eine Lehr- und Forschungsstätte mit besonderem Status, und Elitegymnasien wie »Henri-IV« und »Louis-le-Grand« zieren die Arrondissements im Süden. Die große Seineinsel, die *Cité*, verbindet Weltliches und Geistliches, symbolisiert durch den Justizpalast an der Stelle der ehemaligen königlichen Residenzanlage im Westen und durch die gotische Kathedralkirche Notre-Dame im Osten. Deren Türme weisen unverändert himmelwärts. Wer möchte, darf darin die Zielgerichtetheit menschlichen Lebens im Weg durch die Zeit sehen. Wenn der Mediävist Horst Fuhrmann (1926–2011), der kürzlich verstorbene Präsident der Monumenta Germaniae Historica, in einem vielgelesenen und vieldiskutierten Buch »Überall ist Mittelalter« diagnostiziert, dann trifft dies sicherlich auf die Seinestadt in besonderer Weise zu[696]. Paris hat die im Mittelalter ausgeprägte Dynamik hauptstädtischer Entwicklung bewahrt, sublimiert und zu ihrem Signum auch für das 21. Jahrhundert gemacht.

ANMERKUNGEN

1   Uwe SCHULTZ, Vorwort: Schwierigkeiten mit der Mitte. Deutschlands wechselnde Hauptstadt von Aachen bis Berlin, in: DERS., Hauptstädte, S. 7.

2   Vgl. unter anderem WENDEHORST/SCHNEIDER, Hauptstädte, besonders Alfred WENDEHORST, Das Hauptstadtproblem in der deutschen Geschichte, S. 83–90; SCHIEDER/BRUNN, Hauptstädte, besonders Otto DANN, Die Hauptstadtfrage in Deutschland nach dem 2. Weltkrieg, S. 35–60; BAUMUNK/BRUNN, Hauptstadt; ANDERMANN, Residenzen; MORAW, Hauptstadtproblem, S. 246–271; WENGST, Historiker; SCHULTZ, Hauptstädte; KÖRNER/WEIGAND, Hauptstadt; HEIDENREICH, Deutsche Hauptstädte; Hans-Ulrich THAMER, Berlin als erste deutsche Hauptstadt?, in: SOHN/WEBER, Hauptstädte, S. 129–158.

3   Siehe Hans-Ulrich THAMER, Von Nürnberg nach Berlin. Repräsentation und Funktion deutscher Hauptstädte in der Erinnerungskultur des 19. und 20. Jahrhunderts, in: SOHN, Memoria, S. 219–234; ferner Ulrich SCHLIE, Auf der Suche nach den Spuren der europäischen Geschichte. Eine Annäherung an die Denkmäler der Deutschen, in: Ebd., S. 151–169.

4   Vgl. SOHN/WEBER, Hauptstädte.

5   Siehe zu diesen Begriffen Andreas SOHN/Hermann WEBER, Einleitung, in: DIESELBEN, Hauptstädte, S. 8–13, und die Beiträge im zweiten und dritten Kapitel: »Hauptstadtneugründungen im 20. Jahrhundert« sowie »Hauptstädte und Global Cities im Wettstreit?« (S. 161–365); des weiteren CLAVAL, La logique; Franz-Joseph POST, Weltsystem – Staat – Stadt. Anmerkungen zum Konzept der Global Cities, in: JOHANEK/POST, Vielerlei Städte, S. 159–176.

6   Vgl. ENGEL/LAMBRECHT/NOGOSSEK, Metropolen; HEPPNER, Hauptstädte in Südosteuropa, siehe besonders DERS., »Hauptstadt« in Südosteuropa: Werdegang und Probleme, S. 9–27; DERS., Hauptstädte zwischen Save, Bosporus und Dnjepr. Vgl. zu den urbanen Zentren der Habsburger in Mittelalter und Früher Neuzeit EBNER, Residenz- und Hauptstädte, S. 29–41.

7   Vgl. Marcell VON DONAT, Europas dreigeteilte Hauptstadt. Der Wanderzirkus Brüssel – Luxemburg – Straßburg, in: SOHN/WEBER, Hauptstädte, S. 349–365; ELMHORN, Brussels.

8   Catherine TESSMAR, Aus Padaniens Hauptstadt. Priester, Fahnen und Gebete: Umberto Bossis Symbolpolitik, in: Frankfurter Allgemeine Zeitung vom 17. September 1996.

9   MITTAG, Idee (bis 1998 Titel »Kulturstadt Europas«).

10   Vgl. Michael JEISMANN, Europas schöne Seele. Der edle Wettstreit der deutschen Städte um den Titel der »Kulturhauptstadt«, in: Frankfurter Allgemeine Zeitung vom 18. März 2004.

11   Karl HAMMER, Paris als exemplarische Hauptstadt, in: SCHIEDER/BRUNN, Hauptstädte, S. 135–151.

12 Alfred WENDEHORST/Jürgen SCHNEIDER, Vorwort, in: DIESELBEN, Hauptstädte, S. X.

13 Zu ihm und seinem Werk siehe weiter unten.

14 Wilhelm BERGES, Das Reich ohne Hauptstadt, in: Das Hauptstadtproblem in
der Geschichte, S. 1–29.

15 Gustav ROLOFF, Hauptstadt und Staat in Frankreich, in: Das Hauptstadtproblem in der Geschichte, S. 249.

16 Pierre MICHAUD-QUANTIN, Art. Paris, Stadt, in: LThK², 8, Sp. 93. Dieser Hinweis findet sich nicht mehr in der dritten Auflage (vgl. Marcel ALBERT, Art. Paris,
Stadt, in: LThK³, 7, Sp. 1380f.).

17 HALPHEN, Paris, S. 8.

18 PITZ, Städtewesen, S. 171.

19 Eine kritische Edition des Textes erschien erst relativ spät: WEBER, Wirtschaft
(1999); das Register enthält nur zwei Verweise zum Begriff »Hauptstadt«. Eine französische Übersetzung der Schrift kam schon zuvor heraus: WEBER, La ville (1982).
Wer diese Übersetzung heranzieht, kommt nicht umhin, immer wieder den deutschen Text zu konsultieren. Vgl. DILCHER, Max Webers Stadt, S. 91–125. Siehe auch
BRUHNS/NIPPEL, Max Weber; Hinnerk BRUHNS, La ville bourgeoise et l'émergence
du capitalisme moderne. Max Weber: *Die Stadt* (1913/1914–1921), in: La ville des
sciences sociales, p. 47–78.

20 WOLLASCH, Cluny, S. 331.

21 CHRISTALLER, Orte.

22 LÖSCH, Ordnung.

23 Dieser vielschichtige Rezeptionsprozeß kann hier nicht nachgezeichnet wer-
den, auch nicht die Ausbildung der historischen Zentralitätsforschung. Siehe hier in
Auswahl: SCHÖLLER, Zentralitätsforschung, von Interesse besonders die Einleitung auf S. IX–XXI; MEYNEN, Zentralität, auch hier aufschlußreich die Einleitung
auf S. VII–XII; MITTERAUER, Das Problem, S. 433–467; DERS., Markt, mit dem
Nachdruck des vorherigen Beitrages auf S. 22–51; ISENMANN, Stadt, S. 231–244;
ENGEL/LAMBRECHT/NOGOSSEK, Metropolen; ESCHER/HAVERKAMP/HIRSCH-
MANN, Städtelandschaft; Rolf KIESSLING, Die Zentralitätstheorie und andere Modelle zum Stadt-Land-Verhältnis, in: GILOMEN/STERCKEN, Zentren, S. 17–40; Ma-
rie-Claire ROBIC, Walter Christaller et la théorie des »lieux centraux«. *Die zentralen
Orte in Süddeutschland* (1933). Eine ökonomisch-geographische Untersuchung über
die Gesetzmäßigkeit der Verbreitung und Entwicklung der Siedlungen mit städtischen Funktionen, in: La ville des sciences sociales, S. 151–189; FELDBAUER/MIT-
TERAUER/SCHWENTKER, besonders Michael MITTERAUER, Städte als Zentren im
mittelalterlichen Europa, S. 60–78, Wolfgang SCHWENTKER, Die »vormoderne«
Stadt in Europa und Asien. Überlegungen zu einem strukturgeschichtlichen Vergleich, S. 259–287; GRÄF/KELLER, Städtelandschaft, hier zu England, Frankreich
und Deutschland anregend Peter BORSAY, »Urban network« as a concept in English
urban history, S. 1–15, René FAVIER, »Réseau urbain« comme un concept dans
l'histoire urbaine en France, S. 17–23, und Winfried SCHENK, »Städtelandschaft«
als Begriff in der historischen Geographie und Anthropogeographie, S. 25–45.

24 Statt vieler Titel: PATZE/PARAVICINI, Residenzen. Siehe auch Gerhard FOU-
QUET, Hauptorte – Metropolen – Haupt- und Residenzstädte im Reich (13. – begin-

nendes 17. Jh.), in: PARAVICINI, Höfe, Teilband 1 (Residenzenforschung, 15,1), S. 3–15; Harm VON SEGGERN, Die Theorie der »Zentralen Orte« von Walter Christaller und die Residenzbildung, in: BUTZ/HIRSCHBIEGEL/WILLOWEIT, Hof, S. 105–144. Mit neuen Perspektiven zur Residenzenforschung PARAVICINI, Gehäuse.

25 EHLERS, Orte. Ein Beitrag hierin handelt von der französischen Pfalzenforschung: Annie RENOUX, Pfalzen und königliche Staatsbildung. 25 Jahre Pfalzenforschung in Frankreich, S. 55–83.

26 Werner PARAVICINI, Vorwort, in: DERS., Höfe, Teilband 1 (Residenzenforschung, 15,1), S. XI.

27 Vgl. CHEVALIER, Histoire urbaine, S. 29–47; FRANÇOIS, Die französische Stadtgeschichtsforschung, S. 133–141; Atlas historique des villes de France; L'histoire urbaine en France; René FAVIER, »Réseau urbain« comme un concept dans l'histoire urbaine en France, in: GRÄF/KELLER, Städtelandschaft, S. 17–23. Siehe ferner in vergleichender Perspektive zu Königspfalzen, Residenzen und Höfen Les tendances actuelles, hier Thomas ZOTZ, L'étude des palais royaux en Allemagne, S. 307–326, Werner PARAVICINI, Les cours et les résidences du Moyen Âge tardif. Un quart de siècle de recherches allemandes, S. 327–350, Annie RENOUX, Palais, cours et résidences, S. 351–356, Jean-Marie MOEGLIN, Les recherches françaises sur les cours et les résidences au bas Moyen Âge, S. 357–362. Zur allgemeinen Entwicklung der französischen Mediävistik vgl. die Überblicke von Werner PARAVICINI, Zwischen Bewunderung und Verachtung. Französische und deutsche Mediävistik seit dem letzten Kriege, in: MORAW/SCHIEFFER, Mediävistik, S. 175–230, und von Michel PARISSE, Les médiévistes français et l'histoire allemande, in: Ebd., S. 365–380; Société des historiens médiévistes de l'Enseignement supérieur public, Les villes capitales, siehe Patrick BOUCHERON/Denis MENJOT/Pierre MONNET, Formes d'émergence, d'affirmation et de déclin des capitales: rapport introductif, S. 13–56.

28 BRÜHL, Remarques, S. 193–215, Zitat auf S. 200 Anm. 28, nochmals abgedruckt in DERS., Aus Mittelalter und Diplomatik, 1, S. 115–137, Zitat auf S. 122 Anm. 28.

29 Vgl. jetzt Société des historiens médiévistes de l'Enseignement supérieur public, Les villes capitales.

30 Jean TIBÉRI, Préface, in: Paris de Clovis à Dagobert, S. 11. Jean Tibéri betont dies auch im Vorwort eines Heftes zur zweiten, parallelen Ausstellung »Clovis et son temps« im Pariser Rathaus (Jean TIBERI, Préface, in: Paris et les Mérovingiens, S. 3). – Wie das Thema »Hauptstadt« in deutschen Ausstellungen zum Mittelalter dargestellt worden ist, bedarf im übrigen noch der Untersuchung. Vgl. allgemein Hans-Ulrich THAMER, Das Mittelalter in historischen Ausstellungen der Bundesrepublik Deutschland, in: SOHN, Wege, S. 195–206.

31 DIDEROT/LE ROND D'ALEMBERT, Encyclopédie, 2, S. 631. Siehe zum lateinischen Wort Art. caput, in: Mittellateinisches Wörterbuch, II, Lieferung 2, Sp. 258–264.

32 Vgl. Art. Hauptstadt, in: Deutsches Rechtswörterbuch, 5, Sp. 351f.; Art. Haupt, in: Etymologisches Wörterbuch des Deutschen, S. 516. Das Lexikon des Mittelalters enthält keinen Artikel zu »Hauptstadt«.

33 Vgl. hier nur KASPER, Kirche, S. 190–196.

34 Edith ENNEN, Funktions- und Bedeutungswandel der »Hauptstadt« vom Mittelalter zur Moderne, in: SCHIEDER/BRUNN, Hauptstädte, S. 155. Vgl. VON BELOW, Probleme, S. 499.

35 BRÜHL, Hauptstadtproblem, S. 45–70, siehe hier S. 46, nochmals abgedruckt in: DERS., Aus Mittelalter und Diplomatik, 1, S. 89–114, siehe hier S. 90. Vgl. SCHULTE, Pavia, S. 465–476.

36 Hermann HEIMPEL, Hauptstädte Großdeutschlands, in: DERS., Deutsches Mittelalter, S. 146.

37 BAUTIER, Paris, S. 17–46, ND in DERS., Recherches, I, S. 17–46, Zitat S. 18.

38 So der Schriftsteller in seinem Roman »Notre-Dame de Paris«, hier zitiert in der Übersetzung von Michaela Meßner nach der deutschen Ausgabe HUGO, Glöckner, S. 134.

39 HUGO, Glöckner, S. 134.

40 Theodor SCHIEDER, Einige Probleme der Hauptstadtforschung, in: DERS./BRUNN, Hauptstädte, S. 2.

41 Vgl. zum Beispiel FIERRO, Histoire; PERRET-GENTIL, Bibliographie. Das zuletzt angeführte Buch enthält 3.415 bibliographische Hinweise. An Lexikonartikeln sei hier nur verwiesen auf Henri LECLERCQ, Art. Paris, in: DACL, 13, Sp. 1696–1959; Jean FAVIER/Jean LONGÈRE/Lucie FOSSIER/Jacques VERGER, Art. Paris, in: LMA, 6, Sp. 1705–1721.

42 SOHN, Jahre, S. 213–236.

43 BOUSSARD, Paris; CAZELLES, Paris; FAVIER, Paris au XVe siècle.

44 Siehe unter anderem (ebenfalls aus der Reihe »Nouvelle histoire de Paris«) LAVEDAN, Histoire.

45 SOHN, Residenzentwicklung, S. 47–56.

46 Maurice AGULHON, Paris. Durchquerung von Ost nach West, in: NORA, Erinnerungsorte Frankreichs, S. 517–541; Andreas SOHN, Paris als urbaner Memorialraum, in: DERS., Memoria, S. 235–259.

47 FAVIER, Paris.

48 Siehe zum Beispiel FLEURY, Paris, S. 73–96, nochmals gedruckt in: DERS., »Si le roi m'avait donné Paris sa grand'ville ...«, S. 275–303; RAUHUT, Paris, S. 267–287; BAUTIER, Paris, S. 17–46. Vgl. Andreas SOHN, Hauptstadtwerdung in Frankreich. Die mittelalterliche Genese von Paris (6.–15. Jahrhundert), in: DERS./WEBER, Hauptstädte, S. 81–101; SOHN, Paris capitale, S. 9–35.

49 LOMBARD-JOURDAN, Aux origines.

50 Cartulaire général de Paris, I. Der angekündigte zweite Band ist nicht erschienen. Siehe auch SOHN, Jahre, S. 229f.

51 Vgl. LEMAITRE, Les Archives, S. 35–59. Siehe auch als Beispiel für die Quellenüberlieferung eines Klosters – hier Saint-Martin-des-Champs – die Hinweise bei SOHN, Kanonikerstift, S. 206–238; DERS., Kapetinger, S. 77–121.

52 SOHN, Stadtgeschichtsforschung, S. 163–189; eine leicht veränderte Fassung in französischer Sprache: DERS., La Commission du Vieux Paris, S. 211–240. Zum Œuvre des Archäologen und Historikers Michel Fleury, der viele Jahre als Vizepräsident und Generalsekretär der Commission du Vieux Paris diente und ihre Arbeit wesentlich mitbestimmt hat: SOHN, Michel Fleury, S. 237–246.

53 Zum Beispiel GUÉRARD, Cartulaire de l'église Notre-Dame de Paris, 1–4; DE-POIN, Recueil de chartes et documents de Saint-Martin-des-Champs, 1–5, dazu BECQUET, Index; SCHOEBEL, Archiv; TESKE, Briefsammlungen; LEMAITRE, Répertoire, 1, S. 553–636; Supplément, 1987, S. 44–60; Deuxième supplément, 1992, S. 26–30; zu den Pariser Inschriften, erfaßt in einem großen Forschungs- und Editionsprojekt, Épitaphier du Vieux Paris, 1–12, dazu Index général, zum Forschungsunternehmen ebd. S. XI–XX, ein Verzeichnis der erschienenen Bände auf S. XIII.

54 Venceslas KRUTA, Paris avant l'histoire, in: Cent ans d'histoire de Paris, S. 19–21 (mit weiteren bibliographischen Hinweisen). Philippe Marquis war von der Commission du Vieux Paris mit dieser Ausgrabung betraut worden.

55 In der Mitte der Exponate der gallorömischen Archäologie, welche das Musée Carnavalet in der Orangerie des Hôtel Le Peletier im Marais zeigt, finden sich Pirogen aus der Ausgrabung (Jean-Pierre WILLESME, Le musée Carnavalet: mémoire et patrimoine de la Ville de Paris, in: SOHN, Memoria, S. 295).

56 Henri LECLERCQ, Art. Paris, in: DACL, 13, Sp. 1721–1730; DION, Paris, S. 5–14; Jacqueline BEAUJEU-GARNIER, Présentation géographique: la région parisienne, in: Histoire de l'Île-de-France et de Paris, S. 11–20; BEAUJEU-GARNIER, Paris; LAVEDAN, Histoire, S. 71–82; ferner DUVAL, Paris antique, S. 13–26; DERS., De Lutèce, S. 1–13.

57 Eine Karte mit der Einzeichnung der Höhenlinien in DUVAL, De Lutèce, im Anhang.

58 Zur genauen Lage der einzelnen Inseln siehe die Karte in DUVAL, De Lutèce, im Anhang (»Plan de Paris à l'époque gallo-romaine«).

59 Zu weiteren Inseln stromabwärts und außerhalb des antiken Stadtumfangs: TISSERAND, Les îles, S. 114–131.

60 DUVAL, De Lutèce, S. 52; siehe jetzt SOHN, Acqua alta, S. 277–296.

61 CLOUZOT, Les inondations, ein chronologisches Verzeichnis der Überschwemmungen in Paris bis zum Jahre 1650 auf S. 96–99.

62 Die folgenden Straßen und Plätze können nach Roger Dion in etwa das Bett des nördlichen Seinearmes anzeigen: Place de la Bastille, Boulevard Richard Lenoir, Place de la République, Rue du Château d'Eau, Rue des Petites-Écuries, Rue Richer, Rue de Provence, Rue Saint-Lazare, Rue de la Pépinière, Rue La Boétie bis zur Kirche Saint-Philippe-du-Roule, Rond-Point des Champs-Elysées und Avenue Montaigne (DION, Paris, S. 12).

63 Zur Bièvre und ihren Einmündungen in die Seine vgl. FIERRO, Histoire, ad indicem (im Register fehlt der Hinweis auf S. 545); ROULEAU, Paris, ad indicem.

64 DION, Paris, S. 8 (hier Zitat kursiv).

65 Julian überwinterte mit seinen Truppen an der Seine in den Jahren 358, 359 und 360 (nach DUVAL, De Lutèce, S. 327f., siehe auch mit Verweisen auf Schriften Julians S. 315–326). Im Jahre 365 hielt sich Kaiser Valentinian I. mit seinem Heer in Lutetia auf, das er mehrmals wiedersah (ebd., S. 341f.).

66 Zur römischen Eroberung und Stadtentwicklung DUVAL, De Lutèce.

67 Siehe zur römischen Wehrmauer BUSSON, Paris, S. 391–402; Michel FLEURY, L'enceinte gallo-romaine, in: Les enceintes de Paris, S. 31–45; SOHN, Stadtmauern, S. 34.

68 Vgl. BUSSON, Paris, S. 403–426.

69 Hinsichtlich Chlodwigs I. und seines Reiches siehe ROUCHE, Clovis. Zum folgenden vgl. EWIG, Résidence, S. 25–72 (wieder abgedruckt in DERS., Spätantikes und fränkisches Gallien, 1, S. 362–408), siehe hier S. 47–65. Zu der Genese des Merowingerreiches und seinen Strukturen: Reinhold KAISER, Konstituierung der fränkischen Zivilisation I: Das merowingische Frankenreich, in: EHLERS, Deutschland, S. 53–97.

70 Gregor von Tours, Historia Francorum, S. 89.

71 Vgl. HAUCK, Randkultur, S. 3–93, siehe hier S. 30–32; MCCORMICK, Clovis, S. 155–180; Reinhold KAISER, Konstituierung der fränkischen Zivilisation I: Das merowingische Frankenreich, in: EHLERS, Deutschland, S. 80–82.

72 Karl Ferdinand WERNER, Europas erster katholischer König. Frankreichs Streit um Chlodwigs Taufjubiläum, in: Frankfurter Allgemeine Zeitung vom 14. September 1996, Beilage Bilder und Zeiten.

73 ROUCHE, Clovis, S. 278–280.

74 Vgl. zur heiligen Genovefa und ihrer Verehrung: Martin HEINZELMANN, Sainte Geneviève dans l'histoire, in: DERS./HOURCADE, Actes, S. 6–24, besonders S. 8–10, und Janine HOURCADE, Sainte-Geneviève au-delà de sa mort, in: Ebd., S. 25–43. Zur Pariser Apostelkirche siehe BUSSON, Paris, S. 363–372.

75 Patrick PÉRIN, La tombe de Clovis, in: Media in Francia, S. 363–378.

76 Zur frühmittelalterlichen Entwicklung von Paris siehe Michel FLEURY, De la Préhistoire à l'avènement de Hugues Capet (-40 000 ans à 987), in: Paris de la Préhistoire à nos jours, S. 51–108; Noël DUVAL/Patrick PERIN/Jean-Charles PICARD, Paris, in: Jean-Charles PICARD u. a., Province ecclésiastique de Sens, S. 97–129.

77 Siehe unter »4.1 Zur Geschichte des Bistums Paris bis zum 11. Jahrhundert«.

78 BRÜHL, Palatium, S. 6–33, siehe S. 9, 27f.

79 FAVIER, Charlemagne, S. 283–291. Zu Entwicklung und Struktur des karolingischen Großreiches: Rudolf SCHIEFFER, Konstituierung der fränkischen Zivilisation II: Das Europa der Karolinger, in: EHLERS, Deutschland, S. 99–120; EHLERS, Das westliche Europa, S. 17–106.

80 Siehe zu diesem Adelsgeschlecht Karl Ferdinand WERNER, Art. Robertiner, in: LMA, 7, Sp. 916–918.

81 Reinhard SCHNEIDER, Odo 888–898, in: EHLERS/MÜLLER/SCHNEIDMÜLLER, Könige, S. 13–21.

82 Franz J. FELTEN, Robert I. 922/923 und Rudolf I. 923–936, in: EHLERS/MÜLLER/SCHNEIDMÜLLER, Könige, S. 36–45.

83 Vgl. zu Neustrien ATSMA, La Neustrie.

84 Über die Belagerung von Paris in den Jahren 885 und 886 hat uns ein Augenzeuge, der Mönch Abbo von Saint-Germain-des-Prés, ein Gedicht hinterlassen, das mehr als 1250 Hexameter zählt: Abbo, Bella Parisiacae urbis.

85 Vgl. BRÜHL, Palatium, 1, S. 11.

86 WERNER, Ursprünge, S. 471.

87 Siehe hierzu HATTENHAUER, Aufnahme; WERNER, Ursprünge, S. 471–473; BRÜHL, Deutschland – Frankreich, S. 396f. Zum karolingischen König Bernd SCHNEIDMÜLLER, Karl III. (»der Einfältige«) 893/898–923/929, in: EHLERS/MÜLLER/SCHNEIDMÜLLER, Könige, S. 23–35, zum Vertrag S. 30f.

88 ROBLIN, Petromantalum, S. 3–31, hier S. 3; Lucien MUSSET, Ce que l'on peut savoir du traité de Saint-Clair-sur-Epte, in: DERS., Nordica, S. 377–381, hier S. 377f. (erstmals veröffentlicht im Jahre 1982).

89 Zu den neuen Grenzverläufen des normannischen Herrschaftsbereiches: Lucien MUSSET, Considérations sur la genèse et le tracé des frontières de la Normandie, in: Media in Francia, S. 309–318, wieder abgedruckt in DERS., Nordica, S. 403–413.

90 Sugerius, Vita Ludovici grossi regis, S. 102.

91 WERNER, Ursprünge, S. 504.

92 Siehe die Karten in Atlas de la France de l'an mil, S. 35, 43.

93 WERNER, Ursprünge, S. 500–509. Diese Taschenbuchausgabe enthält im Unterschied zur deutschen Ersterscheinung (1989) eine umfangreiche bibliographische Ergänzung und ein neues Vorwort und wird deshalb hier zitiert.

94 WERNER, Ursprünge, S. 502.

95 WERNER, Ursprünge, S. 505. Zu Ludwig IV.: Carlrichard BRÜHL, Ludwig IV. (»der Überseeische«) 936–954, in: EHLERS/MÜLLER/SCHNEIDMÜLLER, Könige, S. 47–59. Zu Hugo dem Großen: Rolf GROSSE, Art. Hugo der Große, in: LMA, 5, Sp. 160.

96 Hierzu WERNER, Ursprünge, S. 504–506.

97 Vgl. WERNER, Ursprünge, S. 505f. Zu Burchard von Vendôme: DERS., Art. Burchard (Bouchard le Vénérable), in: LMA, 2, Sp. 942f.

98 WERNER, Ursprünge, S. 505f.

99 Carlrichard BRÜHL, Lothar 954–986 und Ludwig V. 986–987, in: EHLERS/MÜLLER/SCHNEIDMÜLLER, Könige, S. 61–74.

100 Hans-Werner GOETZ, Hugo Capet 987–996, in: EHLERS/MÜLLER/SCHNEIDMÜLLER, Könige, S. 75–86.

101 Siehe diesbezüglich weiter unten.

102 Vgl. zu den methodischen Erwägungen der Auswertung und Interpretation Olivier GUYOTJEANNIN, Résidences et palais des premiers Capétiens en Île-de-France, in: Vincennes, S. 123–135 (mit einer statistischen Synopse der Ausstellungsorte von Hugo Capet bis Ludwig VI. auf S. 134 und mit den Abb. 2 bis 8 im Anhang).

103 Rudolf SCHIEFFER, Von Ort zu Ort. Aufgaben und Ergebnisse der Erforschung ambulanter Herrschaftspraxis, in: EHLERS, Orte, S. 11–23.

104 Zur Krondomäne die klassische Studie von NEWMAN, Le domaine royal.

105 Olivier GUYOTJEANNIN, Résidences et palais des premiers Capétiens en Île-de-France, in: Vincennes, S. 134 mit Abb. 2 zwischen S. 182 und 183. Eine kritische Edition der Urkunden Hugo Capets wie derjenigen Roberts II. und Heinrichs I. bereitet Olivier Guyotjeannin (Paris) vor. Der Mediävist Hans-Werner Goetz hat angemerkt, daß die Auswertung der Urkunden Hugo Capets »so lange fragwürdig« bleibt, »wie eine kritische Edition fehlt« (GOETZ, Hugo Capet, in: EHLERS/MÜLLER/SCHNEIDMÜLLER, Könige, S. 82). Vorerst ist noch auf die Mitteilung der urkundlichen Zeugnisse Hugo Capets zurückzugreifen in Recueil des Historiens des Gaules et de la France, 10, S. 543ff.

106 Hans-Henning KORTÜM, Robert II. 996–1031, in: EHLERS/MÜLLER/SCHNEIDMÜLLER, Könige, S. 87–98.

107 Brühl, Fodrum, 1–2, hier die Itinerarkarte IV (Robert II.) in Bd. 2. Siehe auch Ders., Palatium, 1, S. 11, 45. Vgl. Olivier Guyotjeannin, Résidences et palais des premiers Capétiens en Île-de-France, in: Vincennes, S. 134 (mit den Erläuterungen, auch zu den Itinerarkarten Brühls, auf S. 124 Anm. 5 zusammenzusehen) mit Abb. 3 zwischen S. 182 und 183. Die statistische Auswertung des Vfs. weist auf S. 134 folgende Ausstellungsorte königlicher Urkunden aus (insgesamt 45 Urkunden, hier mit Werten mit größer als 1 angegeben): Orléans (8), Paris (7), Chelles (3), Compiègne (2), Poissy (2) und Saint-Denis (2). – Die Urkunden Roberts II. sind in Regestenform erfaßt: Newman, Catalogue. Hierauf bleibt die Forschung bis zum Vorliegen der kritischen Edition von Olivier Guyotjeannin angewiesen.

108 Helgaud von Fleury, Epitoma vitae regis Rotberti Pii, S. 102. Zum Begriff *sedes regni*: Philippe Depreux, Le »siège du royaume«: enjeux politiques et symboliques de la désignation des lieux de pouvoir comme *sedes regni* en Occident (VIᵉ–XIIᵉ siècle), in: Société des historiens médiévistes de l'Enseignement supérieur public, Les villes capitales, S. 303–326.

109 Siehe zu Orléans im frühen und hohen Mittelalter und damit zu den nachfolgenden Ausführungen: Brühl, Palatium, 1, S. 45f., 49, 51; Kaiser, Bischofsherrschaft, S. 499–506; Debal u. a., Histoire d'Orléans, 1; Head, Hagiography, ad indicem; Jean-Charles Picard, Orléans, in: Ders. u. a., Province ecclésiastique de Sens, S. 81–96; Françoise Michaud-Fréjaville, Art. Orléans, in: LMA, 6, Sp. 1461f.

110 In diesem Zusammenhang erscheint es nicht uninteressant, wenn Edmond Pognon die von Hugo Capet der Kathedralkirche Sainte-Croix gewährte Besitzbestätigung vier Jahre später besonders herausstellt: »Le plus long ... et le plus important, quant à sa portée concrète, de ceux des diplômes de Hugues Capet, qui nous sont parvenus.« (Pognon, Hugues Capet, S. 338). Das Privileg ist ediert ebd., S. 338f., ferner bei Thillier/Jarry, Cartulaire de Sainte-Croix d'Orléans, S. 78–85.

111 Adémar de Chabannes, Chronique, S. 151.

112 Georges Despy, Art. Karl [Herzog von Niederlothringen], in: LMA, 5, Sp. 993.

113 Helgaud von Fleury, Epitoma vitae regis Rotberti Pii, S. 86. Als Robert einmal schwer erkrankt war, stiftete seine Mutter Adelheid der Kathedralkirche von Orléans »*imaginem Domini et Salvatoris nostri Jhesu Christi pendentis in cruce, ex auro*« (ebd., S. 84). Sein Vater schenkte Sainte-Croix darüber hinaus ein silbernes Gefäß, das 60 Pfund wog. Die Bitten der Eltern um Genesung des einzigen Sohnes blieben nicht unerhört. – Später sollte Robert bekanntlich der Reimser Domschule anvertraut werden. Daß ein französischer Königssohn von einem späteren Papst – in diesem Fall Gerbert von Aurillac († 1003), der als Silvester II. im Jahre 999 die *cathedra Petri* bestieg – unterrichtet wurde, war eine große Ausnahme.

114 Helgaud von Fleury, Epitoma vitae regis Rotberti Pii, S. 106–114, 130. Zu den Ausmaßen der neuen Kirche vgl. ebd., S. 108 Anm. 1. Hinsichtlich der Gaben Roberts an die Kathedralkirche Sainte-Croix siehe ebd., S. 86.

115 Ausführlich geschildert bei Helgaud von Fleury, Epitoma vitae regis Rotberti Pii, S. 110–112.

116 Helgaud von Fleury, Epitoma vitae regis Rotberti Pii, S. 112–114.

117 Zu den Vorgängen von 1022 Fichtenau, Ketzer, S. 417–427.

118 Karl Ferdinand Werner, Art. Arnulf, in: LMA, 1, Sp. 1019. Zu Fleury und dem Abt Abbo, auch seinem Nachfolger Gauzlin, siehe weiter unten.

119 Siehe unter anderem zu den Gunsterweisen Roberts gegenüber Saint-Benoît-sur-Loire André de Fleury, Vita Gauzlini abbatis Floriacensis monasterii, S. 136.

120 Helgaud von Fleury, Epitoma vitae regis Rotberti Pii, S. 86.

121 Vgl. Rodulfus Glaber, Historiarum libri quinque, S. 68.

122 Roldulfus Glaber, Historiarum libri quinque, S. 68.

123 BRÜHL, Palatium, 1, S. 48f.; KAISER, Bischofsherrschaft, S. 493f.

124 Rodulfus Glaber, Historiarum libri quinque, S. 50, 68.

125 HALPHEN, Paris, S. 9.

126 HALPHEN, Paris, S. 9. Ähnlich GUT u. a., Paris, S. 216.

127 BAUTIER, Paris, S. 32f.

128 PITZ, Städtewesen, S. 171.

129 Die Urkunden Heinrichs I. sind in Regestenform erfaßt: SOEHNÉE, Catalogue. Hierauf ist bis zum Erscheinen der kritischen Edition von Olivier Guyotjeannin (Paris) zurückzugreifen. Zum Sohn Roberts II.: Egon BOSHOF, Heinrich I. 1031–1060, in: EHLERS/MÜLLER/SCHNEIDMÜLLER, Könige, S. 99–112.

130 Siehe unter anderem BRÜHL, Palatium, 1, S. 11, und weiter unten. Für Philipp I. und Ludwig VI. liegt im Unterschied zu ihren drei Vorgängern eine kritische Edition ihrer Urkunden vor: PROU, Recueil; DUFOUR, Recueil, 1–4 (mit einem Itinerar in Band 3, S. 197–218).

131 Egon BOSHOF, Heinrich I., in: EHLERS/MÜLLER/SCHNEIDMÜLLER, Könige, S. 99.

132 DHONDT, Quelques aspects, S. 199.

133 Olivier GUYOTJEANNIN, Résidences et palais des premiers Capétiens en Île-de-France, in: Vincennes, S. 124.

134 Olivier GUYOTJEANNIN, Résidences et palais des premiers Capétiens en Île-de-France, in: Vincennes, S. 134, siehe zudem die Abbildungen 4, 5, 6 (und 7) zwischen den Seiten 182 und 183.

135 Olivier GUYOTJEANNIN, Résidences et palais des premiers Capétiens en Île-de-France, in: Vincennes, S. 134. Eine Ausnahme ist es, wenn Heinrich I. in Laon achtmal urkundete. Für diese Stadt belaufen sich die Vergleichszahlen für Philipp I. und Ludwig VI. auf 3 und 7.

136 LUCHAIRE, Études. Michel Nortier (Paris) hatte die kritische Edition der Urkunden Ludwigs VII. übernommen, doch der Tod hat ihm den Abschluß verwehrt.

137 Siehe BRÜHL, Fodrum, 2, die Itinerarkarte Ludwigs VII. im Anhang. Verweis hierauf bei Olivier GUYOTJEANNIN, Résidences et palais des premiers Capétiens en Île-de-France, in: Vincennes, S. 135 (mit Abb. 7 zwischen den Seiten 182 und 183).

138 DUFOUR, Louis VI, S. 475.

139 Siehe Olivier GUYOTJEANNIN, Résidences et palais des premiers Capétiens en Île-de-France, in: Vincennes, die Abbildungen 4, 5, 6 und 7 zwischen den Seiten 182 und 183.

140 Vgl. Olivier GUYOTJEANNIN, Résidences et palais des premiers Capétiens en Île-de-France, in: Vincennes, S. 134.

141 So die Annahme einer durchschnittlichen Tagesetappe des deutschen Königs- oder Kaiserhofes bei Rudolf SCHIEFFER, Von Ort zu Ort. Aufgaben und Ergebnisse der Erforschung ambulanter Herrschaftspraxis, in: EHLERS, Orte, S. 15.

142 Vgl. Jean RICHARD, Les itinéraires de saint Louis en Île-de-France, in: Vincennes, S. 163–170.

143 Zur Gründung und Genese von Saint-Martin-des-Champs: SOHN, Kanonikerstift, S. 206–238; DERS., Kapetinger, S. 77–121.

144 Zum *Sacre* Jacques LE GOFF, Reims, ville du sacre, in: Les Lieux de mémoire, II,1, S. 89–184, ND unter anderem in LE GOFF, Héros du Moyen Âge, S. 985–1071. Siehe auch DERS./PALAZZO/BONNE/COLETTE, Le sacre royal. Daß Weihe und Krönung von Heinrichs Enkel Ludwig VI. 1108 in Orléans vorgenommen wurde, erklärt sich aus dem Wunsch der kapetingischen Familie in einer kritischen Situation, die Nachfolge nach dem Tode Philipps I. möglichst schnell zu regeln.

145 Olivier GUYOTJEANNIN, Résidences et palais des premiers Capétiens en Île-de-France, in: Vincennes, S. 134.

146 Zu Melun, Topographie und Pfalz vgl. BRÜHL, Palatium, 1, ad indicem; Art et architecture à Melun, besonders Claire MABIRE LA CAILLE, La topographie de Melun et son évolution au Moyen Âge, S. 81–100, und Alain ERLANDE-BRANDENBURG, Le château et la ville de Melun, S. 185–200.

147 Miracula sancti Benedicti, S. 240.

148 NEWMAN, Le domaine royal, S. 94.

149 Vgl. EHLERS, Kapetinger, S. 50–65. Zur Rolle des Kaisers Heinrich III. und zur Bedeutung der deutsch-französischen Beziehungen im Verlauf der Konflikte sowie im politischen Leben des damaligen Frankreich vgl. BOSHOF, Lothringen, S. 63–127; BRÜHL, Deutschland – Frankreich, S. 699–705 (in der französischen Fassung des Buches sind die Anmerkungen stark verringert: DERS., Naissance, S. 290–293); GROSSE, Frankenreich, ad indicem.

150 Carlrichard BRÜHL, Lothar 954–986 und Ludwig V. 986–987, in: EHLERS/MÜLLER/SCHNEIDMÜLLER, Könige, S. 68f.

151 WERNER, Ursprünge, S. 504.

152 JÄSCHKE, Die Anglonormannen, S. 55.

153 Für den Gang der im folgenden zu skizzierenden Ereignisse und Entwicklungen ist besonders heranzuziehen Ordericus Vitalis, Historia ecclesiastica, 1–6, siehe hier ebd., 4, S. 74. Ferner berichten hierüber Wilhelm von Jumièges, Gesta Normannorum ducum, S. 104f., und Rodulfus Glaber, Historiarum libri quinque, S. 158–160. Vgl. Miraculi sancti Benedicti, S. 241–244. Die Anwesenheit Heinrichs I. am normannischen Herzogshof geht auch aus Unterzeichnungen von Urkunden Roberts des Prächtigen aus dem Jahre 1033 hervor: FAUROUX, Recueil des actes des ducs de Normandie, S. 190, 192, 206 (»... *Signum Henrici regis qui tunc temporibus profugus habebatur in hac terra* ...«).

154 Ordericus Vitalis, Historia ecclesiastica, 4, S. 74, 76; Wilhelm von Jumièges, Gesta Normannorum ducum, S. 105.

155 Ordericus Vitalis, Historia ecclesiastica, 4, S. 76. Zu diesem Geschichtsschreiber: Franz-Josef SCHMALE, Art. Ordericus Vitalis, in: LMA, 6, Sp. 1432f.; Karl SCHNITH, Art. Ordericus Vitalis, in: LThK³, 7, Sp. 1109; Pierre BOUET, Art. Orderic Vital, in: Dictionnaire du Moyen Âge, S. 1022f.

156 Ordericus Vitalis, Historia ecclesiastica, 4, S. 76. Quellenbelege zu den einzelnen Grafen des Vexin von 915 bis zu den 70er Jahren des 11. Jahrhunderts sind zusammengestellt in FEUCHÈRE, Une tentative manquée, S. 1–37, hier S. 35–37.

157 Bevor Ordericus Vitalis die Schenkung Heinrichs I. erwähnt, führt er aus, daß Wilhelm II. Anspruch auf »*totam Wilcassinam prouinciam*« erhob und von Philipp I. die Rückgabe des gesamten Gebietes forderte. Dann leitet der Chronist zu den Umständen der Schenkung des Kapetingers über: »*Ratio calumniae huiusmodi est.*« (Ordericus Vitalis, Historia ecclesiastica, 4, S. 74). Unkritisch gegenüber der Darstellung in dieser Chronik ist DHONDT, Une crise, S. 145.

158 Ordericus Vitalis, Historia ecclesiastica, 4, S. 76 (»*... Henricus rex consilio Francorum qui semper Normannis aduersantur Vilcassinum pagum auide repetiit ...*«), 78.

159 Hierzu JÄSCHKE, Die Anglonormannen, S. 63–65.

160 GUILLOT, Le comte d'Anjou, S. 15–55 (zu Fulko Nerra), 56–101 (zu Gottfried II. Martell).

161 Zu dem Ausbruch der Kämpfe und der Chronologie sowie zum folgenden: GUILLOT, Le comte d'Anjou, S. 69–79; JÄSCHKE, Die Anglonormannen, S. 66–70; siehe ferner DHONDT, Les relations, S. 465–486, hier S. 471–485; DERS., Quelques aspects, S. 202–208.

162 Annales Laubienses, Leodienses et Fossenses, S. 20 (hier Annales Laubienses).

163 BAUTIER, Anne de Kiev, S. 539–564, hier S. 545f., 549f., ND in DERS., Recherches, Nr. X, S. 539–564, hier S. 545f., 549f.; ferner BOSHOF, Lothringen, S. 109 Anm. 237. Eine Tante Annas war dem Herzog Kasimir I. von Polen anvertraut worden (BAUTIER, Anne de Kiev, S. 549). Carlrichard Brühl weist übrigens in der Forschungsliteratur Heinrich I. zugeschriebene Pläne einer Invasion Lothringens als »imaginär« zurück (BRÜHL, Deutschland – Frankreich, S. 699–705, Zitat auf S. 700 Anm. 562).

164 BERG, England, S. 20.

165 Vgl. GUILLOT, Les comtes d'Anjou, S. 79–101.

166 Vgl. hier nur BERG, England, passim; zu den Grenzen und den Grenzregionen der Normandie im 12. und frühen 13. Jahrhundert POWER, The Norman Frontier.

167 Bis heute steht eine solide gearbeitete landesgeschichtliche Monographie zum Vexin im Mittelalter aus. Erste Eindrücke von der Landschaft und Einblicke in Geschichte und Topographie gewähren LACHIVER/RIVIERE/VASSEUR, Le Vexin français. Vgl. Annie RENOUX, Art. Vexin, in: LMA, 8, Sp. 1607–1609.

168 Vgl. die Karten in GUYOTJEANNIN, La France médiévale, S. 22 (beim Tode Roberts II. des Frommen), 53 (von 987 bis 1226).

169 GROSSMANN, Château-Gaillard, S. 119–126; MESQUI, Châteaux et enceintes, 1–2, ad indicem; Les châteaux normands. – Les Andelys, arr., dép. Eure. Gisors, ch.-l. de cant., dép. Eure, arr. Les Andelys. La Roche-Guyon, cne., dép. Val-d'Oise, arr. Pontoise, cant. Magny-en-Vexin.

170 Sugerius, Vita Ludovici, S. 112.

171 LEPEUPLE, La frontière, S. 8–23. – Neuf-Marché, cne., dép. Seine-Maritime, arr. Dieppe, cant. Gournay-en-Bray. Neaufles-Saint-Martin, cne., dép. Eure, arr. Les Andelys, cant. Gisors.

172 Vgl. unter anderem Des châteaux et des sources.

173 Ordericus Vitalis, Historia ecclesiastica, 4, S. 74.

174 Siehe unter anderem Ordericus Vitalis, Historia ecclesiastica, 5, S. 212 (»*... multis luctuosa mors ingeritur ...*«).

175 Ordericus Vitalis, Historia ecclesiastica, 4–5, passim; Sugerius, Vita Ludovici, passim. Vgl. zu den Konflikten zwischen den Kapetingern und den normannischen Herzögen beziehungsweise den englischen Königen: BERG, England, passim.

176 Mantes-la-Jolie, ch.-l. d'arr., dép. Yvelines.

177 Ordericus Vitalis, Historia ecclesiastica, 4, S. 78 (»... immisso igne castrum cum aecclesiis et edibus combussit, ac sicut fertur hominum multitudo uiolentia ignis deperiit ...«).

178 JÄSCHKE, Die Anglonormannen, S. 111f.

179 Ordericus Vitalis, Historia ecclesiastica, 4, S. 80.

180 Karl Schnith, Art. Wilhelm I. der Eroberer, in: LMA, 9, Sp. 127–129, Zitat in Sp. 129.

181 Ordericus Vitalis, Historia ecclesiastica, 5, S. 216, 218; siehe auch Sugerius, Vita Ludovici, S. 6, 8, 10. Zu Wilhelm Rufus und Robert Kurzhose MASON, William II. Rufus; AIRD, Robert Curthose.

182 Vgl. BERG, England, S. 132.

183 Sugerius, Vita Ludovici, S. 8.

184 Chaumont-en-Vexin, ch.-l. de cant., dép. Oise, arr. Beauvais.

185 Ordericus Vitalis, Historia ecclesiastica, 5, S. 218.

186 Ordericus Vitalis, Historia ecclesiastica, 5, S. 218.

187 Vgl. unter anderem Ordericus Vitalis, Historia ecclesiastica, 5, S. 216. – Pontoise, ch.-l. de dép., Val-d'Oise.

188 DUVAL, Paris antique, S. 241–243; ROBLIN, Le terroir de Paris, S. 119–123; DERS., Le terroir de l'Oise, S. 56f. Siehe auch Elisabeth LALOU, Art. Pontoise, in: LMA, 7, Sp. 98f.

189 Wahrscheinlich führte der römische Weg an der Kirche Saint-Ouen(-l'Aumône) vorbei (vgl. ROBLIN, Le terroir de Paris, S. 122).

190 Die Schlüsselstellung des Ortes dürfte übrigens den Abt Suger mit dazu bewegt haben, »Ecclesiam quoque Sancti Petri in castro Calvo Monte sitam, tam abbatiam quam ipsas canonicas«, für sein Kloster Saint-Denis zu gewinnen (Suger, L'Œuvre administrative, in: Suger, Œuvres, 1, S. 106). Er selbst verweist auf die günstige geographische Lage von Chaumont auf dem Weg von Saint-Denis in die Normandie wie auch bezüglich der klösterlichen Besitzungen im Vexin (ebd., S. 106–108): »Quae siquidem nova quasi nobile membrum capiti suo ecclesiae beati Dyonisii copulata, quanto transeuntibus successoribus nostris a Vilcassino ad Normanniam, vel etiam pro conservatione reliquarum possessionum in eodem pago demorantibus apta sive idonea existit, tanto de propriis ut de acquisitis eam locupletare tanquam novam plantam et confovere jure decertabit.« Im Jahre 1146 gelang es ihm, dort ein Priorat zu errichten.

191 Als Wilhelm Rufus von Philipp I. die Rückgabe des gesamten Vexin verlangte, bezog sich diese Forderung ausdrücklich auf »Pontisariam et Caluimontem atque Madantum« (Ordericus Vitalis, Historia ecclesiastica, 4, S. 74, vgl. 5, S. 212). Siehe Ulrich NOTHHELFER, Art. Mantes, in: LMA, 6, Sp. 204f. – Mantes-La-Jolie, ch.-l. d'arr., dép. Yvelines.

192 Vgl. Ordericus Vitalis, Historia ecclesiastica, 5, S. 214, 216. Wilhelm der Rote ließ die neue Feste durch Robert von Bellême († vor 1127) errichten (ebd., S. 216). Der Abt Suger von Saint-Denis beschreibt Gisors als »castrum munitissimum, situ loci compendiosum, quod ad utrumque terminum Francorum et Normmanorum, fluvio ... qui dicitur Etta interfluente, antiquo fune geometricali Francorum et Danorum concorditer metito collimi-

tat ...« (Sugerius, Vita Ludovici, S. 102). – Zur Festungsarchitektur des 11. und 12. Jahrhunderts siehe in diesem Zusammenhang den Überblick von Joseph DE-CAËNS, L'architettura militare, S. 43–51; ausführlicher MESQUI, Châteaux et enceintes, 1–2, passim. – Gisors, ch.-l. de cant., dép. Eure, arr. Les Andelys.

193 Sugerius, Vita Ludovici, S. 110.

194 Siehe unter anderem Ordericus Vitalis, Historia ecclesiastica, 5, S. 214, 216. – Trie-Château, cne., dép. Oise, arr. Beauvais, cant. Chaumont-en-Vexin. Boury-en-Vexin, cne., dép. Oise, arr. Beauvais, cant. Chaumont-en-Vexin.

195 Vgl. Bruno LEPEUPLE, Un bourg castral du Vexin normand: Château-sur-Epte, in: Château et peuplement, S. 237–241; DERS., Deux contre-châteaux d'Henri Ier Beauclerc en 1118–1119: approche historique et topographique, in: Des châteaux et des sources, S. 187–201.

196 Hierzu siehe die Bemerkungen bei SOHN, Kanonikerstift, S. 206–238.

197 DUFOUR, Recueil, 5, S. 199. Siehe auch unter anderem Ordericus Vitalis, Historia ecclesiastica, 4, S. 264. – Es dürfte kein Zufall sein, wenn Philipp I. ausgerechnet im Jahre 1092 dem Erzbischof Wilhelm von Rouen das Kollegiatstift Saint-Mellon in Pontoise *»in fedium«* gab und ihm die Rückgabe des Archidiakonats Vexin, die der Graf Walter, der Sohn Drogos, bereits vollzogen hatte, bestätigte (PROU, Recueil, S. 321–323). Mit der Annahme des Lehens war der Erzbischof von Rouen die Verpflichtung eingegangen, sich jährlich mindestens einmal an den Hof des kapetingischen Herrschers zu begeben, sei es nach Beauvais, sei es nach Paris oder Senlis (ebd., S. 323). Die Königsurkunde legt fest: *»... si est de fedio meo, de me illud habeat Rotomagensis archiepiscopus, si vero est de archiepiscopatu, de comite Normannorum teneat, cujus est archiepiscopus«* (ebd.). Da das Erzbistum Rouen bis zur Oise reichte und somit Pontoise noch einschloß (LONGNON, Pouillés de la province de Rouen, S. 66f.), konnte der König nicht umhin, die kirchlichen Belange in seinem Handeln mit zu berücksichtigen.

198 FLICHE, Le règne, S. 79f.

199 1204, la Normandie entre Plantagenêts et Capétiens.

200 Zur Geschichte der Abtei Saint-Denis: Atlas historique de Saint-Denis; Patrick PÉRIN, Saint-Denis. Église Saint-Denis, in: Atlas archéologiques de la France, S. 209–218; LOMBARD-JOURDAN, Saint-Denis; GROSSE, Saint-Denis zwischen Adel und König.

201 WERNER, Ursprünge, S. 465–467.

202 Franz J. FELTEN, Robert I., in: EHLERS/MÜLLER/SCHNEIDMÜLLER, Könige, S. 36–38.

203 Neithard BULST, Art. Fleury-Saint-Benoît-sur-Loire, in: LMA, 4, Sp. 547f.; Karl Suso FRANK, Art. Fleury, in: LThK³, 3, Sp. 1319f.

204 André de Fleury, Vita Gauzlini abbatis Floriacensis monasterii, S. 60.

205 MOSTERT, The Political Ideas, S. 85–100; HEAD, Hagiography, ad indicem; RICHE, Abbon de Fleury; Abbon, un abbé de l'an mil; Neithard BULST, Art. Gauzlin, in: LMA, 4, Sp. 1145f. Wie der Chronist Ademar von Chabannes berichtet, soll Gauzlin ein illegitimer Sohn Hugo Capets gewesen sein. Doch finden sich hierfür keine weiteren Hinweise in den Quellen. Vgl. Adémar de Chabannes, Chronique, S. 161f.

206 Hierzu BRUNHÖLZL, Geschichte, 2, S. 177–179, 581f.

207 ZIMMERMANN, Papsturkunden, 2, S. 655–657, Zitat auf S. 656; DERS., Papstregesten, S. 237f. Nr. 776f. Siehe zu diesem Privileg und weiteren päpstlichen Urkunden für Fleury sowie zur Frage der Fälschung MOSTERT, Urkundenfälschungen, S. 287–318.

208 ZIMMERMANN, Papsturkunden, 2, S. 656.

209 Helgaud von Fleury, Epitoma vitae regis Rotberti Pii, S. 88.

210 ZIMMERMANN, Papsturkunden, 2, S. 656.

211 André de Fleury, Vita Gauzlini abbatis, S. 50. Zum Datum der Bischofserhebung Gauzlins siehe die Bemerkungen der Editoren in der Einleitung ebd., S. 20f.

212 Vgl. BRUNHÖLZL, Geschichte, 2, S. 180.

213 Zu Leben und Werk Sugers siehe Suger en question.

214 Zur cluniacensischen Reform von Fleury und Saint-Denis sowie anderen Klöstern im robertinischen Machtbereich: WERNER, Ursprünge, S. 507–510; WOLLASCH, Cluny, S. 44–47, 51–53, 86f., 98f.

215 Zur Bestattung der Kapetinger in Saint-Denis: ERLANDE-BRANDENBURG, Le roi, S. 74ff. Siehe ergänzend zum Gedenken der Kapetinger seitens des Dionysiuskonventes DECKER-HEUER, Studien, S. 179ff.

216 Heinrich I. verstarb in Vitry(-en-Brie), im Wald von Fontainebleau gelegen, nicht in Vitry-aux-Loges bei Orléans, wie hier und da zu lesen ist. Siehe Chronique de Saint-Pierre-le-Vif de Sens, S. 126:»Mortuo autem Hainrico rege apud Vitriacum castrum in Bieria et sepulto in basilica Sancti Dionisii ...«

217 Vgl. Sugerius, Vita Ludovici, S. 84. Die Beweggründe, die Suger angibt, überzeugen nicht: »... quod minus bene erga ecclesiam se habuerat et quia inter tot nobiles reges non magni duceretur ejus sepultura ...« (ebd.).

218 Zum 1146 gegründeten Kloster Barbeaux, 8 Kilometer von Melun entfernt, siehe Joseph-Marie CANIVEZ, Art. Barbeaux, in: DHGE, 6, Sp. 629–631.

219 GROSSE, Saint-Denis zwischen Adel und König, S. 131–136.

220 Sugerius, Vita Ludovici, S. 266.

221 Sugerius, Vita Ludovici, S. 266.

222 Sugerius, Vita Ludovici, S. 272.

223 Sugerius, Vita Ludovici, S. 272.

224 Sugerius, Vita Ludovici, S. 280.

225 Sugerius, Vita Ludovici, S. 284.

226 Sugerius, Vita Ludovici, S. 284.

227 Die einzelnen Nachweise bei SOHN, Kapetinger, S. 100 Anm. 130.

228 VIARD, Les Grandes Chroniques de France, 5, S. 35.

229 Sugerius, Vita Ludovici, S. 84.

230 Zur Schlacht von Brémule und zu den Verhandlungen bis zum Friedensschluß: BERG, England, S. 278–287.

231 BERG, England, S. 287.

232 DUFOUR, Recueil, 1, S. 334–338.

233 Cergy, ch.-l. de cant., dép. Val-d'Oise, arr. Pontoise.

234 DUFOUR, Recueil, 1, S. 338: »...quoniam jure et consuetudine regum Francorum demigrantium insignia regni ipsi sancto martiri, tanquam duci et protectori suo ...«

235 PROU, Recueil, S. 305.

236 Achille LUCHAIRE, Louis VI le Gros. Annales, S. 160, Nr. 348.

237 DUFOUR, Recueil, I, S. 458–466, Zitat auf S. 465.

238 Sugerius, Vita Ludovici, S. 218–230 (zu den Ereignissen), zum Vorhaben Heinrichs V. (ebd., S. 218): »... *imperator Henricus, collecto longo animi rancore contra dominum regem Ludovicum, eo quod in regno ejus Remis in concilio domini Calyxti anathemate innodatus fuerat, exercitum quantumcumque potest Lotaringorum, Alemannorum, Baioariorum, Suevorum et Saxonum, licet eis infestaretur, colligit alioque tendere simulans, consilio regis anglici Henrici, cujus filiam reginam duxerat, qui etiam regi guerram inferebat, Remis civitatem inopinare aggredi machinatur, proponens aut eam subito destruere aut tanta dehonestacione et oppressione civitatem obsidere, quanta dominus papa in eum agens sedit sessione.*«

239 Sugerius, Vita Ludovici, S. 218.

240 BERG, England, S. 298–306.

241 DUFOUR, Recueil, I, S. 465.

242 DUFOUR, Recueil, I, S. 465.

243 DUFOUR, Recueil, I, S. 465.

244 DUFOUR, Recueil, I, S. 465f.: »... *eosdem patronos nostros ... ipsis sanctis martyribus, ducibus et protectoribus nostris ...*«

245 Sugerius, Vita Ludovici, S. 220.

246 Sugerius, Vita Ludovici, S. 220.

247 DUFOUR, Recueil, I, S. 465. Ähnlich schreibt Suger (Sugerius, Vita Ludovici, S. 220): »*Rex autem, vexillum ab altari suscipiens, quod de comitatu Vilcassini, quo ad ecclesiam feodatus est, spectat, votive tanquam a domino suo suscipiens, pauca manu contra hostes, ut sibi provideat, evolat, ut eum tota Francia sequatur potenter invitat.*«

248 Gesta Suggerii abbatis, in: Suger, Œuvres, I, S. 66: »*Vilcassini siquidem ... nobilem comitatum, quem perhibent immunitates ecclesiae proprium beati Dyonisii feodum, quem etiam rex Francorum Ludovicus Philippi, accelerans contra imperatorem romanum insurgentem in regnum Francorum, in pleno capitulo beati Dyonisii professus est se ab eo habere et jure signiferi, si rex non esset, hominium ei debere ...*«

249 Vgl. BUCHNER, Karlsprivileg, S. 12–28, 250–265, siehe hier S. 22.

250 Vgl. GRIERSON, L'origine, S. 81–125; FEUCHÈRE, Une tentative manquée, S. 1–37, siehe besonders S. 6; BARROUX, L'Abbé Suger, S. 1–26. Ein Nachweis dafür, daß die Grafen des Vexin als Vögte von Saint-Denis in früheren Zeiten fungiert haben, steht noch aus. Vgl. GROSSE, Saint-Denis zwischen Adel und König, S. 30–37.

251 Zu dem Banner: Philippe CONTAMINE, Art. Oriflamme, in: LMA, 6, Sp. 1454f. Ausführlicher DERS., L'oriflamme, S. 179–244.

252 DUFOUR, Recueil, I, S. 465.

253 Vgl. BERG, England, S. 300–306.

254 SCHRAMM, König, I, S. 139. Vgl. Sugerius, Vita Ludovici, S. 230: »*Quo facto, nostrorum modernitate nec multorum temporum antiquitate, nichil clarius Francia fecit aut potencie sue gloriam, viribus menbrorum suorum adunatis, gloriosius propalavit, quam cum uno eodemque termino de imperatore romano et rege anglico, licet absens, triumphavit.*«

255 DUFOUR, Recueil, I, S. 465f.

256 DUFOUR, Recueil, I, S. 465.

257 DUFOUR, Recueil, I, S. 465f.

258 DUFOUR, Recueil, I, S. 465f. (Lokalisierung nach Editor).

259 Dufour, Recueil, I, S. 466. Zum Lendit und zu den Pariser Messen siehe unter »3.2 Ausbau der städtischen Infrastruktur und wirtschaftliche Anreize«.

260 Dufour, Recueil, 1, S. 466.

261 Chartes de Suger, ed. Françoise Gasparri, in: Suger, Œuvres, 2, S. 157–167, die Bestimmung zum Anniversargedenken S. 165 (*»… ut eadem die de prefatis Vilcassini decimis ab eo nobis collatis viginti solidos propriae refectioni habeant precipimus.«*). Weitere Anordnungen der Urkunden betreffen unter anderem jeweils ein neues Wochenoffizium zu Ehren der Gottesmutter und des heiligen Dionysius.

262 Chartes de Suger, ed. Françoise Gasparri, in: Suger, Œuvres, 2, S. 156f.

263 Vgl. die Beschreibung seines Biographen (Vie de Suger par le moine Guillaume, ed. Françoise Gasparri, in: Suger, Œuvres, 2, S. 297):*»Illud siquidem de hoc viro mirari libet, quod in tam brevi corpusculo talem natura collocaverit animum, tam formosum, tam magnum, nisi quod liquido per hunc ostendere voluit posse sub qualibet cute animum latere formosissimum, et quovis loco nasci virtutem, et ut sciremus brevitate corporis animum non infirmari sed animi viribus corpus ornari.«*

264 Grosse, Papsturkunden, Diözese Paris, II. Abtei Saint-Denis, S. 148–151 (*»… Ad hec comitatum Vilcassini, qui iuris beati Dionisii est, quem karissimus filius noster Lodoicus rex Francorum per te a beato Dionisio in beneficium et feodum suscepisse cognoscitur …«*).

265 MGH DD Karol. 1, Nr. 286, S. 428–430. Vgl. Groten, Urkunde, S. 1–36 (1129, dem Jahr der Königskrönung Philipps, zugeordnet). Ob diese Fälschung in bezug auf die Königskrönung Philipps in Reims 1129 entstanden ist, wie der Vf. meint, mag hier dahingestellt bleiben. Auch im Umfeld der Ereignisse im Jahre 1124 könnte die Anfertigung einer solchen Fälschung sinnvoll erschienen sein. Eine Einordnung der Fälschung in die Zeit von 1147 bis 1149 bevorzugt Buchner, Karlsprivileg, S. 12–28, 250–265 (weist eine Datierung im Zusammenhang mit der Vita Karoli Magni nach 1165 zurück). – Zum Karlskult und Saint-Denis: Schramm, König, 1, S. 134–141.

266 Ehlers, Politik, S. 149–175, hier S. 154.

267 MGH DD Karol. 1, Nr. 286, S. 429 (*»… Sanctissime domine Dionysi … teneas atque possideas dominium et in signum rei quatuor modo aureos tibi offero bizancios, ut omnes tam praesentes quam et futuri sciant et agnoscant, quod a deo solo et a te regnum Franciae teneo tuoque ac tuorum sociorum fretus auxilio et suffragantibus meritis illud ancipiti gladio defendo obsecrans atque obtestans omnes successores nostros reges, ut annuatim simile faciant …«*).

268 MGH DD Karol. 1, Nr. 286, S. 429.

269 MGH DD Karol. 1, Nr. 286, S. 429f.

270 MGH DD Karol. 1, Nr. 286, S. 429.

271 MGH DD Karol. 1, Nr. 286, S. 429.

272 *Descriptio qualiter Karolus magnus clavum et coronam Domini a Constantinopoli Aquisgrani detulerit qualiterque Karolus Calvus ad Sanctum Dyonisium retulerit*, in: Rauschen, Legende, S. 95–126, siehe S. 106ff. Hierzu Grosse, Saint-Denis, S. 42–54 (Neudatierung auf 1053/54).

273 Schramm, König, 1, S. 139f.; Philippe Contamine, Art. Oriflamme, in: LMA, 6, Sp. 1454f.

274 Zur Rolle von Saint-Denis als Hort des Krönungsschatzes: Schramm, König, 1, S. 133.

275 Schramm, König, 1, S. 141f.

276 Schramm, König, 1, S. 135.

277 Joachim Ehlers, Ludwig VII. 1137–1180, in: Ders./Müller/Schneidmüller, Könige, S. 145.

278 Die Darstellung von Sugers Biographen Wilhelm wirkt überhöht: »... *cum potis-simum ex optimatibus vel personis ecclesiasticis rerum summam et regni oporteret committi gubernacula.*« (Vie de Suger par le moine Guillaume, ed. Françoise GASPARRI, in: Suger, Œuvres, 2, S. 333).

279 Joachim EHLERS, Philipp II. 1180–1223, in: DERS./MÜLLER/SCHNEIDMÜL-LER, Könige, S. 159.

280 Zu beiden Regenten siehe LE GOFF, Saint Louis, ad indicem, zur Bestellung S. 294.

281 LE GOFF, Saint Louis, S. 280f.

282 LE GOFF, Saint Louis, S. 347.

283 Zu dieser Regentin siehe Ludwig VONES, Art. Blanca von Kastilien, in: LMA, 2, Sp. 258f.

284 Rudolf SCHIEFFER, Regieren ohne Hauptstadt. Ambulanz von Herrrschaftsfor-men in der frühen deutschen Geschichte, in: BAUMUNK/BRUNN, Hauptstadt, S. 37.

285 Zur Entwicklung von administrativen Strukturen im europäischen Vergleich Norbert KAMP, Friedrich II. im europäischen Zeithorizont, in: ESCH/KAMP, Fried-rich II., S. 1–22.

286 Über den Münsteraner Sonderforschungsbereich 231 gaben die Jahresberichte in den Frühmittelalterlichen Studien Auskunft. Siehe hier nur Hagen KELLER, Ora-lité et écriture, in: Les tendances actuelles de l'histoire, S. 127–142.

287 Siehe Ulrich MATTEJIET/Werner RÖSENER/Elisabeth LALOU, Art. Seneschall, in: LMA, 7, Sp. 1751–1754. In einem gewandelten zeitlichen Kontext wurde das all-gemeine Seneschallamt 1191 abgeschafft.

288 Robert-Henri BAUTIER, Art. Chancelier, chancellerie, in: LMA, 2, Sp. 1691–1696.

289 Elisabeth LALOU, Art. Chambrier, in: LMA, 2, Sp. 1677.

290 Robert-Henri BAUTIER, Art. Bouteiller, in: LMA, 2, Sp. 518f.

291 Philippe CONTAMINE, Art. Connétable de France, in: LMA, 3, 1986, Sp. 138–140.

292 Jean DUFOUR, Art. Garlande, in: LMA, 4, Sp. 1118. – Lagny-sur-Marne, ch.-l. de cant., dép. Seine-et-Marne, arr. Meaux.

293 Jean DUFOUR, Art. Garlande, Étienne de, in: LMA, 4, Sp. 1118f.; BOUSSARD, Paris, ad indicem.

294 Zur Kapelle Saint-Aignan siehe Xavier DECTOT, in: Autour de Notre-Dame, S. 122–124. Die Kapelle war an ihrer südlichen Seite auf die nördliche, spätantike Wehrmauer gesetzt worden, ging also über den von dieser umschlossenen Bereich hinaus.

295 Sugerius, Vita Ludovici, S. 38. – Montlhéry, ch.-l. de cant., dép. Essonne, arr. Palaiseau.

296 BALDWIN, Philippe Auguste, ad indicem. Siehe auch LOHRMANN, Raumbe-wußtsein, S. 155–178, hier S. 157–165.

297 BALDWIN, Philippe Auguste, ad indicem.

298 BALDWIN, Philippe Auguste, S. 510f., 515–517. – Fréteval, cne., dép. Loir-et-Cher, arr. Vendôme, cant. Morée.

299 BALDWIN, Philippe Auguste, S. 518–525.

300 Siehe ausführlicher unter »2.4.5 Genese des kapetingischen *palatium* und Ausbau von Paris zur königlichen Festungs- und Residenzstadt bis zum Tode Philipps II. (1180–1223)«.

301 BALDWIN, Philippe Auguste, S. 513–518.

302 Ludwig VONES, Ludwig IX. 1226–1270, in: EHLERS/MÜLLER/SCHNEIDMÜLLER, Könige, S. 181f. Vgl. zur Entwicklung des französischen Königtums im 13. Jahrhundert EHLERS, Monarchie, S. 165–183.

303 LOHRMANN, Raumbewußtsein, S. 165–171.

304 Vgl. in französischer und europäischer Perspektive SCHULZ, Freiheit. Zu den Kapetingern und dem Entstehen von Kommunen siehe als Beispiele Pontoise (1188) und Mantes (1150): DOUSSET, La commune.

305 Siehe Elisabeth LALOU, Art. Prévôt, Der Prévôt von Paris, in: LMA, 7, Sp. 199f.; ferner SERPER, L'administration royale, S. 123–139; CAZELLES, Paris, S. 197–222.

306 FAVIER, Paris, S. 551.

307 DE LESPINASSE/BONNARDOT, Les métiers et corporations. Vgl. LE GOFF, Saint Louis, S. 237f.

308 FIERRO, Histoire, S. 968–971. Siehe auch SOHN, Paris capitale, S. 29.

309 BOVE, Dominer la ville.

310 FAVIER, Paris, S. 555. Zu Évroïn de Valenciennes siehe BOVE, Dominer la ville, ad indicem.

311 Vgl. BRÜHL, Palatium, I, S. 6–33, hier S. 14, 21–24, 33 (»die römisch-merowingische Pfalz auf der Cité-Insel«); Patrick PÉRIN, Paris (Seine), Palais de l'Antiquité et du haut Moyen Âge, in: Palais médiévaux, S. 70–72.

312 Grundlegend zur Genese der königlichen Residenz auf der Seineinsel GUÉROUT, Palais, 1949, S. 57–212; 1950, S. 21–204; 1951, S. 7–101; ergänzt von DEMS., L'hôtel du roi au palais de la Cité à Paris sous Jean II et Charles V, in: Vincennes, S. 219–288. Vgl. die überblickshaften Bemerkungen zu den Pariser Residenzen des Königs – bis zum 14. Jahrhundert wahrt das *palatium* auf der Île de la Cité seine »Monopolstellung« – bei Boris BOVE, Les palais royaux à Paris au Moyen Âge (XIᵉ–XVᵉ siècles), in: Palais et Pouvoir, S. 45–79. Siehe auch FAVARD, Au coeur de Paris.

313 Helgaud von Fleury, Epitoma vitae regis Rotberti Pii, S. 76: »*Palacium insigne quod est Parisius, suo construxerant jussu officiales ejus …*«

314 Vgl. Helgaud von Fleury, Epitoma vitae regis Rotberti Pii, S. 76f. Anm. 1. Als terminus post quem ist der Tod des Grafen Burchard von Vendôme († 1005) anzusehen. Siehe unter »2.3 Zum westfränkischen Königreich unter Hugo Capet (987–96) und Robert II. (996–1031)«.

315 Helgaud von Fleury, Epitoma vitae regis Rotberti Pii, S. 130. Nach einer späteren Urkunde Ludwigs VII. von 1160/61 soll Ludwig VI. die Kapelle erbaut haben: »*… pater meus, bone memorie rex Ludovicus, anime sue consulens, in honore beati confessoris Nicholai, Parisius, in palatio, capellam constituit …*« (Cartulaire général de Paris, I, S. 364). Doch handelt es sich wohl eher um eine Schenkung Ludwigs VI. (oder Instandsetzung der Kapelle) beziehungsweise um die Einrichtung einer Kaplanei (vgl. GUÉROUT, Palais, 1949, S. 113; Helgaud von Fleury, Epitoma vitae regis Rotberti Pii, S. 131 Anm. 11). – Auch ein Altar in der von Robert II. erbauten Klosterkirche Saint-Aignan zu Orléans war dem heiligen Nikolaus geweiht (Helgaud von Fleury, Epitoma vitae regis

Rotberti Pii, S. 108). Doch wird eine herausgehobene Verehrung des heiligen Nikolaus durch Robert II. nicht greifbar.

316 Vgl. Helgaud von Fleury, Epitoma vitae regis Rotberti Pii, S. 131 Anm. 11.

317 Helgaud von Fleury, Epitoma vitae regis Rotberti Pii, S. 130–132.

318 Cartulaire général de Paris, I, S. 98–100 (nach dem Editor gegen 997 oder 999
zu datieren). Vgl. GUÉROUT, Palais, 1949, S. 116 Anm. 3.

319 Helgaud von Fleury, Epitoma vitae regis Rotberti Pii, S. 80–82: »Hujus igitur incliti
regis avus, Hugo, pro pietate, bonitate, fortitudine Magnus dictus, monasterium sancti Maglorii, confessoris Christi, in civitate Parisius simul cum filio construens nobiliter, monachos
sub regula patris Benedicti vivere paratos ibi collocat et in auro vel argento locum ipsum ditat et
ceteris ornamentis pro salute sua et filii ac future posteritatis.« Siehe auch ebd., S. 81 Anm. 6.

320 Vgl. GUÉROUT, Palais, 1949, S. 116–121; FIERRO, Histoire, S. 542.

321 Cartulaire général de Paris, I, S. 356. Da der Nennung Hugos die Worte »antecessoribus nostris regibus« vorangehen, handelt es sich um Hugo Capet.

322 Cartulaire général de Paris, I, S. 356: »... abbas Sancti Maglorii antiquitus capellanus
regum constitutus est ...«

323 Cartulaire général de Paris, I, S. 135f. (»Actum est hoc Parisius publice, in aula regia
...«), das Zitat findet sich auf S. 135. In einer anderen Urkunde Philipps I. aus dem
Jahre 1072 heißt es zur Lage der Klosterkirche: »... aecclesie Sanctorum Bartholomei et
Maglorii, nostro palatio adherenti.« (ebd., S. 129).

324 GUÉROUT, Palais, 1949, S. 118.

325 Cartulaire général de Paris, I, S. 341.

326 Cartulaire général de Paris, I, S. 341.

327 Ein Beispiel: Solange und sooft der König oder die Königin oder auch der königliche Nachwuchs in der Pfalz zugegen wären, sollte der Kaplan der Marienkapelle
vier Brote, einen halben Schoppen Wein, einen fahrbaren Untersatz einer Wachs-
kerze (»tesam candele«) und zwei solidi täglich erhalten (Cartulaire général de Paris, I,
S. 341).

328 Zur Taufe des Thronfolgers: SIVÉRY, Philippe Auguste, S. 25–27.

329 Vgl. GUÉROUT, Palais, 1949, S. 136.

330 GUÉROUT, Palais, 1949, zwischen den Seiten 56 und 57.

331 Sugerius, De glorioso rege Ludovico, Ludovici filio, in: Suger, Œuvres, 1, S. 156–
177, hier S. 162. Die Vita Ludwigs VII. verfaßte Abt Suger von Saint-Denis einige
Jahre nach dessen Regierungsantritt, vermutlich zur Jahrhundertmitte hin (zur
Datierung siehe die Bemerkungen der Editorin ebd., S. LVI–LVIII). – Adelheid von
Maurienne heiratete bald nach dem Ableben Ludwigs VI. Mathieu von Mont-
morency.

332 Sugerius, De glorioso rege Ludovico, Ludovici filio, in: Suger, Œuvres, 1, S. 162,
164.

333 Zu Robert I. von Beaumont und seiner Familie: Robert-Henri BAUTIER, Art.
Beaumont-le-Roger, in: LMA, 1, Sp. 1758–1761.

334 Guy DEVAILLY, Art. Meulan, in: LMA, 6, Sp. 589f. – Meulan, ch.-l. de cant., dép.
Yvelines, arr. Mantes-la-Jolie.

335 Vgl. Sugerius, Vita Ludovici, S. 104.

336 Hierzu Robert-Henri BAUTIER, Paris au temps d'Abélard, in: Abélard en son
temps, S. 21–77, hier S. 40f., wieder abgedruckt in: DERS., Études sur la France ca-

pétienne, Tl. 1, S. 21–77. Vgl. LUCHAIRE, Louis VI le Gros. Annales, Nr. 109–111, S. 58–60. Siehe auch das Itinerar von Ludwig VI. in: DUFOUR, Recueil, 3, S. 205.

337 Siehe SOHN, Paris als Festung, S. 371–385.

338 Geoffroy de Courlon, Chronique de l'abbaye de Saint-Pierre-le-Vif de Sens, S. 470.

339 Zum Herzog von Berry siehe Françoise AUTRAND, Art. Jean II., in: LMA, 5, Sp. 330f. Zu den Künstlern Marion GRAMS-THIEME, Art. Limburg, Brüder von, in: Ebd., Sp. 1990.

340 BESSE/GODEAU, Tableaux, S. 17.

341 GUÉROUT, Palais, 1949, S. 123.

342 Zu Nachweisen siehe weiter unten in diesem Kapitel.

343 Nach Sohn, Paris als Festung, S. 379f.

344 Zum Prévôt und seinen Befugnissen: BALDWIN, Philippe Auguste, S. 177f., 196f., 435–443; LE GOFF, Saint Louis, S. 233–238.

345 Les registres de Philippe Auguste, I, S. 570f.

346 Matthaeus Parisiensis, Chronica majora, Bd. 2, S. 422.

347 SOHN, Acqua alta, S. 286f.

348 DUFOUR, Recueil, 1, S. 415–417 (»... Ludovicus gloriosus rex ... consilium accepit castrum aedificandi in loco qui vocatur Karolivana, quod pagum Parisiensem ab inimicis custodiret ...«). – La Chaussée (ehemals Charlevanne), Yvelines, arr. Saint-Germain-en-Laye, cant. La Celle-Saint-Cloud, cne. Bougival.

349 Zum folgenden nach SOHN, Paris als Festung, S. 375ff. (mit den entsprechenden Belegen).

350 Rigordus, Gesta Philippi Augusti, in: Œuvres de Rigord et de Guillaume le Breton, 1, S. 105, vgl. S. 129. Die königliche Ordonnance für den Bau der Stadtmauer in Paris – wie auch in anderen Städten – ist nicht mehr erhalten. Vgl. Recueil des actes de Philippe Auguste, V, S. 179f.

351 Le Guide du Patrimoine. Paris, S. 284 (nach Michel Fleury). Vgl. Art. Lupara, in: DU CANGE, Glossarium mediae et infimae Latinitatis, 4, S. 154; zudem SAUVAL, Histoire, 2, S. 9f.

352 L'enceinte et le Louvre de Philippe Auguste.

353 SOHN, Stadtgeschichtsforschung, S. 178–183.

354 SOHN, Hauptstadtwerdung, S. 93. Unter Karl V. entstand ein weiterer königlicher Residenzkomplex bei der Kirche Saint-Pol im Marais.

355 Guillelmus Armoricus, Gesta Philippi Augusti, in: Œuvres de Rigord et de Guillaume le Breton, 1, S. 293 (»... in turri nova extra muros ...«).

356 FLEURY/KRUTA, Premiers résultats, S. 657.

357 Vgl. SEMMLER, Residenzen, S. 1217–1236; Werner PARAVICINI, Die Residenzen der Herzöge von Burgund, 1363–1477, in: PATZE/PARAVICINI, Residenzen, S. 207–263 (wieder abgedruckt in PARAVICINI, Menschen, S. 445–506), siehe hier S. 209–211, 221–227, 230f.

358 Eine kartographische Darstellung bei LORENTZ/SANDRON, Atlas, S. 106, mit Erläuterungen S. 106–109.

359 Gesta Suggerii abbatis, in: Suger, Œuvres, 1, S. 60. Nach eigenem Bekunden hat sich Suger im übrigen als Regent – so in einem Brief aus dem Jahre 1149 (vor dem 3. April) an König Ludwig VII. – darum bemüht, »domos vestras et palatia integra ser-

vare, diruta reparare« (Lettres de Suger, in: Œuvres, 2, S. 39). Sein Biograph Wilhelm, ebenfalls Mönch von Saint-Denis, berichtet hiervon: *»Siquidem et aedes restauravit regias, et ruinas murorum erexit et turrium«* (Vie de Suger par le moine Guillaume, in: Ebd., S. 337). Ob derartiges Handeln auch die Instandhaltung oder Erneuerung der königlichen Residenz auf der Île de la Cité einschloß, läßt sich mangels anderer Quellenaussagen nicht erhärten.

360 SEMMLER, Residenzen, S. 1220.

361 SEMMLER, Residenzen, S. 1220 (in der heute nicht mehr vorhandenen Rue Paon).

362 SEMMLER, Residenzen, S. 1222.

363 SEMMLER, Residenzen, S. 1221–1223, 1229.

364 SEMMLER, Residenzen, S. 1230–1233; LORENTZ/SANDRON, Atlas, S. 108f. Hinsichtlich des Bruders Ludwigs IX. siehe Yves DOSSAT, Art. Alfons von Poitiers, in: LMA, I, Sp. 407f. Zu spätmittelalterlichen Residenzen weltlicher Fürsten in Paris vgl. ROUX, Résidences princières parisiennes: l'exemple de l'hôtel de Bourbon, fin XIVe – milieu XVe siècle, in: PATZE/PARAVICINI, Residenzen, S. 75–101; Werner PARAVICINI, Die Residenzen der Herzöge von Burgund, 1363–1477, in: Ebd., S. 207–263.

365 SEMMLER, Residenzen, S. 1221; FAVIER, Paris au XVe siècle, ad indicem. Heute beherbergt das Hôtel die Bibliothek Forney (siehe die Publikation Hôtel de Sens. Bibliothèque Forney).

366 FAVIER, Paris au XVe siècle, ad indicem; HUCHARD, Du musée de Cluny, S. 9–19; Pierre-Yves LE POGAM, Cristallisation, métamorphoses et résistances du patrimoine: le cas du musée de Cluny, in: SOHN, Memoria, S. 263–282. Zum genannten Abt von Cluny: Robert-Henri BAUTIER, Rémy Scheurer, Art. Amboise, Jakob II., in: LMA, I, Sp. 519.

367 Vgl. CAZELLES, Paris, S. 131–156; FAVIER, Paris, S. 37–46; LAVEDAN, Histoire, S. 128–133. Für das Spätmittelalter gestaltet sich die Quellenlage günstiger als für vorherige Zeiten, da aus dieser Epoche unter anderem Steuerlisten ab 1292 und insbesondere ein Feuerstellenverzeichnis aus dem Jahre 1328 (61.098) vorliegen. Siehe beispielsweise die Editionen Le livre de la taille de Paris l'an 1296 und Le livre de la taille de Paris l'an 1297.

368 FAVIER, Paris, S. 38, 42.

369 Vgl. ENNEN, Die europäische Stadt, S. 225–229; ISENMANN, Die deutsche Stadt, S. 31; CAZELLES, Paris, S. 138; Patrick BOUCHERON/Denis MENJOT, La ville médiévale, in: Histoire de l'Europe urbaine, I, S. 394–401.

370 Vgl. Peter ALTER, London in der Neuzeit, in: SOHN/WEBER, Hauptstädte, S. 57–79; Andreas WIRSCHING, Paris in der Neuzeit (1500–2000), in: Ebd., S. 103–128.

371 Belegt beispielsweise in Cartulaire général de Paris, I, S. 258, 381 (»... ultra Magnum Pontem ...«); Recueil des actes de Philippe Auguste, 3, S. 299 (»... ultra Parvum Pontem ...«).

372 Guillebert de Metz, Description de la ville de Paris sous Charles VI, S. 117–236, hier S. 152–194.

373 Zu Ludwig IX. und seiner Herrschaft siehe hier die Biographie von LE GOFF, Saint Louis; einen Überblick bietet Ludwig VONES, Ludwig IX. 1226–1270, in: EH-

LERS/MÜLLER/SCHNEIDMÜLLER, Könige, S. 176–193. Bezüglich des Ausbaus der Residenz unter Ludwig IX. siehe GUÉROUT, Palais, 1949, S. 148–171.

374 Enno BÜNZ, Gottesdienst und Frömmigkeit, in: PARAVICINI, Höfe. Bilder und Begriffe, Teilband 1 (Residenzenforschung, 15,2), S. 35–37 (mit weiteren bibliographischen Hinweisen).

375 Siehe hier zum Beispiel STEVENS, Burgkapellen.

376 Enno BÜNZ, Kapelle (Doppel-), in: PARAVICINI, Höfe. Bilder und Begriffe (Residenzenforschung, 15,2), Teilband 1, S. 37–40.

377 Claudine BILLOT, L'insertion d'un quartier canonial dans un palais royal: problèmes de cohabitation. L'exemple de la Sainte-Chapelle de Paris, in: Palais royaux, S. 111–116, hier S. 112.

378 Vgl. zum folgenden: LE GOFF, Saint-Louis, S. 140–146; BOZÓKY, Politique, S. 165–169.

379 Zur Zusammensetzung des neuen Reliquienschatzes: BOZÓKY, Politique, S. 165f. Im Blick auf die spezifische Bedeutung von Passion, Reliquien und ikonographischer Inszenierung vgl. Josef ENGEMANN/Beate BRAUN-NIEHR/Marcell St. RESTLE/Konrad ONASCH, Art. Passion, Ikonographie, in: LMA, 6, Sp. 1765–1769; Genoveva NITZ, Art. Dornenkrönung, in: LThK³, 3, Sp. 345f.

380 Siehe BOZÓKY, Politique, S. 244f.

381 KIMPEL/SUCKALE, Architektur, S. 401.

382 Zur Sainte-Chapelle, zu der zahlreiche Beiträge vorliegen, vgl. hier nur KIMPEL/SUCKALE, Architektur, S. 400–405; LE GOFF, Saint Louis, S. 146–148; DE FINANCE, La Sainte-Chapelle; LENIAUD/PERROT, La Sainte Chapelle. Zuletzt zu einem Teilaspekt Alain ERLANDE-BRANDENBURG, Les apôtres de la Sainte-Chapelle à Paris, in: La sculpture, S. 26–31.

383 DE FINANCE, La Sainte-Chapelle, S. 7.

384 Vgl. unter anderem MÜLLER, Paris, S. 325–336.

385 BILLOT, Les Saintes Chapelles, ein chronologischer Überblick über die einzelnen Kapellen auf S. 14. Der Erbauer der Heiligen Kapellen in Riom, in der nördlichen Auvergne gelegen, und Bourges war jeweils der Herzog Johann II. von Berry, der sie ab 1382 beziehungsweise 1405 ins Werk setzen ließ. Eine seiner Lieblingsresidenzen befand sich in Riom. Zu beiden Gotteshäusern siehe ebd., S. 55–63, ferner zur Palastkapelle in Bourges den Ausstellungskatalog Une fondation disparue.

386 Vgl. GUÉROUT, Palais, 1949, S. 155–163.

387 BESSE/GODEAU, Tableaux, S. 17.

388 La Seine et Paris.

389 Vgl. die Bemerkung des Althistorikers Paul-Marie Duval: »Les fleuves de la Gaule, eux aussi, ont préparé la nation, mais ce sont les voies romaines, succédant aux pistes gauloises, qui l'ont cimentée.« (DUVAL, Les voies gallo-romaines, in: DERS., Travaux, 2, S. 746).

390 Vgl. ROULEAU, Le tracé, S. 27–53 (mit Karten).

391 Während das Itinerarium Antonini Augusti wohl aus dem ausgehenden 3. Jahrhundert datiert, beruht die im späten 12. Jahrhundert erstellte Kopie auf einer spätantiken schematischen Darstellung, wahrscheinlich aus dem 4. oder 5. Jahrhundert. Da der Humanist Conrad Celtis (1459–1508) diese Tafel in einem süddeutschen Kloster entdeckte und sie im Jahre 1508 dem Augsburger Conrad Peutinger (1465–1547) hin-

terließ, wurde sie als *Tabula Peutingeriana* bezeichnet. Siehe zu beiden Quellen: CHE-
VALLIER, Les voies romaines, S. 23–33; Kai BRODERSEN/Joachim GRUBER, Art.
Tabula Peutingeriana, in: LMA, 8, Sp. 398f.

392 CHEVALLIER, Les voies romaines, S. 181–196; Paul-Marie DUVAL, Les voies
gallo-romaines, in: DERS., Travaux, 2, S. 739–756 (konziser, instruktiver For-
schungsüberblick), eine Karte auf S. 745.

393 Zu den römischen Straßen im Pariser Raum: GRENIER, Manuel, Teil 2, S. 416–
421; ROBLIN, Le terroir de Paris, S. 92–150; DUVAL, Paris antique, S. 236–248; eine
instruktive Karte in DERS., Les voies gallo-romaines, in: DERS., Travaux, 2, S. 742.
– Auf die römische Straße von Paris nach Rouen ist im dritten Kapitel mehrmals
hingewiesen worden. Eine zweite wichtige römische Straßenverbindung bestand
zwischen Paris und Orléans. An diesem Weg lag Toury, *»famosa beati Dyonisii villa,
caput quidem aliarum et propria ac specialis sedes beati Dyonisii«* (Gesta Suggerii abbatis,
in: Suger, Œuvres, 1, S. 82; Toury, cne., dép. Eure-et-Loir, arr. Chartres, cant. Jan-
ville). Suger sollte später als *praepositus* diese Dependenz in der Beauce leiten (ebd.;
Sugerius, Vita Ludovici, S. 136). Pilger, Händler oder andere Reisende konnten hier
– *»in media strata«* – Rast machen, sich verpflegen und die Stille des Ortes genießen
(Gesta Suggerii abbatis, in: Suger, Œuvres, 1, S. 82).

394 Zu den Straßen in *Lutetia*: DUVAL, Paris antique, S. 113–119; ROBLIN, Le terroir
de Paris, S. 93–98, 108f., 113–115, 119–121, 125, 129–131, 136, 138, 140, 144–146; ROU-
LEAU, Le tracé, S. 27–42.

395 Henri LECLERCQ, Art. Paris, in: DACL, 13, Sp. 1950f.; DUVAL, Paris antique,
S. 118; CHEVALLIER, Les voies romaines, S. 188.

396 Siehe unter »2.4.5 Genese des kapetingischen *palatium* und Ausbau von Paris
zur königlichen Festungs- und Residenzstadt bis zum Tode Philipps II. (1180–
1223)«.

397 Verlauf des nördlichen Seinearmes nach DION, Paris, S. 12.

398 Siehe die Karte II. in ROULEAU, Le tracé, zwischen den Seiten 40 und 41.

399 Vgl. ROULEAU, Le tracé, S. 48–57, siehe auch die Karte III zwischen den Seiten
52 und 53.

400 Sugerius, Vita Ludovici, S. 38.

401 Sugerius, Vita Ludovici, S. 70.

402 Sugerius, Vita Ludovici, S. 70.

403 Chronique latine de Guillaume de Nangis, S. 5.

404 Sugerius, Vita Ludovici, S. 70, 72, 74, 76; Chronique latine de Guillaume de Nangis, S. 5.

405 Sugerius, Vita Ludovici, S. 76; Chronique latine de Guillaume de Nangis, S. 5.

406 Ein Beispiel: Cartulaire général de Paris, I, S. 240 (*»Et euntes, sive redeuntes ad fe-
riam, in conductu nostro recipimus ...«*). Die Urkunde Ludwigs VI., ausgestellt nach dem
1131 erfolgten Tod seines Sohnes Philipp, bezieht sich auf die Messe bei der Kirche
Saint-Lazare.

407 Siehe unter anderem FOURQUIN, Les campagnes; HIGOUNET, Défrichements.

408 DUFOUR, Recueil, 2, S. 336f. (mit Datierung zwischen dem 13. Oktober 1131
und dem 1. August 1137).

409 Cartulaire général de Paris, I, S. 266.

410 Cartulaire général de Paris, I, S. 263, ein anderes Urkundenbeispiel aus dem Jahre 1140 auf S. 274 (»... in foro novo Parisius ...«).

411 Cartulaire général de Paris, I, S. 277.

412 Vgl. Paul BENOIT, Ports et quais, in: La Seine et Paris, S. 50–52. Zur Topographie und Geschichte dieses städtischen Teilraumes: La place de Grève, besonders Jean Dérens, Notes de topographie et d'histoire, S. 158–179.

413 Recueil des actes de Philippe Auguste, I, S. 42f. (»... trecentas libras in redditibus nostris ad preposituram Parisiensem pertinentibus et in nundinarum redditibus singulis annis habendas ...«). Zu dem Leprosorium Saint-Lazare und dem Markt siehe LOMBARD-JOURDAN, Aux origines, S. 73–75. Vgl. zu den Anfängen, die zwischen 1131 und 1137 zu datieren sind: Cartulaire général de Paris, I, S. 240; Dufour, Recueil, 2, S. 336f. Da Ludwig VI. die Schenkung an Saint-Lazare für das Seelenheil seines 1131 verstorbenen Sohnes Philipp vollzog, dürfte eine relativ zeitnahe königliche Stiftung zu vermuten sein.

414 Rigordus, Gesta Philippi Augusti, in: Œuvres de Rigord et de Guillaume le Breton, 1, S. 33f.; Guillelmus Armoricus, Gesta Philippi Augusti, in: Ebd., S. 181f.

415 Zur Vorbildfunktion der Hallen FAVIER, Paris, S. 244.

416 Zur Genese des Hallenviertels: MARTINEAU, Les Halles de Paris; HOFFBAUER, Paris, 1–2, hier Valentin DUFOUR, Le cimetière des Saints-Innocents et le quartier des Halles, S. 345–393; überblickshafte Bemerkungen bei FIERRO, Histoire, S. 921–923.

417 Es erwies sich als Glücksfall, daß vor dem Abriß das Hallenviertel inventarisiert und dokumentiert werden konnte: BABELON/FLEURY/De SACY, Richesses.

418 Rigordus, Gesta Philippi Augusti, in: Œuvres de Rigord et de Guillaume le Breton, 1, S. 70f.; Guillelmus Armoricus, Gesta Philippi Augusti, in: Ebd., S. 184f.; Guillelmus Armoricus, Philippidi, in: Ebd., 2, S. 25.

419 Rigordus, Gesta Philippi Augusti, in: Œuvres de Rigord et de Guillaume le Breton, 1, S. 53f., Zitat S. 54.

420 Cartulaire général de Paris, I, S. 277: »Notum facimus tam futuris quam instantibus quatinus cambitum nostrum Parisius super Magnum Pontem in perpetuum manere statuimus. Statuimus etiam quod nulli liceat Parisius cambire nisi in fenestris illis quae sunt super pontem ...«

421 FIERRO, Histoire, S. 1035f.

422 Cartulaire général de Paris, I, S. 404.

423 Cartulaire général de Paris, I, S. 404.

424 Recueil des actes de Philippe Auguste, I, S. 516.

425 Recueil des actes de Philippe Auguste, III, S. 459.

426 Vgl. unter anderem Henri DUBOIS, Le commerce et les foires au temps de Philippe Auguste, in: La France de Philippe Auguste, S. 689–705 (mit Diskussionsbeiträgen auf S. 706–709); LOMBARD-JOURDAN, Aux origines, ad indicem; DIES., Saint-Denis, hier besonders DIES., Les foires de l'abbaye de Saint-Denis. Revue des données et révision des opinions admises, S. 99–159; FAVIER, Paris, S. 240–246; KRUSE, Handelsmessen.

427 Siehe die beiden Karten bei LOMBARD-JOURDAN, Les foires de l'abbaye de Saint-Denis, in: DIES., Saint-Denis, S. 157f.

428 Vgl. ROUSSEL, La bénédiction, S. 68–83.

429 Cartulaire général de Paris, I, S. 296.

430 Franz IRSIGLER, Wirtschaft, Wirtschaftsräume, Kontaktzonen, in: EHLERS, Deutschland, S. 385, eine kartographische Darstellung dieser Achsenzone auf S. 386. Vgl. zu den Wirtschafts- und Handelsbeziehungen zwischen Paris und dem deutschen Sprachraum SPRANDEL, Beziehungen, S. 289–319.

431 Siehe unter »2.4.5 Genese des kapetingischen *palatium* und Ausbau von Paris zur königlichen Festungs- und Residenzstadt bis zum Tode Philipps II. (1180– 1223)«.

432 Siehe unter »3.2 Ausbau der städtischen Infrastruktur und wirtschaftliche Anreize«.

433 Cartulaire général de Paris, I, S. 439. Von der »Großen Brücke« schreibt Guido von Bazoches: *»Pons ille qui Magnus dicitur, densus, dives, emax, fervet, suspirat, abundat navigiis, opibus, mercibus innumeris, navigiis fervet, opibus suspirat, abundat mercibus«* (ebd.).

434 Ioannis Saresberiensis, Metalogicon, S. 72, ferner S. 102, 114, 142. Siehe auch unter »5.4.3 Spezifische Faktoren für die Entstehung und die Ausstrahlung der Pariser Universität«.

435 Godefroy de Saint-Victor, Fons philosophiae, S. 45.

436 JAILLOT, Recherches, I,II, S. 5–77; HOFFBAUER, Paris, I, S. 134–140 (von Alfred BONNARDOT); LOMBARD-JOURDAN, Aux Origines, S. 94–96; FAVIER, Paris, S. 596–598; BOUSSARD, Paris, S. 164–166.

437 Siehe zum Beispiel Cartulaire général de Paris, I, S. 392.

438 LETEUX, L'Église, S. 371–391.

439 Siehe JAILLOT, Recherches, I,I, S. 45f., 154f.; LOMBARD-JOURDAN, Aux Origines, ad indicem; BOVE, Dominer la ville, ad indicem.

440 Vgl. FAVIER, Paris au XVe siècle, S. 113–125; DERS., Paris, S. 666–669; BOVE, Dominer la ville, S. 379–446.

441 Guido JÜTTNER, Art. Nicolaus Flamel, in: LMA, 6, Sp. 1133. Siehe auch Françoise FERY-HUE, Art. Nicolas Flamel, in: Dictionnaire des lettres françaises, S. 1065f.

442 Jan A. VAN HOUTTE/Wolfram BRANDES, Art. Messe, in: LMA, 6, Sp. 558–560.

443 THOMAS, Champagnemessen, S. 13–36; Franz IRSIGLER/Winfried REICHERT, Les foires de Champagne, in: IRSIGLER/PAULY, Messen, S. 89–105.

444 Michel BUR, Art. Lagny, in: LMA, 5, Sp. 1614. – Lagny-sur-Marne, ch.-l. de cant., dép. Seine-et-Marne.

445 Michel BUR, Art. Bar-sur-Aube, in: LMA, 1, Sp. 1430f.

446 Vgl. MIROT, Études lucquoises, 1927, S. 50–86, 275–314; 1928, S. 299–389; 1930, S. 100–168; Arnold ESCH, Viele Loyalitäten, eine Identität. Italienische Kaufmannskolonien im spätmittelalterlichen Europa, in: DERS. Zeitalter, S. 122–124, 130f. (Erstveröffentlichung 1992); Jean-Claude SCHMITT, Les Lucquois de Paris au début du XVe siècle: un »lobby« culturel?, in: KELLER/PARAVICINI/SCHIEDER, Italia et Germania, S. 439–446.

447 CAZELLES, Paris, ad indicem. Um die Mitte des 12. Jahrhunderts hatten sich die Templer zunächst nahe der Kirche Saint-Gervais angesiedelt, spätestens 1240 entschieden sie sich zu dem Standortwechsel. An die neue, festungsmäßig gesicherte Niederlassung des Ritterordens erinnert der Name des dortigen Square du Temple

im dritten Pariser Arrondissement. Das Ende der Templer hatte bekanntlich Philipp IV. mit der 1307 erfolgten Gefangennahme der führenden Ordensritter eingeleitet, das Konzil von Vienne verfügte 1312 die Aufhebung des Ordens.

448 Favier, Philippe le Bel, ad indicem; Élisabeth Lalou, Art. Mouche et Biche, in: LMA, 6, Sp. 875.

449 Henri Leclercq, Art. Lyon, in: DACL, 10,1, Sp. 2–492, siehe Sp. 127ff.; Le diocèse de Lyon, S. 11–18.

450 Atlas historique de Saint-Denis.

451 Eine Darstellung der Geschichte der Diözese Paris seit den Anfängen bis zur Gegenwart ist weiterhin ein Desiderat der Forschung. Daher bleibt immer noch – auch für das Mittelalter – das Hauptwerk des Abbé Jean Lebeuf (1687–1760) unverzichtbar, welches der Genese der Stadt und der Diözese Paris gewidmet ist: Lebeuf, Histoire, 1–15 (Auflage im Duodezformat). Zu Verfasser und Werk Sohn, Jean Lebeuf, S. 625–643, zu den verschiedenen Neuauflagen siehe S. 626f. Anm. 9. Nützlich ist weiterhin Le diocèse de Paris, zur Entwicklung bis zum 13. Jahrhundert S. 13–165. Dieser erste Band reicht bis zur Französischen Revolution, der angekündigte zweite Band ist nicht herausgekommen. Einen dienlichen Überblick seit den christlichen Anfängen in Paris bietet Henri Leclercq, Art. Paris, in: DACL, 13, Sp. 1696–1959, hier ab Sp. 1778; siehe ferner Kaiser, Bischofsherrschaft, S. 472–486.

452 Michel Fleury, La cathédrale mérovingienne Saint-Étienne de Paris, plan et datation, in: Ders., » Si le roi m'avait donné Paris sa grand'ville … «, S. 161–174 (Erstveröffentlichung 1970); Ders., La construction de la cathédrale de Paris par Childebert Ier d'après le De ecclesia Parisiaca de Fortunat, in: Ebd., S. 175–182 (Erstveröffentlichung 1977); Erlande-Brandenburg, Notre-Dame in Paris, S. 15–19. Siehe auch Busson, Paris, S. 464–471.

453 Vgl. zur Frage nach den ersten christlichen Gotteshäusern von Paris Dubois, L'emplacement, S. 5–44.

454 Zu Victorinus Dubois, Les évêques, S. 33–97, hier S. 49.

455 Zu der Kathedralkirche Saint-Étienne und den Ausgrabungen siehe Sohn, Stadtgeschichtsforschung, S. 184–186; ferner Busson, Paris, S. 464–471; Michel Fleury, L'Époque gallo-romaine et le Haut Moyen Âge, in: Ders./Erlande-Brandenburg/Babelon, Paris monumental, S. 18–20; Trois fouilles récentes en Île-de-France, S. 1–10; Michel Fleury, Point d'archéologie sans histoire, in: Ders., »Si le roi m'avait donné Paris sa grand'ville …«, S. 147–149 (Erstveröffentlichung 1988); Ders., La cathédrale mérovingienne Saint-Étienne de Paris, plan et datation, in: Ebd., S. 161–174; Ders., La construction de la cathédrale de Paris par Childebert Ier d'après le De ecclesia Parisiaca de Fortunat, in: Ebd., S. 175–182; zu der bei der Bewertung der archäologischen Funde zu beachtenden Topographie der Insel vgl. Friedmann, Paris, S. 49–65; Robert-Henri Bautier, Paris au temps d'Abélard, in: Abélard en son temps, S. 42–44, 47–49.

456 La crypte archéologique du parvis Notre-Dame, S. 8–29 (mit mehreren Beiträgen von Michel Fleury); Fleury/Kruta, La crypte archéologique du parvis Notre-Dame; siehe auch Le Parvis de Notre-Dame (Ausstellungskatalog).

457 Brühl, Palatium, I, S. 7.

458 Siehe unter »2.2 Die Seinestadt und die Île-de-France in Antike und Frühmittelalter«.

459 Zur Pariser Apostelkirche Patrick PERIN, Paris. Église des Saints-Apôtres ou Saint-Pierre devenue Sainte-Geneviève, in: Atlas archéologiques de la France, 3, S. 159–164; BUSSON, Paris, S. 363–372.

460 Hinsichtlich Saint-Germain-des-Prés im frühen Mittelalter BUSSON, Paris, S. 349–363.

461 Zu Eligius: Joseph-Claude POULIN, Art. Eligius, in: LMA, 3, Sp. 1829f.; Martin HEINZELMANN, Art. Eligius, in: LThK³, 3, Sp. 594f.

462 FAVIER, Charlemagne, S. 283–291; Michel SOT, Aix-la-Chapelle au miroir de Constantinople, in: Société des historiens médiévistes de l'Enseignement supérieur public, Les villes capitales, S. 203–226.

463 Zum folgenden, also zur Haltung karolingischer Herrscher gegenüber dem Kloster Saint-Denis, siehe DAGRON/RICHÉ/VAUCHEZ, Bischöfe, ad indicem; ferner unter »2.4.3 Die Rolle der Abteien Fleury und Saint-Denis«.

464 Vgl. Henri LECLERCQ, Art. Paris, in: DACL, 13, Sp. 1842–1848; Marcel ALBERT, Art. Paris, Synoden, in: LThK³, 7, Sp. 1384–1386. Vgl. die Feststellung von Carlrichard Brühl: »Kein Papst hat indes in Paris ein Konzil abgehalten; die großen päpstlichen Konzile in Frankreich fanden stets in Reims statt.« (BRÜHL, Palatium, I, S. 12).

465 Vgl. die Darlegungen unter Kapitel 2, besonders unter »2.4.3 Die Rolle der Abteien Fleury und Saint-Denis«.

466 BECKER, Studien.

467 SOHN, Kanonikerstift, S. 206–238; DERS., Die Kapetinger, S. 77–121. Aus Saint-Martin-des-Champs ist eine beachtliche Memorialüberlieferung erhalten, zu deren Kernbestand die Handschriften BnF, ms. lat. 17742 und 17743 zählen (mit Necrolog). Der Frühzeit gehört die illuminierte Handschrift London, British Library, Add. Ms. 11662 (mit Urkunden und einer Reimchronik), an, die zwischen 1067 und 1079 entstand – Abb. 21 findet sich auf fol. 4r – und im 13. Jahrhundert im Kloster kopiert wurde (BnF, nouv. acq. lat. 1359). In dieser neuen Handschrift finden sich weitere Urkunden aus der Geschichte der Kommunität.

468 Zur Genese der *Ecclesia Cluniacensis* WOLLASCH, Cluny, passim.

469 Siehe hier nur Ludger HORSTKÖTTER, Art. Prémontré, in: LThK³, 8, Sp. 537. – Prémontré, cne., dép. Aisne, Anizy-le-Château, ch.-l. de cant.

470 Marcel ALBERT, Art. Lyon, in: LThK³, 6, Sp. 1156.

471 Edith ENNEN, Stufen der Zentralität im kirchlich-organisatorischen und kultischen Bereich. Eine Fallskizze: Köln, in: MEYNEN, Zentralität, S. 15–21, Zitat auf S. 16. Es sei angemerkt, daß Hildebald (etwa 787–818) als erster Erzbischof von Köln fungiert hat.

472 Vgl. Edith ENNEN, Stufen der Zentralität im kirchlich-organisatorischen und kultischen Bereich. Eine Fallskizze: Köln, in: MEYNEN, Zentralität, S. 16f.

473 Zur Diözesanstruktur siehe Jean LONGÈRE, Maurice de Sully: l'évêque de Paris (1160–1196), le prédicateur, in: Notre-Dame de Paris. Un manifeste chrétien, S. 34–45. Siehe ferner zum Umfang, zur Genese und inneren Gliederung der Pariser Diözese Atlas de la France de l'an mil, S. 43 (Karte); LONGNON, Pouillés de la province de Sens, S. XLII–LVII, Verzeichnisse von Pfarrgemeinden, Gütern, kirchlichen Benefizien usw. seit dem beginnenden 13. Jahrhundert auf S. 349–356; Le diocèse de Paris, 1, S. 109–116, 127–131. Zu den Pariser Pfarrgemeinden FRIEDMANN, Paris.

474 Zum Archidiakonat Champeaux LEBEUF, Histoire, 15, S. 317–371; LONGNON, Pouillés de la province de Sens, S. LVIf.

475 LORENTZ/SANDRON, Atlas, S. 112.

476 Alain ERLANDE-BRANDENBURG, Le projet de Maurice de Sully, in: Autour de Notre-Dame, S. 90.

477 Zu den Pariser Pfarreien im hohen und späten Mittelalter ein Überblick bei LORENTZ/SANDRON, Atlas, S. 126–129, eine Karte zu den Pfarrkirchen und Pfarrbezirken der Île de la Cité auf S. 127, eine weitere zur Pfarrstruktur auf den beiden Seineufern auf S. 129. Die auf der Insel gelegenen Pfarrkirchen waren Saint-Barthélemy, Saint-Pierre-des-Arcis, Sainte-Croix, Saint-Martial, Saint-Germain-le-Vieux, Sainte-Geneviève-la-Petite, Saint-Christophe, Sainte-Madeleine, Saint-Denis-de-la-Chartre, Saint-Pierre-aux Bœufs, Sainte-Marine et Saint-Landry (eingezeichnet auf der Karte der S. 127).

478 Vgl. LORENTZ/SANDRON, Atlas, S. 162–165.

479 LOMBARD-JOURDAN, Les foires, in: DIES., Saint-Denis, S. 108f.

480 Siehe unter »2.4.5 Genese des kapetingischen *palatium* und Ausbau von Paris zur königlichen Festungs- und Residenzstadt bis zum Tode Philipps II. (1180–1223)«.

481 Vgl. LORENTZ/SANDRON, Atlas, S. 126–129.

482 Siehe unter »5. Paris als universitäres und kulturelles Zentrum«.

483 Vgl. zum Beispiel ROUX, Paris, S. 133–156.

484 VERGER, Culture, S. 118–120.

485 VERGER, L'essor, S. 68.

486 DUBOIS, Les évêques, S. 33–97, siehe hier S. 42.

487 Vgl. zur Rolle des Bischofs und der Ortskirche von Paris sowie zu ihren Einflußsphären: LEBEUF, Histoire, 1–15; KAISER, Bischofsherrschaft, S. 472–486; Le diocèse de Paris, 1; FAVIER, Paris, S. 390–440; SOHN, Jahre, S. 226–228.

488 Zum Pariser Domkapitel siehe GANE, Le chapitre de Notre-Dame de Paris, zur Zahl der Domkanonikate, deren Zahl seit dem 12. Jahrhundert in der Forschungsliteratur mit 50, 51 oder 52 angegeben wird, zu Struktur, Rechten und Besitz des Kapitels S. 19–93. Eine eingehende Untersuchung des Domkapitels im hohen Mittelalter steht noch aus, der Band zur Diözese Paris in der Reihe »Fasti Ecclesiae Gallicanae« ist in Vorbereitung. Zu diesem Forschungsunternehmen, das auf eine systematische Erfassung und Verzeichnung der Bischöfe, Dignitäre und Kanoniker des Kathedralkapitels von 1200 bis 1500 in jedem Bistum Frankreichs abzielt: SOHN, Frankreich (im Druck).

489 KIMPEL/SUCKALE, Architektur, S. 149.

490 KIMPEL/SUCKALE, Architektur, S. 148.

491 Stephen F. BROWN, Art. Petrus Lombardus, in: LThK³, 8, Sp. 128f.

492 Gabriel JÜSSEN, Art. Wilhelm von Auvergne, in: LThK³, 10, Sp. 1172f.; Autour de Guillaume d'Auvergne. Siehe auch weiter unten zu seinem Einfluß auf den Bau der Kathedralkirche Notre-Dame.

493 Siehe Rainer BERNDT, Art. Mauritius von Sully, in: LThK³, 6, Sp. 1501; ferner Le diocèse de Paris, 1, S. 97–102; Jean LONGÈRE, Maurice de Sully: l'évêque de Paris (1160–1196), le prédicateur, in: Notre-Dame de Paris. Un manifeste chrétien, S. 27–70. – Sully-sur-Loire, ch.-l. de cant., dép. Loiret.

494 BÉRIOU, L'avènement, I, S. 21–25, 29f.

495 Alain ERLANDE-BRANDENBURG, Le grand dessein de Maurice de Sully (1160), in: Notre-Dame de Paris. Un manifeste chrétien, S. 90 (in der Diskussion zu seinem Vortrag geäußert).

496 Vgl. Thierry CRÉPIN-LEBLOND, Paris, palais archiépiscopal, in: Palais médiévaux, S. 166f.

497 Vgl. DUBOIS, Les évêques, S. 62; Jean-Pierre WILLESME, L'Hôtel-Dieu (1160–1700), in: Autour de Notre-Dame, S. 107.

498 Zur Rolle und Mitwirkung des Königs beim Bau der Kathedrale vgl. KIMPEL/ SUCKALE, Architektur, S. 149. Zur Genese und Bedeutung der gotischen Bischofskirche die monographische Darstellung von ERLANDE-BRANDENBURG, Notre-Dame in Paris; ferner Notre-Dame de Paris. Un manifeste chrétien. Vgl. jetzt Claude GAUVARD/Joël LAITER, Notre-Dame de Paris. Inwieweit der Vorgängerbau der gotischen Kathedrale baufällig war, läßt sich den Quellen nicht hinreichend entnehmen. Hinweise, wie zum Beispiel auf auszuführende Erneuerungsarbeiten am Dach in einer Urkunde Ludwigs VI. 1123 für das Domkapitel (Cartulaire général de Paris, I, S. 218), erlauben nicht, daraus auf die Notwendigkeit eines Neubaus zu schließen.

499 ERLANDE-BRANDENBURG, Notre-Dame in Paris, S. 24–37; DERS., Le projet de Maurice de Sully, in: Autour de Notre-Dame, S. 90. Siehe auch THIRION, Le Portail Sainte-Anne.

500 Siehe die Urkunde des Domkapitels von 1163/1164 in Cartulaire général de Paris, I, S. 374 (»...ad perficiendam viam que fiebat ante ecclesie nostre paravisum...«), ferner S. 382f., 426f.: »... quod Henricus Loonellus et uxor ejus Petronilla dederunt in elemosinam ecclesie Sancti Victoris tres domos, duas prope Termas sitas, terciam juxta paravisum ante vicum novum constructam, in platea quam a Rainaldo, filio Malgrini, emimus et eidem Henrico ac Petronille, uxori ejus, concessimus in recompensationem domus sue, quam ipsi nobis destruendam tradiderunt ad perficiendam viam que ante ecclesie Beate Marie paravisum fiebat.« Bei dem letzten Zeugnis handelt es sich um eine Urkunde des Bischofs Mauritius von Sully aus dem Jahre 1173.

501 ERLANDE-BRANDENBURG, Notre-Dame in Paris, S. 45; Alain ERLANDE-BRANDENBURG, Le grand dessein de Maurice de Sully (1160), in: Notre-Dame de Paris. Un manifeste chrétien, S. 77.

502 Alain ERLANDE-BRANDENBURG, Le grand dessein de Maurice de Sully (1160), in: Notre-Dame de Paris. Un manifeste chrétien, S. 77.

503 Alain ERLANDE-BRANDENBURG, Le projet de Maurice de Sully, in: Autour de Notre-Dame, S. 91. Vgl. KIMPEL/SUCKALE, Architektur, S. 150 (hier angegeben: 130 Meter innere Länge).

504 Alain ERLANDE-BRANDENBURG, Le grand dessein de Maurice de Sully (1160), in: Notre-Dame de Paris. Un manifeste chrétien, S. 79, zwei Karten zum Projekt auf S. 84 und 87.

505 Zur Baugeschichte KIMPEL/SUCKALE, Architektur, S. 151f. Das zeitliche Voranschreiten der Bauarbeiten und fertiggestellten Teile zeigt die Abbildung bei LORENTZ/SANDRON, Atlas, S. 119.

506 KIMPEL/SUCKALE, Architektur, S. 334–340. Vgl. zum Einfluß des Bischofs Wilhelm von Auvergne Alain ERLANDE-BRANDENBURG, Guillaume d'Auvergne, S. 41–52.

507 Zu den Portalen ERLANDE-BRANDENBURG, Notre-Dame in Paris, S. 105–145.

508 Adolf REINLE, Art. Königsgalerie, in: LMA, 5, Sp. 1328f.

509 ERLANDE-BRANDENBURG, Notre-Dame in Paris, S. 113, siehe zur Königsgalerie S. 137–144. Vgl. WINSTON, Notre-Dame, S. 65.

510 Siehe zum Annenportal, auch zu seiner Datierung: ERLANDE-BRANDENBURG, Notre-Dame in Paris, S. 24–29; ferner HORSTE, »A Child is Born«, S. 187–210.

511 Ein Beispiel aus der kontroversen Forschungsliteratur: Die Identifizierung der Skulpturen mit Ludwig VII. und Mauritius von Sully nehmen vor Richard und Clara WINSTON, Notre-Dame, S. 43–45. Vgl. HORSTE, »A Child is Born«, S. 191f.

512 ERLANDE-BRANDENBURG, Notre-Dame in Paris, S. 155–184; KIMPEL/SUCKALE, Architektur, S. 410–421.

513 Xavier DECTOT, Saint-Jean le Rond, in: Autour de Notre-Dame, S. 142f. Das Gemälde ist abgebildet in ERLANDE-BRANDENBURG, Le projet de Maurice de Sully, in: Autour de Notre-Dame, S. 93.

514 Agnès BOS/Xavier DECTOT, Le cloître Notre-Dame, in: Autour de Notre-Dame, S. 116–119.

515 Zahl der Domkanoniker nach ERLANDE-BRANDENBURG, Le grand dessein de Maurice de Sully (1160), in: Notre-Dame de Paris. Un manifeste chrétien, S. 90; Zahl der Kanonikerhäuser nach Jean-Pierre WILLESME, La vie quotidienne, in: Autour de Notre-Dame, S. 102. Leicht abweichende Zahlen nennen Agnès BOS/Xavier DECTOT, Le clôitre Notre-Dame, in: Ebd., S. 119.

516 Vgl. Agnès BOS/Xavier DECTOT, Le cloître Notre-Dame, in: Autour de Notre-Dame, S. 116.

517 Agnès BOS/Xavier DECTOT, Le cloître Notre-Dame, in: Autour de Notre-Dame, S. 117. Zur Geschichte von Saint-Denis-du-Pas GUÉROUT, Les trois Saint-Denis, S. 127–196, siehe hier S. 127–136. Die topographische Angabe des Patroziniums bezog sich wohl auf den kleinen Seinearm, welche die Île de la Cité im Mittelalter von der Nachbarinsel (heute der westliche Teil der Île Saint-Louis) trennte. Vgl. ebd., S. 132.

518 Nach Xavier DECTOT, Saint-Jean le Rond, in: Autour de Notre-Dame, S. 143.

519 Alain ERLANDE-BRANDENBURG, Le grand dessein de Maurice de Sully (1160), in: Notre-Dame de Paris. Un manifeste chrétien, S. 78.

520 Thierry CRÉPIN-LEBLOND, Le palais épiscopal de Paris, in: Autour de Notre-Dame, S. 111–115.

521 Jean LONGÈRE, Maurice de Sully: l'évêque de Paris (1160–1196), le prédicateur, in: Notre-Dame de Paris. Un manifeste chrétien, S. 30.

522 Jean-Pierre WILLESME, L'Hôtel-Dieu (1160–1700), in: Autour de Notre-Dame, S. 107–110.

523 Abbildung mit Kommentar in BESSE/GODEAU, Tableaux, S. 20f. (New York, The Metropolitan Museum of Art, Coll. Lehmann). Zu Étienne Chevalier FAVIER, Dictionnaire de la France médiévale, S. 267.

524 Vgl. Roman MICHALOWSKI, Les églises royales dans la capitale. Une étude sur la religiosité politique au Moyen Age, in: Lieux du pouvoir, S. 113–130.

525 Zum Pariser Festkalender siehe unter anderem Jean VEZIN, L'évolution du culte des saints à Paris aux XIIIᵉ et XIVᵉ siècles, in: Rituels. Mélanges, S. 473–479. Einige bildliche Zeugnisse veranschaulichen religiöse Zeremonien und Kulthandlungen.

Beispielsweise zeigt ein Gemälde von Jacob Grimer (1526–1589) den Friedhof und die Kirche Saints-Innocents anläßlich einer Bestattung (BESSE/GODEAU, Tableaux, S. 30f., mit Abbildung). Wann Jacob Grimer das Bild malte, ist nicht bekannt.

526 Vgl. Jean-Pierre WILLESME, La vie quotidienne, in: Autour de Notre-Dame, 98–106. Zu den Manifestierungen der Volksfrömmigkeit LORENTZ/SANDRON, Atlas, S. 165–167.

527 Vgl. Andreas SOHN, Paris als urbaner Memorialraum, in: DERS., Memoria, 235–259.

528 Vgl. Aleida ASSMANN, Erinnerungsräume; Jan ASSMANN, Das kulturelle Gedächtnis; ferner die Bemerkungen zur Entwicklung der Memorialforschung mit ihren Verästelungen und zur Klärung zentraler Fachbegriffe bei Andreas SOHN, Einleitung, in: DERS., Memoria, S. 8–18, des weiteren DERS., Grundzüge, S. 39–55.

529 Begriff und Konzept bekanntlich nach Les lieux de mémoire (und damit Pierre Nora), mit einer Vielzahl an konkreten Beispielen in diesem Werk.

530 Zur europäischen Universitätsgeschichte im Mittelalter: RÜEGG, Geschichte, 1. Eine kurze Skizze der Entwicklung der europäischen Hochschullandschaft bietet Peter MORAW, Einheit und Vielfalt der Universität im alten Europa, in: PATSCHOVSKY/RABE, Universität, S. 11–27. Vgl. KOCH, Universität, S. 17–71.

531 Die Korrektur des weithin tradierten Gründungsdatums von 1364 nach Peter MORAW, Deutschland und der Westen Europas vornehmlich im späteren Mittelalter, in: EHLERS, Deutschland, S. 542. Zur Krakauer Gründung Peter MORAW, Die Hohe Schule in Krakau und das europäische Universitätssystem um 1400, in: HELMRATH/MÜLLER, Studien, S. 521–539.

532 Frank REXROTH, »... damit die ganze Schule Ruf und Ruhm gewinne«. Vom umstrittenen Transfer des Pariser Universitätsmodells nach Deutschland, in: EHLERS, Deutschland, S. 507–532.

533 Vgl. Arnold ESCH, Die Anfänge der Universität im Mittelalter, in: DERS., Zeitalter, S. 105 (Erstveröffentlichung 1985).

534 Zum Bildungswesen in Europa beziehungsweise Frankreich von der Spätantike bis zur Mitte des 12. Jahrhunderts: RICHÉ, Écoles; in der zeitlichen Perspektive bis zum ausgehenden Mittelalter reichend DERS./VERGER, Des nains; siehe ferner Joachim EHLERS, Die Reform der Christenheit. Studium, Bildung und Wissenschaft als bestimmende Kräfte bei der Entstehung des mittelalterlichen Europa, in: DERS., Deutschland, S. 177–209; KINTZINGER, Wissen, S. 63–69, 86–108.

535 VERGER, Culture, S. 25–33.

536 RICHÉ, Écoles, S. 179–181.

537 CLERVAL, Les écoles, S. 29–320; Nikolaus M. HÄRING, Art. Chartres, Schule von, in: TRE, 7, S. 698–703; Heinrich SCHIPPERGES, Art. Chartres, Schule von, in: LMA, 2, Sp. 1753–1759. Jüngst ROUCHE, Fulbert de Chartres.

538 So die Einschätzung Johannes' von Salisbury (Ioannis Saresberiensis, Metalogicon, S. 52), der an anderer Stelle schreibt: »Bernardus quoque Carnotensis perfectissimus inter Platonicos saeculi nostri ...« (ebd., S. 173).

539 Ottonis et Rahewini gesta Friderici I. imperatoris, S. 68.

540 Zu diesen drei herausragenden Gelehrten siehe hier nur André VERNET, Art. Bernhard von Chartres, in: LMA, 1, Sp. 1991f.; Jean JOLIVET, Art. Bernhard von Chartres, in: LThK³, 2, Sp. 268; Franz COURTH, Art. Thierry von Chartres, in: LMA, 8,

Sp. 692f.; Andreas SPEER, Art. Thierry von Chartres, in: LThK³, 9, Sp. 1404; Franz COURTH, Art. Gilbert von Poitiers, in: LMA, 4, Sp. 1449f.; Mechthild DREYER, Art. Gilbert von Poitiers, in: LThK³, 4, Sp. 648f.

541 Willelmus Tyrensis archiepiscopus, Chronicon, 2, S. 880. Zu Wilhelm von Tyrus: Hannes MÖHRING, Art. Wilhelm von Tyrus, in: LMA, 9, Sp. 191f.

542 Alfons BECKER, Art. Ivo von Chartres, in: LMA, 5, Sp. 839f.

543 GIRAUD, Per verba magistri.

544 Ioannis Saresberiensis, Metalogicon, S. 21.

545 Zu Petrus Abaelard die instruktive Biographie von CLANCHY, Abaelard.

546 Hinsichtlich Wilhelm von Champeaux CLANCHY, Abaelard, ad indicem. Der Ort Champeaux befindet sich in der Nähe von Melun.

547 Le diocèse de Paris, 1, S. 71–74, 83f. Auf Wilhelm von Montfort war Fulco an der Spitze der Diözese gefolgt.

548 Vgl. zum folgenden: Jacques VERGER, Art. Paris, Schulen und Universität, in: LMA, 6, Sp. 1718–1721; Laetitia BOEHM, Art. Paris, Universitäten, in: TRE, 26, S. 1–12; VERGER, Essor, S. 65–91; Joachim EHLERS, Paris. Die Entstehung der europäischen Universität, in: DEMANDT, Stätten, S. 75–90.

549 Zu Saint-Victor statt vieler Titel L'abbaye parisienne de Saint-Victor, insbesondere Robert-Henri BAUTIER, Les origines et les premiers développements de l'abbaye Saint-Victor de Paris, S. 23–52.

550 Zu Sainte-Geneviève RICHÉ/VERGER, Nains, ad indicem.

551 Petrus Abaelardus, Historia Calamitatum. Vgl. CLANCHY, Abaelard, S. 163ff.

552 Vgl. unter anderem die Gesta Friderici I. imperatoris. Zum Beispiel spielt Otto von Freising auf die Kastration an, wenn er schreibt: »Ubi occasione quadam satis nota non bene tractatus monachus in monasterio sancti Dyonisii effectus est« (Ottonis et Rahewini gesta Friderici I. imperatoris, S. 69). Mit dem Kloster ist Saint-Denis nördlich von Paris gemeint.

553 Zum komplexen Phänomen der Scholastik siehe PIEPER, Scholastik.

554 Zu beiden Gelehrten: EHLERS, Hugo von Sankt Viktor; Marc-Aeilko ARIS, Art. Richard von St. Victor, in: LMA, 7, Sp. 825f.; Martin SCHNIERTSHAUER, Art. Richard von St-Victor, in: LThK³, 8, Sp. 1174f. Jüngst zu der Schule von Saint-Victor, ihrer Bedeutung und Ausstrahlung L'école de Saint-Victor de Paris.

555 Hartmut ZAPP, Art. Stephanus Tornacensis, in: LMA, 8, Sp. 129.

556 VERGER, Essor, S. 68f.

557 Arnold ESCH, Die Anfänge der Universität im Mittelalter, in: DERS., Zeitalter, S. 105.

558 VERGER, Essor, S. 69.

559 Ediert in Chartularium Universitatis Parisiensis, I, S. 78–80. Hierzu VERGER, Culture, S. 120–122.

560 LE GOFF, Saint Louis, S. 114.

561 Chartularium Universitatis Parisiensis, I, S. 136–139. Siehe auch VERGER, Culture, S. 124–128.

562 Chartularium Universitatis Parisiensis, I, S. 136f.

563 Zur Struktur der Universität Joachim EHLERS, Paris. Die Entstehung der europäischen Universität, in: DEMANDT, Stätten, S. 82–87.

564 Hinweise zur Entwicklung der englisch-deutschen Nation bei SOHN, Süddeutsche, S. 288–291.

565 VERGER, Culture, S. 118–120.

566 Vgl. allgemein zu den *studia* der Mendikanten: Jacques VERGER, *Studia* et universités, in: Scuole, S. 173–203; FRANK, Bettelordensstudia; Kaspar ELM, Studium und Studienwesen der Bettelorden. Die »andere« Universität?, in: DEMANDT, Stätten, S. 111–126; SENNER, *Studia generalia*, S. 151–175.

567 Siehe auch unter »5.4.5 Das mittelalterliche ›Quartier Latin‹«.

568 CENCI, De fratrum Minorum Constitutionibus Praenarbonensibus, S. 93.

569 BIHL, Statuta Generalia Ordinis, S. 72.

570 ROEST, History, S. 16, weitere Zahlenangaben auf S. 17f.

571 SOHN, Studium, S. 163–169, und DERS., Wissen, S. 101f.

572 MANDONNET, Incorporation, S. 133–170.

573 Hierzu SOHN, Studium, S. 169–182, und DERS., Wissen, S. 104–106.

574 RATZINGER, Geschichtstheologie.

575 Zu der Theologie, die im Paris des 13. Jahrhunderts gelehrt wurde, immer noch dienlich CHENU, La théologie.

576 DUFEIL, Guillaume de Saint-Amour. Siehe auch VERGER, Culture, S. 171f.

577 Chartularium Universitatis Parisiensis, I, S. 342–346, hier S. 343.

578 Chartularium Universitatis Parisiensis, I, S. 343.

579 VERGER, Culture, S. 23.

580 Vgl. Peter CLASSEN, Die hohen Schulen und die Gesellschaft im 12. Jahrhundert, in: DERS., Studium, S. 1–26 (Erstveröffentlichung 1966); GRUNDMANN, Ursprung, mit einer sehr zugespitzten Formulierung auf S. 39.

581 Hagen KELLER, Oralité et écriture, in: Les tendances actuelles, S. 127–142 (mit Bezug auf den Münsteraner Sonderforschungsbereich »Träger, Felder, Formen pragmatischer Schriftlichkeit im Mittelalter«).

582 Aus deutscher Perspektive Joachim EHLERS, Deutsche Scholaren in Frankreich während des 12. Jahrhunderts, in: DERS., Aufsätze, S. 163–190 (Erstveröffentlichung 1986).

583 Zur Universität in Bologna Peter LANDAU, Bologna. Die Anfänge der europäischen Rechtswissenschaft, in: DEMANDT, Stätten, S. 59–74.

584 Hermann von Tournai, Liber de restauratione monasterii sancti Martini Tornacensis, S. 274f. Odo von Cambrai oder von Tournai gründete ebenda 1092 das regulierte Kanonikerstift Saint-Martin, das drei Jahre später in ein cluniacensisches Kloster umgewandelt wurde. Den Abtsstuhl bestieg als erster Odo, der 1105 zum Bischof von Cambrai gewählt wurde. Zu diesem: Manfred GERWING, Art. Odo von Cambrai, in: LMA, 6, Sp. 1358; Johannes LAUDAGE, Art. Odo von Cambrai, in: LThK³, 7, Sp. 976f.

585 Zur *curialitas* siehe FLECKENSTEIN, Curialitas; zudem PARAVICINI, Kultur.

586 Rolf KÖHN, Art. Petrus von Blois, in: LMA, 6, Sp. 1963f.; Rolf GROSSE, Art. Petrus von Blois, in: LThK³, 8, Sp. 112f.

587 Ioannis Saresberiensis, Policraticus, I–IV, S. 251.

588 Joachim EHLERS, Deutsche Scholaren in Frankreich während des 12. Jahrhunderts, in: DERS., Aufsätze, S. 168f., 171f., 178f. Siehe auch SOHN, Süddeutsche, S. 286f.

589 Bernt SCHWINEKÖPER, Art. Albrecht II., in: LMA, 1, Sp. 324. Vgl. Joachim EHLERS, Grand Tour avant la lettre. Schichtenspezifische Mobilität im Früh- und Hochmittelalter, in: BABEL/PARAVICINI, Grand Tour, S. 31.

590 Vgl. PUHLE, Aufbruch, 1, besonders Wolfgang SCHENKLUHN, Zwischen Neuerung und Erinnerung. Der Magdeburger Domchor in der Kunstgeschichte, S. 57–69; Bernd NICOLAI, »Nobili structura et opere sumptuoso«. Der Chorbau des Magdeburger Domes als Neuformulierung der »Reichskathedrale« im Spannungsfeld baulicher Modelle der Romania und der Gotik in der Île-de-France um 1200, S. 71–83; Bernd Ulrich HUCKER, Der imperiale Monumentalstil in Deutschland 1206–1218: Kaiser Otto IV., der Magdeburger Domneubau und die Zisterziensergotik, S. 85–97. Ferner Peter KURMANN/Marc Carel SCHURR, Kulturtransfer im späten Stauferreich. Überlegungen zur Adaptation französischer Sakralbaukunst der Gotik in Deutschland und Italien, in: WIECZOREK/SCHNEIDMÜLLER/WEINFURTER, Staufer, 1, S. 385–394, hier S. 387.

591 Peter CLASSEN, Rom und Paris: Kurie und Universität im 12. und 13. Jahrhundert, in: DERS., Studium, S. 127–169. Siehe zu diesem Beziehungsgefüge auch Nathalie GOROCHOV, Les influences italiennes et la naissance de l'université de Paris, in: Universitas scolarium, S. 47–72.

592 Anmerkungen zur longue durée der Beziehungen zwischen Frankreich und dem Papsttum beziehungsweise der römischen Kurie bei SOHN, Frankreich (im Druck).

593 Peter CLASSEN, Rom und Paris: Kurie und Universität im 12. und 13. Jahrhundert, in: DERS., Studium, S. 133–144.

594 Siehe zum Beispiel LOHRMANN, Papsturkunden, 8: Diözese Paris, I, S. 230–248.

595 Chartularium Universitatis Parisiensis, I, S. 73.

596 »Anglorum turbam juvenum mare interjacens et undarum procella terribilis non terrebat: sed omni periculo contempto, audito tuo nomine, ad te confluebat. Remota Britannia sua animalia erudienda destinabat. Andegavenses eorum edomita feritate tibi famulabantur in suis. Pictavi, Vuascones et Hiberi: Normania, Flandria, Theutonicus et Suevius tuum calere ingenium, laudare et predicare assidue studebat. Praetereo cunctos Parisiorum civitatem habitantes, et intra Galliarum proximas et remotissimas partes qui sic a te doceri sitiebant, ac si nihil disciplinae non apud te inveniri potuisset« (Epistola Fulconis prioris de Diogillo ad Petrum Abaelardum, in: Cousin, Petri Abaelardi opera, 1, S. 703–707, Zitat auf S. 703f.).

597 Vgl. das briefliche Zeugnis Fulcos von Deuil: »Roma suos tibi docendos transmittebat alumnos ...« (Epistola Fulconis prioris de Diogillo ad Petrum Abaelardum, in: Cousin, Petri Abaelardi opera, 1, S. 703).

598 Karl SCHNITH, Art. Célestin II, in: Dictionnaire historique de la papauté, S. 315; Raoul MANSELLI, Art. Arnold von Brescia, in: LMA, 1, Sp. 1005f.

599 Peter CLASSEN, Rom und Paris: Kurie und Universität im 12. und 13. Jahrhundert, in: DERS., Studium, S. 154–156.

600 Joachim EHLERS, Deutsche Scholaren in Frankreich während des 12. Jahrhunderts, in: DERS., Aufsätze, S. 178. Zum Begriff »Grand Tour«, zu Entstehung und Entwicklung BABEL/PARAVICINI, Grand Tour.

601 SOHN, Die Gedenkstiftung Saint-Urbain in Troyes (Champagne). Zur Memoria des Papstes Urban IV. (1261–1264) in seiner Heimatstadt, in: DERS., Wege, S. 103.

602 Siehe Ioannis Saresberiensis, Metalogicon, S. 70–73. Vgl. zur Herkunft der Lehrer des Johannes von Salisbury Joachim EHLERS, Deutsche Scholaren in Frankreich während des 12. Jahrhunderts, in: DERS., Aufsätze, S. 163 Anm. 1.

603 Zu den einzelnen Lehrern, zunächst zu Robert von Melun (um 1100–1167), ab 1163 Bischof von Hereford: Franz COURTH, Art. Robert von Melun, in: LMA, 7, Sp. 909; Horst ULRICH, Art. Robert von Melun, in: LThK³, 8, Sp. 1221f. – Robertus Pullus (um 1080–1146), der als erster Engländer zum Kardinal kreiert wurde und im Jahre 1145 zum Kanzler der Römischen Kirche aufrückte: Franz COURTH, Art. Robertus Pullus, in: LMA, 7, Sp. 919; Monika Rappenecker, Art. Robertus Pullus, in: LThK³, 8, Sp. 1223f. – Vgl. zu Adam Parvipontanus Ioannis Saresberiensis, Metalogicon, S. 72: »Vnde ad magistrum Adam acutissimi uirum ingenii, et quicquid alii sentiant multarum litterarum, qui Aristotili prae ceteris incumbebat, familiaritatem contraxi ulteriorem, ut licet eum doctorem non habuerim, mihi sua benigne communicaret, et se quod aut nulli faciebat, aut paucis alienis, mihi patentius exponebat. Putabatur enim inuidia laborare.« Siehe auch ebd., S. 102, 114, 142. Dieser Magister Adam von der Kleinen Brücke ist vermutlich nicht mit dem späteren gleichnamigen Bischof von St. Asaph in Wales († 1181) zu identifizieren. Vgl. R. B. C. HUYGENS, Guillaume de Tyr étudiant, S. 820, 827f. Siehe auch Jan PINBORG, Art. Adam Parvipontanus, in: LMA, 1, Sp. 109f. (hiernach verstorben vor 1159). – Petrus Abaelard (1079–1142): CLANCHY, Abaelard. – Zu Theoderich von Chartres (um 1100–um 1156) und Gilbert von Poitiers oder de la Porrée (um 1080–1154), ab 1124 Kanoniker in Chartres, 1126 Kanzler und Leiter der dortigen Domschule, seit 1137 in Paris lehrend, 1142 Bischof von Poitiers: siehe unter »5.3 Domschulen im 11. und 12. Jahrhundert«. – Petrus Helias oder Helie, von dessen Herkunft aus dem Poitou Wilhelm von Tyrus berichtet (Willelmus Tyrensis archiepiscopus, Chronicon, 2, S. 880): Estrella PÉREZ RODRÍGUEZ, Art. Petrus Helie, in: LMA, 6, Sp. 1975.

604 Vgl. Wilhelm von Conches (um 1080 – um 1154), der sich zwischen 1144 und 1149 am Hof des Herzogs der Normandie aufhielt: Stephan ERNST, Art. Wilhelm von Conches, in: LMA, 9, Sp. 168–170 (hiernach seit 1120 an der Domschule von Chartres lehrend); Andreas SPEER, Art. Wilhelm von Conches, in: LThK³, 10, Sp. 1176f.

605 Siehe Ewald KÖNSGEN, Art. Alberich, Dialektiker, in: LThK³, 1, Sp. 326; Wendelin KNOCH, Art. Alberich von Reims, in: Ebd., Sp. 327.

606 Die Erklärung für die Wahl des Beinamens liefert Johannes von Salisbury: »... magistro Roberto Meludensi, ut cognomine designetur quod meruit in scolarum regimine, natione siquidem Angligena est ...« (Ioannis Saresberiensis, Metalogicon, S. 71).

607 EHLERS, Hugo von Sankt Viktor, S. 27–34.

608 Zur Person Eberhards des Deutschen: FARAL, Les arts poétiques, S. 38f., sein poetisches Werk ist ediert ebd., S. 336–377, zu Paris vgl. S. 369. Korrekturen zur Edition bei SEDGWICK, Notes, S. 341–343. Siehe auch Reinhard DÜCHTING, Art. Eberhard der Deutsche, in: LMA, 3, Sp. 1523f.

609 Joachim EHLERS, Paris. Die Entstehung der europäischen Universität, in: DEMANDT, Stätten, S. 76f.; VERGER, Culture, S. 38–40.

610 VERGER, Essor, S. 47f.

611 VERGER, Essor, S. 93–109.

612 Ioannis Saresberiensis, Metalogicon, S. 54.

613 Peter CLASSEN, Die hohen Schulen und die Gesellschaft im 12. Jahrhundert, in: DERS., Studium, S. 1–26, siehe hier S. 21f. (Erstveröffentlichung 1966).

614 Vgl. unter anderem HINNEBUSCH, The Historia Occidentalis of Jacques de Vitry, S. 90–92, zum Beispiel S. 92: »*Omnes enim fere parisienses scolares, aduene et hospites ad nil aliud uacabant, nisi aut discere aut audire aliquid noui: alii addiscentes tantum ut scirent, quod est curiositas; alii ut scirentur, quod est uanitas; alii ut lucrarentur, quod est cupiditas et symonie prauitas. Pauci autem addiscebant ut edificarentur uel eidificarent.*«

615 Peter CLASSEN, Die hohen Schulen und die Gesellschaft im 12. Jahrhundert, in: DERS., Studium, S. 17.

616 Pascale BOURGAIN, Art. Jakob von Vitry, in: LMA, 5, Sp. 294f.; Anna-Dorothee VON DEN BRINCKEN, Art. Jakob von Vitry, in: LThK³, 5, Sp. 732f.

617 HINNEBUSCH, The Historia Occidentalis of Jacques de Vitry, S. 91.

618 FAVIER, Paris, S. 724–726.

619 Philipp von Harvengt, Epistolae, in: Patrologia Latina, 203, col. 33: »*Non enim Parisius fuisse, sed Parisius honestam scientiam acquisisse honestum est.*«

620 HARING, A Latin Dialogue on the Doctrine of Gilbert of Poitiers, S. 252. Die Vorlesung in Chartres hielt Gilbert von Poitiers, der 1124 zum Kanzler und Leiter der Domschule aufstieg. Im Jahre 1137 wechselte er als Lehrer nach Paris, fünf Jahre später bestieg er den Bischofsstuhl von Poitiers (siehe hier nur Franz COURTH, Art. Gilbert von Poitiers, in: LMA, 4, Sp. 1449). Daher bezieht sich die obige Zahlenangabe auf die Zeit vor 1137.

621 Vgl. Jacques VERGER, Mémoire et histoire dans la conscience universitaire au Moyen Âge, in: SOHN, Memoria, S. 125–134, besonders S. 128–130.

622 Jacques VERGER, Charlemagne fondateur de l'université de Paris. Les ultimes avatars du mythe de la *translatio studii* dans l'*Historia Universitatis Parisiensis* de C.-É. Du Boulay, in: Famille, violence et christianisation, S. 493–504.

623 In einer Urkunde für das Domkapitel aus dem Jahre 1157 oder 1158 gedachte Ludwig VII. seiner Zeit, die er in der Domschule verbracht hatte: »*Nos ergo ecclesiam Parisiensem, in cujus claustro, quasi quodam maternali gremio, incipientis vite et puericie nostre exegimus tempora, antecessoribus nostris cariorem et inter regni ecclesias eminentem considerantes ...*« (Cartulaire général de Paris, I, S. 350).

624 Jacques VERGER, À propos de la naissance de l'université de Paris: contexte social, enjeu politique, portée intellectuelle, in: FRIED, Schulen, S. 94.

625 LE GOFF, Saint Louis, S. 112, siehe auch in bezug auf Ludwig IX. S. 585–594. Zuvor in ähnlicher Weise Jacques VERGER, À propos de la naissance de l'université de Paris: contexte social, enjeu politique, portée intellectuelle, in: FRIED, Schulen, S. 94.

626 Vgl. VERGER, Culture, S. 122–124.

627 LE GOFF, Saint Louis, S. 585–594.

628 Louis Sébastien LE NAIN DE TILLEMONT, La Vie de Saint Louis, 5, S. 337. Vgl. LE GOFF, Saint Louis, S. 592.

629 LE GOFF, Saint Louis, S. 594.

630 SOHN, Urban IV. (im Druck).

631 Jürgen MIETHKE, Philipp IV. der Schöne (1285–1314), in: EHLERS/MÜLLER/SCHNEIDMÜLLER, Könige, S. 206–208, 217–225.

632 SOHN, Studium, S. 161f. Noch während der Bauarbeiten hatte dort der Kanzler Philipp der Universität am 1. September 1228 gepredigt und zu Spenden hierfür aufgerufen. Siehe VORREUX, Sermon, S. 3–22, Predigttext auf S. 13–22 (»SERMO IN FESTO AEGIDII, IN VALLE VIRIDI, UBI AEDIFICATUR DOMUS FRATRIBUS MINORIBUS IN HONORE BEATI PETRI ET PAULI ET BEATI AEGIDII«) [Zitat in Majuskeln].

633 Vgl. RÜCKBROD, Universität, S. 34f.

634 RÜCKBROD, Universität, S. 88; Mairie de Paris, Nomenclature, S. 192f.

635 RÜCKBROD, Universität, S. 35.

636 Nach CAZELLES, Paris, ad indicem. Der Vf. weist darauf hin, daß es noch ein zweites Sportterrain gab, und zwar von der Seine bis zu der das Kloster Saint-Germain-des-Prés umgebenden Mauer. Dieses »Pré-aux-Clercs« blieb Eigentum der Abtei bis zur Königsherrschaft Karls V.

637 Zu den Tavernen: FAVIER, Paris au XVᵉ siècle, S. 310.

638 Vgl. ROUX, La rive gauche.

639 Eine Karte mit den Kollegien des linken Seineufers bei LORENTZ/SANDRON, Atlas, S. 172. Zu diesen Pariser Einrichtungen: RASHDALL, Universities, 1, S. 497–536; ein Verzeichnis derselben, das von den Anfängen bis zum Jahre 1500 reicht, auf S. 536–539 (hier sind diejenigen der Bettelorden nicht berücksichtigt). Siehe ferner zu den Kollegien SOHN/VERGER, Die universitären Kollegien; SOHN/VERGER, Die regulierten Kollegien (Drucklegung in Vorbereitung).

640 Cartulaire général de Paris, I, S. 467f. (Stiftungsurkunde).

641 RASHDALL, Universities, 1, S. 504f.

642 RASHDALL, Universities, 1, S. 502f.

643 Jetzt hierzu SOHN/VERGER, Die universitären Kollegien; SOHN/VERGER, Die regulierten Kollegien (Drucklegung in Vorbereitung).

644 WILLESME, Les Jacobins, S. 145–162.

645 Zur Genese des franziskanischen Kollegs: BEAUMONT-MAILLET, Le Grand Couvent des Cordeliers; SOHN, Studium, S. 162–169; zur Studienorganisation der Minoritenbrüder ferner SOHN, Wissen, S. 101–106. Wie groß die mittelalterliche Niederlassung war, läßt sich etwa am Verlauf heutiger Straßen erkennen, nämlich an der Rue Monsieur le Prince, der Rue Antoine Dubois und der Rue de l'École de Médecine im 6. Arrondissement.

646 BEAUMONT, Le réfectoire, S. 61–69.

647 Bernard ARDURA, Les collèges de l'ordre de Prémontré, du Moyen Âge au concile de Trente, in: SOHN/VERGER, Die regulierten Kollegien (Drucklegung in Vorbereitung).

648 Denyse RICHE, Les collèges clunisiens au Moyen Âge, in: SOHN/VERGER, Die regulierten Kollegien (Drucklegung in Vorbereitung).

649 Zur Geschichte des zisterziensischen Kollegs: KWANTEN, Le collège Saint-Bernard à Paris, S. 443–472; Le Collège des Bernardins (mit einer aktualisierten, gekürzten Fassung des soeben zitierten, hier unverändert betitelten Beitrages auf S. 67–79); ferner BERMAN, Monastic Hospices, S. 765–772.

650 Über die Naturkatastrophe, die Paris heimsuchte, berichten Guillaume de Nangis (Chronique latine, 1, S. 296f.) und ein zisterziensischer Chronist. Dessen Zeugnis ist mitgeteilt bei VERNET, L'inondation, S. 47.

651 Le Goff, Saint Louis, ad indicem. Siehe auch Rückbrod, Universität, S. 44–49, 116–121 (zum Gebäudekomplex). Zu Robert de Sorbon ferner Astrik L. Gabriel, The Spiritual Portrait of Robert of Sorbonne, in: Ders., The Paris Studium, S. 63–111 (ergänzte Erstfassung von 1953). Zur Geschichte von Kolleg und Universität siehe den Jubiläumsband La Sorbonne au service des humanités.

652 Sorbon, Ardennes, Rethel, ch.-l. d'arr.

653 Gorochov, Le Collège de Navarre.

654 Zu den Studienhäusern für Dänen und Schweden: Élisabeth Mornet, Piété et honneur. Profil des fondateurs des collèges nordiques à Paris au Moyen Âge, in: Sohn/Verger, Die universitären Kollegien, S. 59–75. Zum deutschen Kolleg Gabriel, The House of Poor German Students, S. 50–78, ND in Ders., The Paris Studium, S. 169–201 (mit bibliographischen Aktualisierungen und einigen Ergänzungen zum Erstdruck); Sohn, Süddeutsche, S. 290f.

655 Rashdall, Universities, 1, S. 505f.

656 Perraut, L'architecture.

657 Fierro, Histoire, S. 787–789.

658 Hinweise bei Rückbrod, Universität, S. 35, 86–96.

659 Die Autonomie und die anerkannte Schiedsrichterrolle der Pariser Universität waren im sogenannten Großen Abendländischen Schisma unter dem Druck des französischen Königtums und infolge der erbitterten Auseinandersetzungen zwischen den verschiedenen Obedienzen angefochten, doch vermochte dies die Bedeutung der Hochschule nur temporär und partiell zu beeinträchtigen.

660 Vgl. Lorentz/Sandron, Atlas, S. 175–177.

661 Verger, Culture, S. 157–162.

662 Verger, Culture, S. 160.

663 Vgl. Dagmar Thoss, Art. Buchmalerei, Französische Buchmalerei von 1200 bis 1500, in: LMA, 2, Sp. 855f.; Branner, Manuscript Painting.

664 Zu dieser französischen Königin und den Konflikten um ihre Ehe mit Philipp II. Thomas Riis, Art. Ingeborg von Dänemark, in: LMA, 5, Sp. 414f. Die Ehe wurde 1193 geschlossen.

665 Verger, Culture, S. 160.

666 Vgl. Lorentz/Sandron, Atlas, S. 176f.

667 Dagmar Thoss, Art. Maître Honoré, in: LMA, 6, Sp. 147.

668 Mairie de Paris, Nomenclature, S. 372.

669 Siehe Binding, Gotik, S. 13–34.

670 Auf die Klosterkirchen Saint-Pierre auf dem Montmartre und Saint-Germain-des-Prés sowie die architektur- und kunsthistorischen Diskussionen, die sich auf diese beziehen, kann im folgenden nicht eingegangen werden. Vgl. Kimpel/Suckale, Architektur, ad indicem; Sohn, Kapetinger, S. 91f.

671 Paris 1400 (Ausstellungskatalog). Siehe auch Villela-Petit, Le gothique international. Vgl. zur voraufgehenden Zeit Karls V. (1364–1380) Carqué, Stil; ferner Brückle, Civitas terrena, S. 153–165.

672 Zum Chor von Saint-Martin-des-Champs siehe Sohn, Kapetinger, S. 110–117 (mit Berichtigungen zur bisherigen Datierung in der Forschung). Vgl. Plagnieux, Le chevet de Saint-Martin-des-Champs, S. 3–39 (erwähnt nicht den zuvor genannten

Beitrag); JOHNSON/HEBER-SUFFRIN, La sculpture architecturale, S. 41–62 (ebenso).

673 Nach KIMPEL/SUCKALE, Architektur, S. 532.

674 Hierzu KIMPEL/SUCKALE, Architektur, S. 76–92, 384–393, 536. Zur Geschichte der Abteikirche und zu ihrem topographischem Umfeld Atlas historique de Saint-Denis.

675 Dies wäre künftig zu bedenken, wenn der Chor von Saint-Denis »als Geburtsstunde der Gotik« bezeichnet wird (vgl. unter anderem BINDING, Gotik, S. 2).

676 ERLANDE-BRANDENBURG, Notre-Dame in Paris. Siehe auch unter »4.3 Der bischöfliche Residenzbezirk auf der Île de la Cité und die Kathedrale Notre-Dame als Manifest der *societas christiana*«.

677 KIMPEL/SUCKALE, Architektur, ad indicem.

678 BINDING, Gotik, S. 5; zur Genese der gotischen Kathedrale in Amiens konzise KIMPEL/SUCKALE, Architektur, S. 11–64.

679 BINDING, Gotik, S. 170.

680 BINDING, Gotik, S. 146. Zur Sainte-Chapelle siehe auch die vorausgegangenen Bemerkungen unter »2.4.6 Die Sainte-Chapelle als liturgischer und memorialer Mittelpunkt sowie als Aufgipfelung des dynastischen und höfischen Lebens«.

681 Vgl. hier nur Colette DEREMBLE, Art. Gothique, in: Dictionnaire encyclopédique du Moyen Âge, I, S. 672–674; ferner KIMPEL/SUCKALE, Architektur, S. 74–76; BINDING, Gotik, S. 292–294.

682 Vgl. KIMPEL/SUCKALE, Architektur, S. 28–31.

683 Vgl. KIMPEL/SUCKALE, Architektur, S. 23; BALDWIN, Paris, 1200, S. 42f.

684 KIMPEL/SUCKALE, Architektur, S. 68.

685 Vgl. zur Rolle des Königs KIMPEL/SUCKALE, Architektur, S. 29f.

686 KIMPEL/SUCKALE, Architektur, S. 30.

687 Siehe Günther BINDING, Art. Villard de Honnecourt, in: LMA, 8, Sp. 1680f.

688 Vgl. BINDING, Gotik, S. 293.

689 Der Abt Suger von Saint-Denis verweist neben anderen auf die gewaltigen Unterschiede hin, die hinsichtlich der materiellen Ressourcen zwischen dem englischen und französischen König, zwischen Heinrich I. und Ludwig VI., bestanden: »*Similiter et dissimiliter inter eos certabatur: similiter, cum neuter cederet; dissimiliter, cum ille maturus, iste juvenculus, ille opulentus et Anglorum thesaurorum profusor mirabilisque militum mercator et solidator, iste peculii expers, patri qui benefitiis regni utebatur parcendo, sola bone indolis industria militiam cogebat, audacter resistebat.*« (Sugerius, Vita Ludovici, S. 8, siehe auch S. 184).

690 WICKERT, Alles über Paris, S. 7.

691 JULLIAN, Les origines, S. 549f. (Zitat auf S. 550).

692 RAUHUT, Paris, S. 283.

693 LOHRMANN, Raumbewußtsein, S. 157.

694 Guillelmus Armoricus, Philippidi, in: Œuvres de Rigord et de Guillaume le Breton, 2, S. 11.

695 Vgl. GAUTHIEZ, Paris, S. 117–136. Siehe zudem DERS., Rouen, in: Atlas historique des villes de France, S. 69–75. Bezüglich Palermo und London vgl. Palerme 1070–1492; Kristjan TOOMASPOEG, Wohnkultur in Palermo, in: WIECZOREK/SCHNEIDMÜLLER/WEINFURTER, Die Staufer und Italien, 1, S. 319–324; Derek

KEENE, London: metropolis and capital, A. D. 600–1530, in: SOHN/WEBER, Hauptstädte, S. 29–56.
696 FUHRMANN, Überall ist Mittelalter.

QUELLEN

Handschriften

Chantilly, Musée Condé:
  Ms. 65
  Ms. 1695

London, British Library:
  Add. Ms. 11662

Paris, Bibliothèque nationale de France:
  ms. fr. 19093
  ms. lat. 17742, 17743
  nouv. acq. lat. 1359

Gedruckte Quellen

Für die Monumenta Germaniae Historica ist im folgenden die Abkürzung MGH verwandt worden.

Abbo, Bella Parisiacae urbis, ed. Henri WAQUET, Paris 1942 (Les Classiques de l'histoire de France au Moyen Age, 20).

Adémar de Chabannes, Chronique, ed. Jules CHAVANON, Paris 1897 (Collection de textes pour servir à l'étude et à l'enseignement de l'histoire, 20).

André de Fleury, Vie de Gauzlin, abbé de Fleury. Vita Gauzlini abbatis Floriacensis monasterii, ed. Robert-Henri BAUTIER et Gillette LABORY, Paris 1969 (Sources d'histoire médiévale, 2).

Annales Laubienses, Leodienses et Fossenses, ed. Georg Heinrich PERTZ, in: MGH Scriptores IV, Hannover 1841, ND Stuttgart-New York 1963, S. 8–35.

Michael BIHL, Statuta Generalia Ordinis edita in Capitulis Generalibus celebratis Narbonae an. 1260, Assisi an. 1279 atque Parisiis an. 1292 (Editio critica et synoptica), in: Archivum Franciscanum Historicum 34 (1941), S. 13–94, 284–358.

Cartulaire général de Paris ou recueil de documents relatifs à l'histoire et à la topographie de Paris, formé et publié par Robert DE LASTEYRIE, I: 528–1180, Paris 1887 (Histoire générale de Paris. Collection de documents).

Cesare CENCI, De fratrum Minorum Constitutionibus Praenarbonensibus, in: Archivum Franciscanum Historicum 83 (1990), S. 50–95.

Chartularium Universitatis Parisiensis, ed. Henri DENIFLE et Emile CHÂTELAIN, I–IV, Paris 1889–1897.

Chronique latine de Guillaume de Nangis de 1113 à 1300 avec les continuations de cette chronique de 1300 à 1368, ed. Hercule GÉRAUD, 1–2, Paris 1843 (Société de l'Histoire de France).

Chronique de Saint-Pierre-le-Vif de Sens, dite de Clarius. Chronicon sancti Petri Vivi Senonensis, ed. Robert-Henri BAUTIER et Monique GILLES, Paris 1979 (Sources d'histoire médiévale).

Victor COUSIN (Hg.), Petri Abaelardi opera, 1–2, Parisiis 1849.

Joseph DEPOIN, Recueil de chartes et documents de Saint-Martin-des-Champs, monastère parisien, 1–5, Ligugé, Paris 1912–1921 (Archives de la France monastique, 13–21); Jean BECQUET, Index, Ligugé 1989 (Archives de la France monastique, 51).

Descriptio qualiter Karolus magnus clavum et coronam Domini a Constantinopoli Aquisgrani detulerit qualiterque Karolus Calvus ad Sanctum Dyonisium retulerit, in: Gerhard RAUSCHEN (Hg.), Die Legende Karls des Großen im 11. und 12. Jahrhundert. Mit einem Anhang über Urkunden Karls des Großen und Friedrichs I. für Aachen von Hugo LOERSCH, Leipzig 1890 (Publikationen der Gesellschaft für Rheinische Geschichtskunde, 7), S. 95–126.

Jean DUFOUR, Recueil des actes de Louis VI, roi de France (1108–1137), 1–4, Paris 1992–1994 (Chartes et diplômes).

Charles DU FRESNE, Sieur DU CANGE, Glossarium mediae et infimae Latinitatis, 1–10, bearb. von Léopold FAVRE, Niort 1883–1887 (Bde. 1–3, Paris 1878, ND Graz 1954).

Épitaphier du Vieux Paris. Recueil général des inscriptions funéraires des églises, couvents, collèges, hospices, cimetières et charniers, depuis le Moyen Âge jusqu'à la fin du XVIIIᵉ siècle, 1–12, Paris 1890–1999 (Histoire générale de Paris). Index général par Hélène VERLET, Paris 2000.

Marie FAUROUX, Recueil des actes des ducs de Normandie de 911 à 1066, Caen 1961 (Mémoires de la Société des antiquaires de Normandie 36, 4ᵉ série, 6ᵉ volume).

Geoffroy de Courlon, Chronique de l'abbaye de Saint-Pierre-le-Vif de Sens, ed. Gustave JULLIOT, Sens 1876.

Godefroy de Saint-Victor, Fons philosophiae, ed. Pierre MICHAUD-QUANTIN, Namur u. a. 1956 (Analecta mediaevalia Namurcensia, 8).

Gregor von Tours, Historia Francorum, ed. Bruno KRUSCH, MGH Scriptores rerum Merovingicarum I/12, Hannover 1937–1951.

Rolf GROSSE, Papsturkunden in Frankreich, Neue Folge, Bd. 9: Diözese Paris, II. Abtei Saint-Denis, Göttingen 1998 (Abhandlungen der Akademie der Wissenschaften in Göttingen, Philologisch-Historische Klasse, Dritte Folge, Nr. 225).

Benjamin GUÉRARD, Cartulaire de l'église Notre-Dame de Paris, 1–4, Paris 1850 (Collection de documents inédits sur l'histoire de France, première série: Histoire politique. Collection des cartulaires de France, 4–7).

Guillebert de Metz, Description de la ville de Paris sous Charles VI, in: Paris et ses historiens aux XIVᵉ et XVᵉ siècles. Documents et écrits originaux recueillis et commentés par Antoine-Jean-Victor LE ROUX DE LINCY et Lazare-Maurice TISSERAND, Paris 1867 (Histoire générale de Paris), S. 117–236.

Nicholas M. HARING, A Latin Dialogue on the Doctrine of Gilbert of Poitiers, in: Mediaeval Studies 15 (1953), S. 243–289.

Helgaud de Fleury, Vie de Robert le Pieux. Epitoma vitae regis Rotberti pii, ed. Robert-Henri BAUTIER et Gillette LABORY, Paris 1965 (Sources d'histoire médiévale, 1).

Hermann von Tournai, Liber de restauratione monasterii sancti Martini Tornacensis, in: MGH Scriptores XIV, Hannover 1883, S. 274–317.

John Frederick HINNEBUSCH (Hg.), The Historia Occidentalis of Jacques de Vitry, Fribourg 1972 (Spicilegium Friburgense, 17).

Ioannis Saresberiensis, Metalogicon, edidit J.B. HALL auxialiata K.S.B. KEATS-ROHAN, Turnholti 1991 (Corpus Christianorum. Continuatio Mediaevalis, XCVIII).

Ioannis Saresberiensis, Policraticus, I–IV, edidit K. S. B. KEATS-ROHAN, Turnholti 1993 (Corpus Christianorum. Continuatio Mediaevalis, CXVIII).

Jean-Loup LEMAITRE, Répertoire des documents nécrologiques français, 1–2, Paris 1980 (Recueil des Historiens de la France. Obituaires, 7); Supplément, Paris 1987; Deuxième supplément, Paris 1992.

Louis Sébastien LE NAIN DE TILLEMONT, La vie de Saint Louis, roi de France, publiée par Julien DE GAULLE, 1–6, Paris 1847–1851.

René DE LESPINASSE/François BONNARDOT, Les métiers et corporations de la Ville de Paris au XIIIe siècle: Le »Livre des métiers« d'Étienne Boileau, Paris 1879 (Histoire générale de Paris).

Le livre de la taille de Paris l'an 1296, publié par Karl MICHAËLSSON, Göteborg 1958 (Romanica Gothoburgensia, VII).

Le livre de la taille de Paris l'an 1297, publié par Karl MICHAËLSSON, Göteborg 1962 (Romanica Gothoburgensia, IX).

Dietrich LOHRMANN, Papsturkunden in Frankreich, Neue Folge, Bd. 8: Diözese Paris, I: Urkunden und Briefsammlungen der Abteien Sainte-Geneviève und Saint-Victor, Göttingen 1989 (Abhandlungen der Akademie der Wissenschaften in Göttingen, Philologisch-Historische Klasse, Dritte Folge, Nr. 174).

Auguste LONGNON, Pouillés de la province de Rouen, Paris 1903 (Recueil des Historiens de la France, Pouillés, 2).

Auguste LONGNON, Pouillés de la province de Sens, Paris 1904 (Recueil des Historiens de la France, Pouillés, 4).

Matthaeus Parisiensis, Chronica majora, ed. Henry Richards LUARD, 1–7, London 1872–1883 (Rerum Britannicarum medii aevi scriptores, 57,1–7).

Miracula sancti Benedicti, ed. E. DE CERTAIN, Paris 1858 (Société de l'histoire de France).

William Mendel NEWMAN, Catalogue des actes de Robert II, roi de France, Paris 1937.

Œuvres de Rigord et de Guillaume le Breton, historiens de Philippe-Auguste, ed. Henri-François DELABORDE, 1–2, Paris 1882–1885 (Société de l'histoire de France).

Ordericus Vitalis, Historia ecclesiastica, ed. Marjorie CHIBNALL, 1–6, Oxford 1969–1980 (Oxford Medieval Texts).

Ottonis et Rahewini gesta Friderici I. imperatoris, ed. Georg WAITZ, MGH Scriptores rerum Germanicarum in usum scholarum [46], Hannover-Leipzig ³1912.

Petrus Abaelardus, Historia Calamitatum, ed. Jacques MONFRIN, Paris ⁴1978.

Philipp von Harvengt, Epistolae, in: Patrologia Latina, 203, Paris 1855, Sp. 1–180.

Edmond POGNON, Hugues Capet, roi de France, Le mémorial des siècles. Les hommes, dixième siècle, Paris 1966.

Maurice PROU, Recueil des actes de Philippe Ier, roi de France (1059–1108), Paris 1908 (Chartes et diplômes relatifs à l'histoire de France).

Recueil des actes de Philippe Auguste, roi de France, publié par H.-Fr. DELA-
BORDE/Ch. PETIT-DUTAILLIS/J. MONICAT/J. BOUSSARD/M. NORTIER, I–
IV, Paris 1916–1979 (Chartes et diplômes relatifs à l'histoire de France).

Recueil des actes de Philippe Auguste, roi de France, publié sous la direction de
Jean FAVIER par Michel NORTIER, Bd. V: Suppléments d'actes, actes per-
dus, additions et corrections aux précédents volumes, Paris 2004 (Chartes
et diplômes relatifs à l'histoire de France).

Recueil des Historiens des Gaules et de la France, ed. Martin BOUQUET, 10,
Paris ²1874.

Les registres de Philippe Auguste, publiés par John W. BALDWIN avec le con-
cours de Françoise GASPARRI, Michel NORTIER et Elisabeth LALOU sous
la direction de Robert-Henri BAUTIER, I, Paris 1992 (Recueil des historiens
de la France. Documents financiers et administratifs, VII).

Rodulfus Glaber, Historiarum libri quinque, ed. John FRANCE, Oxford 1989
(Oxford Medieval Texts).

Frédéric SOEHNÉE, Catalogue des actes d'Henri Ier, roi de France (1031–1060),
Paris 1907 (Bibliothèque de l'École des Hautes Études. Sciences historiques
et philologiques, 161).

Suger, Œuvres, 1–2, ed. Françoise GASPARRI, Paris 1996–2008 (Les classiques
de l'histoire de France au Moyen Age, 37, 41).

Sugerius, Vita Ludovici grossi regis, ed. Henri WAQUET, Paris 1964 (Les classiques de l'histoire de France au Moyen Âge, 11).

Joseph THILLIER/Eugène JARRY, Cartulaire de Sainte-Croix d'Orléans (814–
1300), Paris 1906 (Mémoires de la Société archéologique et historique de
l'Orléanais, 30).

Die Urkunden der Karolinger, 1: Die Urkunden Pippins, Karlmanns und Karls
des Großen, unter Mitwirkung von Alfons DOPSCH, Johann LECHNER,
Michael TANGL bearbeitet von Engelbert MÜHLBACHER, Hannover 1906
(MGH, Diplomata Karolinorum, I) [abgekürzt MGH DD Karol. 1].

Jules VIARD, Les Grandes Chroniques de France, 5, Paris 1928.

Damien VORREUX, Un sermon de Philippe le Chancelier en faveur des Frères
Mineurs de Vauvert (Paris) 1 septembre 1228, in: Archivum Franciscanum
Historicum 68 (1975), S. 3–22.

Wilhelm von Jumièges, Gesta Normannorum ducum, ed. Jean MARX, Rouen,
Paris 1914 (Société de l'histoire de Normandie, 66).

Willelmus Tyrensis archiepiscopus, Chronicon, edidit R. B. C. HUYGENS, 1–2,
Turnholti 1986 (Corpus Christianorum. Continuatio Mediaevalis, LXIII,
LXIII A).

Harald ZIMMERMANN, Papstregesten 911–1024, Wien–Köln–Weimar ²1998
(J. F. Böhmer, Regesta Imperii, II., 5. Abteilung).

Harald ZIMMERMANN, Papsturkunden 896–1046, 1–3, Wien 1984–1989 (Öster-
reichische Akademie der Wissenschaften. Philosophisch-historische
Klasse, Denkschriften 174, 177, 198, Veröffentlichungen der Historischen
Kommission, 3–5).

LITERATUR

Zitierte Presseartikel sind hier nicht eigens angeführt. Folgende Lexika wurden benutzt:

Dictionnaire d'archéologie chrétienne et de liturgie [DACL], 1–15, Paris 1907–1951.

Dictionnaire d'histoire et de géographie ecclésiastiques [DHGE], 1ff., Paris 1912ff.

Dictionnaire des lettres françaises. Le Moyen Âge (édition entièrement revue et mise à jour sous la direction de Geneviève HASENOHR et Michel ZINK, Paris 1992).

Dictionnaire du Moyen Âge (sous la direction de Claude GAUVARD, Alain DE LIBERA et Michel ZINK, Paris 2002).

Dictionnaire encyclopédique du Moyen Âge (sous la direction de André VAUCHEZ, I–II, Cambridge–Paris–Rome 1997).

Dictionnaire historique de la papauté (sous la direction de Philippe LEVILLAIN, Paris 1994).

Jean FAVIER, Dictionnaire de la France médiévale, Paris 1993.

Lexikon des Mittelalters [LMA], 1–9, München 1980–1998.

Lexikon für Theologie und Kirche, 2. Aufl. [LThK²], 1–10 und Registerband, Freiburg 1957–1967; 3. Aufl. [LThK³], 1–11, Freiburg 1993–2001.

Theologische Realenzyklopädie [TRE], 1–36, Berlin-New York 1977–2004.

Deutsches Rechtswörterbuch (Wörterbuch der älteren deutschen Rechtssprache, 5, Weimar 1953–1960).

Etymologisches Wörterbuch des Deutschen (Berlin ²1993).

Mittellateinisches Wörterbuch bis zum ausgehenden 13. Jahrhundert (II. Band, Lieferung 2, München 1969).

L'abbaye parisienne de Saint-Victor au Moyen Âge. Communications présentées au XIIIᵉ Colloque d'Humanisme médiéval de Paris (1986–1988) et réunies par Jean LONGÈRE, Paris–Turnhout 1991 (Bibliotheca Victorina, 1).

Abbon, un abbé de l'an mil. Études réunies par Annie DUFOUR et Gillette LABORY, Turnhout 2008.

Abélard en son temps. Actes du colloque international organisé à l'occasion du 9ᵉ centenaire de la naissance de Pierre Abélard (14–19 mai 1979), Paris 1981.

William M. AIRD, Robert Curthose, Duke of Normandy c. 1050–1134, Woodbridge 2008.

Kurt ANDERMANN (Hg.), Residenzen. Aspekte hauptstädtischer Zentralität von der frühen Neuzeit bis zum Ende der Monarchie, Sigmaringen 1992 (Oberrheinische Studien, 10).

Cent ans d'histoire de Paris. L'œuvre de la Commission du Vieux Paris 1898–1998. Catalogue établi sous la direction de Michel FLEURY et Guy-Michel LEPROUX, Paris 1999.

Art et architecture à Melun au Moyen Âge. Actes du colloque d'histoire de l'art et d'archéologie tenu à Melun les 28 et 29 novembre 1998. Textes réunis par Yves GALLET, Paris 2000.

Aleida ASSMANN, Erinnerungsräume. Formen und Wandlungen des kulturellen Gedächtnisses, München 1999.

Jan ASSMANN, Das kulturelle Gedächtnis. Schrift, Erinnerung und politische Identität in frühen Hochkulturen, München ²1997.

Atlas archéologiques de la France. Les premiers monuments chrétiens de la France. 3. Ouest, Nord et Est, Paris 1998.

Atlas de la France de l'an mil. État de nos connaissances, sous la direction de Michel PARISSE, Paris 1994.

Atlas historique de Saint-Denis. Des origines au XVIIIᵉ siècle, sous la direction de Michaël WYSS, Paris 1996 (Documents d'archéologie française, 59).

Atlas historique des villes de France, sous la direction de Jean-Luc PINOL, Paris 1996.

Hartmut ATSMA (Hg.), La Neustrie. Les pays au nord de la Loire de 650 à 850. Colloque historique international, 1–2, Sigmaringen 1989 (Beihefte der Francia, 16,1–2).

Rainer BABEL/Werner PARAVICINI (Hg.), Grand Tour. Adeliges Reisen und europäische Kultur vom 14. bis zum 18. Jahrhundert. Akten der internationalen Kolloquien in der Villa Vigoni 1999 und im Deutschen Historischen Institut Paris 2000, Ostfildern 2005 (Beihefte der Francia, 60).

Jean-Pierre BABELON/Michel FLEURY/Jacques DE SACY, Richesses de l'art du quartier des Halles maison par maison, Paris 1968.

John W. BALDWIN, Paris, 1200, Paris 2006.

John W. BALDWIN, Philippe Auguste et son gouvernement. Les fondations du pouvoir royal en France au Moyen Âge, Paris 1991.

Robert BARROUX, L'Abbé Suger et la vassalité du Vexin en 1124, in: Le Moyen Age 64 (1958), S. 1–26.

Bodo-Michael BAUMUNK/Gerhard BRUNN (Hg.), Hauptstadt. Zentren, Residenzen, Metropolen in der deutschen Geschichte, Ausstellungskatalog, Bonn, 19. Mai – 20. August 1989, Köln 1989.

Robert-Henri BAUTIER, Anne de Kiev, reine de France et la politique royale au XIᵉ siècle. Étude critique de la documentation, in: Revue des études slaves 57 (1985), S. 539–564.

Robert-Henri BAUTIER, Études sur la France capétienne. De Louis VI aux fils de Philippe le Bel, Hampshire-Brookfield 1992 (Collected Studies Series, CS 359).

Robert-Henri BAUTIER, Quand et comment Paris devient capitale, in: Bulletin de l'histoire de Paris et d'Île-de-France 105 (1978), S. 17–46.

Robert-Henri BAUTIER, Recherches sur l'histoire de la France médiévale. Des Mérovingiens aux premiers Capétiens, Hampshire-Brookfield 1991 (Collected Studies Series, CS 351).

Jacqueline BEAUJEU-GARNIER, Paris: hasard ou prédestination? Une géographie de Paris, Paris 1993 (Nouvelle histoire de Paris).

Laure BEAUMONT, Le réfectoire du Grand Couvent des Cordeliers, in: Document archeologia Nr. 3 (1973), S. 61–69.

Laure BEAUMONT-MAILLET, Le Grand Couvent des Cordeliers de Paris. Étude historique et archéologique du XIIIᵉ siècle à nos jours, Paris 1975 (Bibliothèque de l'École des Hautes Études, IVᵉ section. Sciences historiques et philologiques, 325).

Alfons BECKER, Studien zum Investiturproblem in Frankreich. Papsttum, Königtum und Episkopat im Zeitalter der gregorianischen Kirchenreform (1049–1119), Saarbrücken 1955 (Schriften der Universität des Saarlandes, 17).

Georg von BELOW, Probleme der Wirtschaftsgeschichte. Eine Einführung in das Studium der Wirtschaftsgeschichte, Tübingen ²1926.

Dieter BERG, Armut und Wissenschaft. Beiträge zur Geschichte des Studienwesens der Bettelorden im 13. Jahrhundert, Düsseldorf 1977 (Geschichte und Gesellschaft. Bochumer Historische Studien, 15).

Dieter BERG, England und der Kontinent. Studien zur auswärtigen Politik der anglonormannischen Könige im 11. und 12. Jahrhundert, Bochum 1987.

Nicole BÉRIOU, L'avènement des maîtres de la Parole. La prédication à Paris au XIIIᵉ siècle, 1–2, Paris 1998 (Collection des Études Augustiniennes. Série Moyen Âge et Temps Modernes, 31–32).

Constance H. BERMAN, Monastic Hospices in Southern France and Colleges in Montpellier, Toulouse, Paris, and Oxford: The Cistercian Urban Presence, in: Revue d'histoire ecclésiastique 102 (2007), S. 747–780.

Françoise BESSE/Jérôme GODEAU, Tableaux parisiens du Moyen Âge à nos jours, six siècles de peinture en capitale, Paris 2005.

Claudine BILLOT, Les Saintes Chapelles royales et princières, Paris 1998 (Thématiques du patrimoine).

Günther BINDING, Was ist Gotik? Eine Analyse der gotischen Kirchen in Frankreich, England und Deutschland 1140–1350, Darmstadt 2000.

Egon BOSHOF, Lothringen, Frankreich und das Reich in der Regierungszeit Heinrichs III., in: Rheinische Vierteljahrsblätter 42 (1978), S. 63–127.

Jacques BOUSSARD, Paris de la fin du siège de 885–886 à la mort de Philippe Auguste, Paris ²1997 (Nouvelle histoire de Paris).

Boris BOVE, Dominer la ville. Prévôts des marchands et échevins parisiens de 1260 à 1350, Paris 2004 (Comité des travaux historiques et scientifiques).

Edina BOZÓKY, La politique des reliques de Constantin à Saint Louis. Protection collective et légitimation du pouvoir, Paris 2006.

Robert BRANNER, Manuscript Painting in Paris during the Reign of Saint Louis. A Study of Styles, Berkeley-Los Angeles-London 1977 (California Studies in the History of Art, 18).

Wolfgang BRÜCKLE, Civitas terrena. Staatsrepräsentation und politischer Aristotelismus in der französischen Kunst 1270–1380, München–Berlin 2005.

Carlrichard BRÜHL, Deutschland – Frankreich. Die Geburt zweier Völker, Köln–Wien ²1995 (französische Fassung: DERS., Naissance de deux peuples. »Français« et »Allemands« IXᵉ–XIᵉ siècle. Traduit de l'allemand par Gaston Duchet-Suchaux. Édition française établie par Olivier GUYOT-JEANNIN, Paris 1994).

Carlrichard BRÜHL, Fodrum, Gistum, Servitium regis. Studien zu den wirtschaftlichen Grundlagen des Königtums im Frankenreich und in den fränkischen Nachfolgestaaten Deutschland, Frankreich und Italien vom 6. bis zur Mitte des 14. Jahrhunderts, 1–2, Köln–Graz 1968 (Kölner Historische Abhandlungen, 14,1–2).

Carlrichard Brühl, Zum Hauptstadtproblem im frühen Mittelalter, in: Festschrift für Harald Keller. Zum sechzigsten Geburtstag dargebracht von seinen Schülern, Darmstadt 1963, S. 45–70.

Carlrichard Brühl, Aus Mittelalter und Diplomatik. Gesammelte Aufsätze, 1–3, Hildesheim–München–Zürich 1989.

Carlrichard Brühl, Palatium und Civitas. Studien zur Profantopographie spätantiker Civitates vom 3. bis zum 13. Jahrhundert, I: Gallien, Köln–Wien 1975.

Carlrichard Brühl, Remarques sur les notions de »capitale« et de »résidence« pendant le haut moyen âge, in: Journal des Savants (1967), S. 193–215.

Hinnerk Bruhns/Wilfried Nippel (Hg.), Max Weber und die Stadt im Kulturvergleich, Göttingen 2000 (Kritische Studien zur Geschichtswissenschaft, 140).

Franz Brunhölzl, Geschichte der lateinischen Literatur des Mittelalters, 2, München 1992.

Max Buchner, Das gefälschte Karlsprivileg für St. Denis BM.[2] Nr. 482 und seine Entstehung. Zugleich ein Beitrag zur Geschichte Frankreichs im 12. Jahrhundert, in: Historisches Jahrbuch 42 (1922), S. 12–28, 250–265.

Didier Busson, Paris, Paris 1998 (Carte archéologique de la Gaule, 75).

Reinhardt Butz/Jan Hirschbiegel/Dietmar Willoweit (Hg.), Hof und Theorie. Annäherungen an ein historisches Phänomen, Köln–Weimar–Wien 2004 (Norm und Struktur. Studien zum sozialen Wandel in Mittelalter und Früher Neuzeit, 22).

Bernd Carqué, Stil und Erinnerung. Französische Hofkunst im Jahrhundert Karls V. und im Zeitalter ihrer Deutung, Göttingen 2004 (Veröffentlichungen des Max-Planck-Instituts für Geschichte, 192).

Raymond Cazelles, Paris de la fin du règne de Philippe Auguste à la mort de Charles V 1223–1380, Paris 1972 (Nouvelle histoire de Paris), ND 1994.

Château et peuplement. Actes du colloque international de Voiron (Isère, France), 28 août–4 septembre 2004. Textes réunis par Peter Ettel, Anne-Marie Flambard Hericher et Tom E. McNeill, Caen 2006 (Château Gaillard. Études de castellologie médiévale, 22).

Des châteaux et des sources. Archéologie et histoire dans la Normandie médiévale. Mélanges en l'honneur d'Anne-Marie Flambard Héricher. Textes réunis par Élisabeth Lalou, Bruno Lepeuple et Jean-Louis Roch, Mont-Saint-Aignan 2008.

Les châteaux normands de Guillaume le Conquérant à Richard Cœur de Lion et les châteaux français qui leur font face ... [Ausstellungskatalog], Guiry-en-Vexin 1996.

Marie-Dominique Chenu, La théologie comme science au XIIIᵉ siècle, Paris [3]1957 (Bibliothèque thomiste, 33).

Bernard Chevalier, Histoire urbaine en France Xᵉ–XVᵉ siècle, in: Société des historiens médiévistes de l'enseignement supérieur, L'histoire médiévale en France. Bilan et perspectives. Textes réunis par Michel Balard, Paris 1991 (L'univers historique), S. 29–47.

Raymond Chevallier, Les voies romaines, Paris 1972.

Walter Christaller, Die zentralen Orte in Süddeutschland. Eine ökonomisch-geographische Untersuchung über die Gesetzmäßigkeit der Verbreitung und Entwicklung der Siedlungen mit städtischen Funktionen, Jena 1933, ND Darmstadt 1968.

Michael T. Clanchy, Abaelard. Ein mittelalterliches Leben, Darmstadt 2000.

Peter Classen, Studium und Gesellschaft im Mittelalter, hg. von Johannes Fried, Stuttgart 1983 (Schriften der Monumenta Germaniae Historica, 29).

Paul Claval, La logique des villes. Essai d'urbanologie, Paris 1981 (Géographie économique et sociale, XV).

Alexandre Clerval, Les écoles de Chartres au Moyen-Âge du Vᵉ au XVIᵉ siècle, Chartres 1895 (Mémoires de la Société archéologique d'Eure-et-Loir, 11).

Étienne Clouzot, Les inondations à Paris du VIᵉ au XXᵉ siècle, in: La Géographie 43 (1911), S. 81–99.

Le Collège des Bernardins, Poissy 2008.

Philippe Contamine, L'oriflamme de Saint-Denis aux XIVᵉ et XVᵉ siècles. Étude de symbolique religieuse et royale, in: Annales de l'Est 25 (1973), S. 179–244.

La crypte archéologique du parvis Notre-Dame, in: Archeologia 147 (1980), S. 8–29.

Gilbert Dagron/Pierre Riché/André Vauchez (Hg.), Bischöfe, Mönche und Kaiser (642–1054). Deutsche Ausgabe bearbeitet und hg. von Egon Boshof, Freiburg 1994 (Die Geschichte des Christentums. Religion, Politik, Kultur, 4).

Jacques Debal u. a., Histoire d'Orléans et de son terroir, 1, Roanne-Le Coteau 1983 (Histoire des Villes de France).

Joseph Decaëns, L'architettura militare, in: I Normanni, popolo d'Europa 1030–1200, a cura di Mario D'Onofrio, Roma, 28 gennaio–30 aprile 1994, Roma 1994, S. 43–51.

Andrea Decker-Heuer, Studien zur Memorialüberlieferung im frühmittelalterlichen Paris, Sigmaringen 1998 (Beihefte der Francia, 40).

Laurence de Finance, La Sainte-Chapelle. Palais de la Cité, Paris, Paris 1999 (Itinéraires du patrimoine).

Alexander Demandt (Hg.), Stätten des Geistes. Große Universitäten Europas von der Antike bis zur Gegenwart, Köln 1999.

Jan Dhondt, Quelques aspects du règne d'Henri Iᵉʳ, roi de France, in: Mélanges d'histoire du Moyen Age dédiés à la mémoire de Louis Halphen, Paris 1951, S. 199–208.

Jan Dhondt, Une crise du pouvoir capétien 1032–1034, in: Miscellanea Mediaevalia in memoriam Jan Frederik Niermeyer, Groningen 1967, S. 137–148.

Jan Dhondt, Les relations entre la France et la Normandie sous Henri Iᵉʳ, in: Normannia 12 (1939), S. 465–486.

Denis Diderot/Jean Le Rond d'Alembert (Hg.), Encyclopédie, ou Dictionnaire raisonné des sciences, des arts et des métiers, 2, Paris 1751, ND Stuttgart-Bad Cannstatt 1966.

Gerhard Dilcher, Max Webers Stadt und die historische Stadtforschung der Mediävistik, in: Historische Zeitschrift 267 (1998), S. 91–125.

Le diocèse de Lyon, sous la direction de Jacques Gadille, Paris 1983 (Histoire des diocèses de France, 16).

Le diocèse de Paris, sous la direction de Bernard Plongeron, 1, Paris 1987 (Histoire des diocèses de France, 20).

Roger Dion, Paris dans la géographie. Le site et la croissance de la ville, in: La Revue des Deux Mondes (1951), Nr. 1, S. 5–14.

François DOUSSET, La commune de Pontoise au Moyen-Âge. Étude administrative et économique de 1188 au début du XVIᵉ siècle, Pontoise 1989.

Jacques DUBOIS, L'emplacement des premiers sanctuaires de Paris, in: Journal des Savants (1968), S. 5–44.

Jacques DUBOIS, Les évêques de Paris des origines à l'avènement de Hugues Capet, in: Bulletin de la Société de l'histoire de Paris et de l'Île-de-France 96 (1969), S. 33–97.

Michel-Marie DUFEIL, Guillaume de Saint-Amour et la polémique universitaire parisienne 1250–1259, Paris 1972.

Jean DUFOUR, Louis VI, roi de France (1108–1137), à la lumière des actes royaux et des sources narratives, in: Comptes rendus des séances de l'Académie des Inscriptions et Belles-Lettres (1990), S. 456–482.

Paul-Marie DUVAL, De Lutèce oppidum à Paris capitale de la France (vers –225?/500), Paris 1993 (Nouvelle histoire de Paris).

Paul-Marie DUVAL, Paris antique des origines au troisième siècle, Paris 1961.

Paul-Marie DUVAL Travaux sur la Gaule (1946–1986), 1–2, Paris–Rome 1989 (Collection de l'École française de Rome, 116).

Herwig EBNER, Die habsburgischen Residenz- und Hauptstädte in den österreichischen Erblanden im späten Mittelalter und in der frühen Neuzeit (Ein Überblick), in: DERS./Horst HASELSTEINER/Ingeborg WIESFLECKER-FRIEDHUBER (Hg.), Geschichtsforschung in Graz. Festschrift zum 125-Jahr-Jubiläum des Instituts für Geschichte der Karl-Franzens-Universität Graz, Graz 1990, S. 29–41.

L'école de Saint-Victor de Paris. Influence et rayonnement du Moyen Âge à l'époque moderne. Colloque international du C.N.R.S. pour le neuvième centenaire de la fondation (1108–2008) tenu au Collège des Bernardins à Paris les 24–27 septembre 2008. Actes réunis par Dominique POIREL, Turnhout 2010 (Bibliotheca Victorina, 22).

Caspar EHLERS (Hg.), Orte der Herrschaft. Mittelalterliche Königspfalzen, Göttingen 2002.

Joachim EHLERS, Ausgewählte Aufsätze, hg. von Martin KINTZINGER/Bernd SCHNEIDMÜLLER, Berlin 1996 (Berliner historische Studien, 21).

Joachim EHLERS (Hg.), Deutschland und der Westen Europas im Mittelalter, Stuttgart 2002 (Vorträge und Forschungen, 56).

Joachim EHLERS, Das westliche Europa, München 2004 (Die Deutschen und das europäische Mittelalter).

Joachim EHLERS, Hugo von Sankt Viktor. Studien zum Geschichtsdenken und zur Geschichtsschreibung des 12. Jahrhunderts, Wiesbaden 1973 (Frankfurter Historische Abhandlungen, 7).

Joachim EHLERS, Die Kapetinger, Stuttgart 2000.

Joachim EHLERS, Die französische Monarchie im 13. Jahrhundert, in: Egon BOSHOF/Franz-Reiner ERKENS (Hg.), Rudolf von Habsburg 1273–1291. Eine Königsherrschaft zwischen Tradition und Wandel, Köln-Weimar-Wien 1993 (Passauer historische Forschungen, 7), S. 165–183.

Joachim EHLERS, Politik und Heiligenverehrung in Frankreich, in: Jürgen PETERSOHN (Hg.), Politik und Heiligenverehrung im Hochmittelalter, Sigmaringen 1994 (Vorträge und Forschungen, 42), S. 149–175.

Joachim EHLERS/Heribert MÜLLER/Bernd SCHNEIDMÜLLER (Hg.), Die französischen Könige des Mittelalters. Von Odo bis Karl VIII. 888–1498, München 1996.

Camilla ELMHORN, Brussels. A Reflexive World City, Stockholm 2001 (Acta Universitatis Stockholmiensis. Stockholm Studies in Economic History, 32).

L'enceinte et le Louvre de Philippe Auguste. Présenté par la Délégation à l'Action Artistique de la Ville de Paris sous la direction de Maurice BERRY et Michel FLEURY, Paris 1988.

Les enceintes de Paris, sous la direction de Béatrice DE ANDIA, Paris 2001 (Paris et son patrimoine).

Evamaria ENGEL/Karen LAMBRECHT/Hanna NOGOSSEK (Hg.), Metropolen im Wandel. Zentralität in Ostmitteleuropa an der Wende vom Mittelalter zur Neuzeit, Berlin 1995 (Forschungen zur Geschichte und Kultur des östlichen Mitteleuropa).

Edith ENNEN, Die europäische Stadt des Mittelalters, Göttingen ⁴1987.

Alain ERLANDE-BRANDENBURG, Les apôtres de la Sainte-Chapelle à Paris, in: La sculpture en Occident. Études offertes à Jean-René Gaborit, réunies sous la direction de Geneviève BRESC-BAUTIER par Françoise BARON et Pierre-Yves LE POGAM, Dijon 2007, S. 26–31.

Alain ERLANDE-BRANDENBURG, Guillaume d'Auvergne et la transformation de la cathédrale de Paris au XIIIᵉ siècle, in: Mélanges d'histoire de Paris à la mémoire de Michel Fleury, Paris 2004, S. 41–52.

Alain ERLANDE-BRANDENBURG, Notre-Dame in Paris. Geschichte, Architektur, Skulptur, Freiburg 1991.

Alain ERLANDE-BRANDENBURG, Le roi est mort. Étude sur les funérailles, les sépultures et les tombeaux des rois de France jusqu'à la fin du XIIIᵉ siècle, Paris 1975 (Bibliothèque de la Société française d'archéologie, 7).

Arnold ESCH, Zeitalter und Menschenalter. Der Historiker und die Erfahrung vergangener Gegenwart, München 1994.

Arnold ESCH/Norbert KAMP (Hg.), Friedrich II. Tagung des Deutschen Historischen Instituts in Rom im Gedenkjahr 1994, Tübingen 1996 (Bibliothek des Deutschen Historischen Instituts in Rom, 85).

Monika ESCHER/Alfred HAVERKAMP/Frank G. HIRSCHMANN (Hg.), Städtelandschaft – Städtenetz – zentralörtliches Gefüge. Ansätze und Befunde zur Geschichte der Städte im hohen und späten Mittelalter, Mainz 2000 (Trierer Historische Forschungen, 43).

Eugen EWIG, Spätantikes und fränkisches Gallien. Gesammelte Schriften (1952–1973), hg. von Hartmut ATSMA, 1–2, München 1976–1979 (Beihefte der Francia, 3/1–2).

Eugen EWIG, Résidence et capitale pendant le haut Moyen Âge, in: Revue historique 230 (1963), 25–72.

Edmond FARAL, Les arts poétiques du XIIᵉ et du XIIIᵉ siècle. Recherches et documents sur la technique littéraire du moyen âge, Paris 1924 (Bibliothèque de l'École pratique des Hautes Études. Sciences historiques et philologiques, fasc. 238).

Jean FAVARD, Au cœur de Paris un Palais pour la Justice, Paris 1995.

Jean FAVIER, Charlemagne, Paris 1999.

Jean FAVIER, Paris. Deux mille ans d'histoire, Paris 1997.

Jean FAVIER, Paris au XVᵉ siècle (1380–1500), Paris ²1997 (Nouvelle histoire de Paris).

Jean FAVIER, Philippe le Bel, Paris 1978.

Peter FELDBAUER/Michael MITTERAUER/Wolfgang SCHWENTKER (Hg.), Die vormoderne Stadt. Asien und Europa im Vergleich, Wien–München 2002 (Querschnitte. Einführungstexte zur Sozial-, Wirtschafts- und Kulturgeschichte, 10).

P. FEUCHÈRE, Une tentative manquée de concentration territoriale entre Somme et Seine: La principauté d'Amiens-Valois au XIᵉ siècle. Étude de géographie historique, in: Le Moyen Age 60 (1954), S. 1–37.

Heinrich FICHTENAU, Die Ketzer von Orléans (1022), in: Klaus HERBERS/Hans Henning KORTÜM/Carlo SERVATIUS (Hg.), Ex ipsis rerum documentis. Beiträge zur Mediävistik. Festschrift für Harald Zimmermann zum 65. Geburtstag, Sigmaringen 1991, S. 417–427.

Alfred FIERRO, Histoire et dictionnaire de Paris, Paris 1996.

Josef FLECKENSTEIN (Hg.), Curialitas. Studien zu Grundfragen der höfischritterlichen Kultur, Göttingen 1990 (Veröffentlichungen des Max-Planck-Instituts für Geschichte, 100).

Michel FLEURY, Paris du Bas-Empire au début du XIIIᵉ siècle, in: Paris, croissance d'une capitale, Colloques, Paris 1961 (Cahiers de civilisation), S. 73–96.

Michel FLEURY, »Si le roi m'avait donné Paris sa grand'ville ...«, Paris 1994 (Mémoire de France).

Michel FLEURY/Alain ERLANDE-BRANDENBURG/Jean-Pierre BABELON, Paris monumental, Paris 1974.

Michel FLEURY/Venceslas KRUTA, La crypte archéologique du parvis Notre-Dame, Rennes 1990, nouv. éd. revue et corrigée, 2001.

Michel FLEURY/Venceslas KRUTA, Premiers résultats des fouilles de la Cour carrée du Louvre, in: Comptes rendus des séances de l'Académie des Inscriptions et Belles-Lettres (1985), S. 649–670.

Augustin FLICHE, Le règne de Philippe Iᵉʳ, roi de France (1060–1108), Paris 1912.

Une fondation disparue de Jean de France, duc de Berry: La Sainte-Chapelle de Bourges, Paris–Bourges 2004.

Trois fouilles récentes en Île-de-France. Saint-Étienne de Paris, Saint-Germain-des-Prés, Châteaubleau-en-Brie [Ausstellungskatalog], Paris 1982.

Guy FOURQUIN, Les campagnes de la région parisienne à la fin du Moyen Âge. Du milieu du XIIIᵉ siècle au début du XVIᵉ siècle, Paris 1964.

La France de Philippe Auguste. Le temps des mutations. Actes du Colloque international organisé par le C.N.R.S. (Paris, 29 septembre–4 octobre 1980), publiés sous la direction de Robert-Henri BAUTIER, Paris 1982 (Colloques internationaux du Centre national de la recherche scientifique, 602).

Étienne FRANÇOIS, Die französische Stadtgeschichtsforschung: Schwerpunkte und neue Richtungen, in: Fritz MAYRHOFER (Hg.), Stadtgeschichtsforschung. Aspekte, Tendenzen, Perspektiven, Linz 1993 (Beiträge zur Geschichte der Städte Mitteleuropas, XII), S. 133–141.

Isnard Wilhelm FRANK, Die Bettelordensstudia im Gefüge des spätmittelalterlichen Universitätswesens, Stuttgart 1988 (Institut für Europäische Geschichte. Vorträge, 83).

Johannes FRIED (Hg.), Schulen und Studium im sozialen Wandel des hohen und späten Mittelalters, Sigmaringen 1986 (Vorträge und Forschungen, 30).

Adrien FRIEDMANN, Paris, ses rues, ses paroisses du moyen âge à la Révolution. Origine et évolution des circonscriptions paroissiales, Paris 1959.

Horst FUHRMANN, Überall ist Mittelalter. Von der Gegenwart einer vergangenen Zeit, München ³2010.

Astrik L. GABRIEL, The House of Poor German Students at the Medieval University for Paris, in: Friedrich PRINZ/Franz-Josef SCHMALE/Ferdinand SEIBT (Hg.), Geschichte in der Gesellschaft. Festschrift für Karl Bosl zum 65. Geburtstag – 11.XI.1973 –, Stuttgart 1974, S. 50–78.

Astrik L. GABRIEL, The Paris Studium, Notre Dame, Indiana–Frankfurt am Main 1992 (Texts and Studies in the History of Mediaeval Education, 19).

Robert GANE, Le chapitre de Notre-Dame de Paris au XIVᵉ siècle. Étude sociale d'un groupe canonial. Édité par Claudine BILLOT, Saint-Étienne 1999 (C.E.R.C.O.R. Travaux et Recherches, XI).

Bernard GAUTHIEZ, Paris, un Rouen capétien? (Développements comparés de Rouen et Paris sous les règnes de Henri II et Philippe Auguste), in: Marjorie CHIBNALL (Hg.), Proceedings of the Battle Conference 1993, Woodbridge 1994 (Anglo-Norman Studies, 16), S. 117–136.

Claude GAUVARD/Joël LAITER, Notre-Dame de Paris cathédrale médiévale, Paris 2006.

Hans-Jörg GILOMEN/Martina STERCKEN (Hg.), Zentren. Ausstrahlung, Einzugsbereich und Anziehungskraft von Städten und Siedlungen zwischen Rhein und Alpen, Zürich 2001.

Cédric GIRAUD, Per verba magistri. Anselme de Laon et son école au XIIᵉ siècle, Turnhout 2010 (Bibliothèque d'histoire culturelle du Moyen Âge, 8).

Nathalie GOROCHOV, Le Collège de Navarre de sa fondation (1305) au début du XVᵉ siècle (1418). Histoire de l'institution, de sa vie intellectuelle et de son recrutement, Paris 1997 (Études d'histoire médiévale, 1).

Holger Th. GRÄF/Katrin KELLER (Hg.), Städtelandschaft. Réseau urbain. Urban network. Städte im regionalen Kontext in Spätmittelalter und früher Neuzeit, Köln–Weimar–Wien 2004 (Städteforschung. Reihe A: Darstellungen, 62).

Albert GRENIER, Manuel d'archéologie gallo-romaine, Teil 2, Paris 1934 (Manuel d'archéologie préhistorique, celtique et gallo-romaine, 6,2).

Ph. GRIERSON, L'origine des Comtes d'Amiens, Valois et Vexin, in: Le Moyen Age 49 (1939), S. 81–125.

Rolf GROSSE, Vom Frankenreich zu den Ursprüngen der Nationalstaaten 800–1214, Darmstadt 2005 (Deutsch-Französische Geschichte, 1).

Rolf GROSSE, Saint-Denis zwischen Adel und König. Die Zeit vor Suger (1053–1122), Stuttgart 2002 (Beihefte der Francia, 57).

Ulrich GROSSMANN, Château-Gaillard. Le siège de 1204 et l'évolution du bâti sous Richard Iᵉʳ et Philippe Auguste, in: Francia 33/1 (2006), S. 119–126.

Manfred GROTEN, Die Urkunde Karls des Großen für St.-Denis von 813 (D 286), eine Fälschung Abt Sugers?, in: Historisches Jahrbuch 108 (1988), S. 1–36.

Herbert GRUNDMANN, Vom Ursprung der Universität im Mittelalter, Berlin ²1960, ND Darmstadt 1976.

Jean GUÉROUT, Le Palais de la Cité à Paris des origines à 1417. Essai topographique et archéologique, in: Mémoires de la Féderation des Sociétés historiques et archéologiques de Paris et de l'Ile-de-France 1 (1949), S. 57–212; 2 (1950), S. 21–204; 3 (1951), S. 7–101.

Jean GUÉROUT, Les trois Saint-Denis de l'Île de la Cité à Paris, in: Bulletin de la Société de l'histoire de Paris et de l'Île-de-France 131 (2004), S. 127–196.

Le Guide du Patrimoine. Paris, sous la direction de Jean-Marie PÉROUSE DE MONTCLOS, Paris 1994.

Autour de Guillaume d'Auvergne († 1249). Études réunies par Franco MORENZONI et Jean-Yves TILLIETTE, Turnhout 2005 (Bibliothèque d'histoire culturelle du Moyen Âge, 2).

Olivier GUILLOT, Le comte d'Anjou et son entourage au XIᵉ siècle, 1–2, Paris 1972.

Christian GUT u. a., Paris, in: The Capitals of Europe. Les capitales de l'Europe. A Guide to the Sources for the History of their Architecture and Construction. Guide des sources de l'architecture et de l'urbanisme, hg. von Ágnes SÁGVÁRI/Erzsébet C. HARRACH, München 1980, S. 215–237.

Olivier GUYOTJEANNIN, La France médiévale IXᵉ–XVᵉ siècle, Paris 2005 (Atlas de l'histoire de France).

Louis HALPHEN, Paris sous les premiers Capétiens (987–1223). Étude de topographie historique, Paris 1909 (Bibliothèque d'histoire de Paris).

Hans HATTENHAUER, Die Aufnahme der Normannen in das westfränkische Reich. Saint-Clair-sur-Epte AD 911, Hamburg 1990 (Berichte aus den Sitzungen der Joachim Jungius-Gesellschaft der Wissenschaften, Jahrgang 8, Heft 2).

Karl HAUCK, Von einer spätantiken Randkultur zum karolingischen Europa, in: Frühmittelalterliche Studien 1 (1967), S. 3–93.

Das Hauptstadtproblem in der Geschichte. Festgabe zum 90. Geburtstag Friedrich Meineckes, gewidmet vom Friedrich-Meinecke-Institut an der Freien Universität Berlin, Tübingen 1952 (Jahrbuch des deutschen Ostens, 1).

Thomas HEAD, Hagiography and the Cult of Saints. The Diocese of Orléans, 800–1200, Cambridge 1990 (Cambridge Studies in Medieval Life and Thought, Fourth series, 14).

Bernd HEIDENREICH (Hg.), Deutsche Hauptstädte – von Frankfurt nach Berlin, Wiesbaden 1998.

Hermann HEIMPEL, Deutsches Mittelalter, Leipzig 1941.

Martin HEINZELMANN/Janine HOURCADE, Actes de la conférence du 2 février 2002, Paris 2002 (Paroisse Sainte-Geneviève, Société d'Histoire de Nanterre, Bulletin n° 27, mai 2002).

Johannes HELMRATH/Heribert MÜLLER (Hg.), Studien zum 15. Jahrhundert. Festschrift für Erich Meuthen, München 1994.

Harald HEPPNER, Hauptstädte zwischen Save, Bosporus und Dnjepr. Geschichte – Funktion – Nationale Symbolkraft, Wien–Köln–Weimar 1998.

Harald HEPPNER (Hg.), Hauptstädte in Südosteuropa. Geschichte – Funktion – Nationale Symbolkraft, Wien–Köln–Weimar 1994.

Charles HIGOUNET, Défrichements et villeneuves du Bassin parisien (XIᵉ–XIVᵉ siècles), Paris 1990.

Histoire de l'Europe urbaine, sous la direction de Jean-Luc PINOL, 1–2, Paris 2003.

Histoire de l'Île-de-France et de Paris, sous la direction de Michel MOLLAT, Toulouse 1971 (Univers de la France).

L'histoire urbaine en France (Moyen Âge–XXᵉ siècle). Guide bibliographique 1965–1996. Édition préparée par Isabelle BACKOUCHE, Paris–Montréal 1998 (Villes, histoire, culture, société).

[Théodore Joseph Hubert] HOFFBAUER, Paris à travers les âges. Édition annotée par Pascal PAYEN-APPENZELLER, 1–2, Paris 1978.

Kathryn HORSTE, »A Child is Born«: The Iconography of the Portail Ste.-Anne at Paris, in: Art Bulletin 69 (1987), S. 187–210.

Hôtel de Sens. Bibliothèque Forney, Paris 1983.

Viviane HUCHARD, Du musée de Cluny au musée national du Moyen Âge, in: Élisabeth ANTOINE u. a., Le musée national du Moyen Âge. Thermes de Cluny, Paris 2003, S. 9–19.

Victor HUGO, Der Glöckner von Notre-Dame, München 1994.

R. B. C. HUYGENS, Guillaume de Tyr étudiant. Un chapitre (XIX, 12) de son »Histoire« retrouvé, in: Latomus 21 (1962), S. 811–829.

Franz IRSIGLER/Michel PAULY (Hg.), Messen, Jahrmärkte und Stadtentwicklung in Europa/Foires, marchés annuels et développement urbain en Europe, Trier 2007 (Beiträge zur Landes- und Kulturgeschichte, 5/Publications du CLUDEM, 17).

Eberhard ISENMANN, Die deutsche Stadt im Spätmittelalter 1250–1500. Stadtgestalt, Recht, Stadtregiment, Kirche, Gesellschaft, Wirtschaft, Stuttgart 1988.

[Jean-Baptiste Michel Renou de Chauvigné dit] JAILLOT, Recherches critiques, historiques et topographiques sur la ville de Paris, depuis ses commencemens connus jusqu'à présent, 1–5, Paris 1775–1782, ND Paris 1977.

Kurt-Ulrich JÄSCHKE, Die Anglonormannen, Stuttgart 1981.

Peter JOHANEK/Franz-Joseph POST (Hg.), Vielerlei Städte. Der Stadtbegriff, Köln–Weimar–Wien 2004 (Städteforschung, Reihe A: Darstellungen, 61).

Danielle V. JOHNSON/François HEBER-SUFFRIN, La sculpture architecturale du chevet de Saint-Martin-des-Champs. Critique d'authenticité et marche du chantier, in: Bullentin monumental 167 (2009), S. 41–62.

Camille JULLIAN, Les origines de Paris capitale, in: La Revue de Paris 6 (1912), S. 549–569.

Reinhold KAISER, Bischofsherrschaft zwischen Königtum und Fürstenmacht. Studien zur bischöflichen Stadtherrschaft im westfränkisch-französischen Reich im frühen und hohen Mittelalter, Bonn 1981 (Pariser Historische Studien, 17).

Walter KASPER, Katholische Kirche. Wesen – Wirklichkeit – Sendung, Freiburg 2011.

Dieter KIMPEL/Robert SUCKALE, Die gotische Architektur in Frankreich 1130–1270, München 1985, überarbeitete Studienausgabe 1995.

Martin KINTZINGER, Wissen wird Macht. Bildung im Mittelalter, Ostfildern 2003.

Hans-Albrecht KOCH, Die Universität. Geschichte einer europäischen Institution, Darmstadt 2008.

Hans-Michael KÖRNER/Katharina WEIGAND (Hg.), Hauptstadt. Historische Perspektiven eines deutschen Themas, München 1995.

Holger KRUSE, Die Handelsmessen der Pariser Region vom hohen Mittelalter bis zum Beginn der frühen Neuzeit, masch., Kiel 2002 (Habilitationsschrift).

Edmond KWANTEN, Le collège Saint-Bernard à Paris. Sa fondation et ses débuts, in: Revue d'histoire ecclésiastique 43 (1948), S. 443–472.

Marcel LACHIVER/Paul RIVIÈRE/Roland VASSEUR, Le Vexin français à travers les âges, Pontoise 1979.

Pierre LAVEDAN, Histoire de l'Urbanisme à Paris. Réimpression de l'édition originale avec un complément bibliographique et un supplément (1974–1993) par Jean BASTIÉ, Paris 1993 (Nouvelle histoire de Paris).

Jacques LE GOFF, Héros du Moyen Âge, le saint et le roi, Paris 2004.

Jacques LE GOFF, Saint Louis, Paris 1996.

Jacques LE GOFF/Éric PALAZZO/Jean-Claude BONNE/Marie-Noël COLETTE, Le sacre royal à l'époque de Saint Louis d'après le manuscrit latin 1246 de la BNF, Paris 2001 (Le temps des images).

Jean LEBEUF, Histoire de la ville et de tout le diocèse de Paris, 1–15, Paris 1754–1758.

Jean-Loup LEMAITRE, Les Archives des monastères parisiens au Moyen Âge, in: Abbayes et prieurés. Communautés religieuses en Île-de-France, Paris 1997 (Paris et Île-de-France. Mémoires, 48), S. 35–59.

Jean-Michel LENIAUD/Françoise PERROT, La Sainte Chapelle, Paris 2007.

Bruno LEPEUPLE, La frontière de l'Epte au XIᵉ siècle. La mise en place des châteaux normands, in: Les Cahiers Vernonnais 30 (2008), S. 8–23.

Sylvain LETEUX, L'Église et les artisans: l'attachement des bouchers parisiens au catholicisme, du 15ᵉ au 20ᵉ siècle, in: Revue d'histoire ecclésiastique 99 (2004), S. 371–391.

Les lieux de mémoire, sous la direction de Pierre NORA, I: La République, II,1–3: La Nation, III,1–3: Les France, Paris 1984–1992.

Lieux du pouvoir au Moyen Age et à l'époque moderne, Textes réunis et présentés par Michal TYMOWSKI, Varsovie 1995.

Dietrich LOHRMANN, Raumbewußtsein und Raumerfassung in Frankreich nach Enquêten der königlichen Verwaltung (13. Jahrhundert), in: Peter MORAW (Hg.), Raumerfassung und Raumbewußtsein im späteren Mittelalter, Stuttgart 2002 (Vorträge und Forschungen, 49), S. 155–178.

Anne LOMBARD-JOURDAN, Aux origines de Paris. La genèse de la rive droite jusqu'en 1223, Paris 1985 (Centre régional de publication de Paris).

Anne LOMBARD-JOURDAN, Saint-Denis lieu de mémoire, Paris 2000 (Études et documents, 5).

Philippe LORENTZ/Dany SANDRON, Atlas de Paris au Moyen Âge. Espace urbain, habitat, société, religion, lieux de pouvoir, Paris 2006.

August LÖSCH, Die räumliche Ordnung der Wirtschaft. Eine Untersuchung über Standort, Wirtschaftsgebiete und internationalen Handel, Jena 1940 (neue und überarbeitete Auflage 1944).

Achille LUCHAIRE, Études sur les actes de Louis VII, Paris 1885.

Achille LUCHAIRE, Louis VI le Gros. Annales de sa vie et de son règne (1081–1137). Avec une introduction historique, Paris 1890.

Mairie de Paris, Nomenclature officielle des voies publiques et privées, Paris ⁹1997, ND 1999.

Pierre MANDONNET, De l'Incorporation des Dominicains dans l'ancienne Université de Paris 1229–1231, in: Revue Thomiste 4 (1896), S. 133–170.

Jean MARTINEAU, Les Halles de Paris des origines à 1789. Évolution matérielle, juridique et économique, Paris 1960.

Emma MASON, William II. Rufus, the red King, Stroud 2005 (English Monarchs).

Michael MCCORMICK, Clovis at Tours, Byzantine Public Ritual and the Origins of Medieval Ruler Symbolism, in: Evangelos K. CHRYSOS/Andreas SCHWARCZ (Hg.), Das Reich und die Barbaren, Wien–Köln 1989 (Veröffentlichungen des Instituts für Österreichische Geschichtsforschung, 29), S. 155–180.

Media in Francia ... Recueil de Mélanges offert à Karl Ferdinand Werner à l'occasion de son 65ᵉ anniversaire par ses amis et collègues français, Maulévrier 1989.

Jean MESQUI, Châteaux et enceintes de la France médiévale. De la défense à la résidence, 1–2, Paris 1991–1993.

Emil MEYNEN (Hg.), Zentralität als Problem der mittelalterlichen Stadtgeschichtsforschung, Köln–Wien 1979 (Städteforschung, Reihe A: Darstellungen, 8).

Léon MIROT, Études lucquoises, in: Bibliothèque de l'École des chartes 88 (1927), S. 50–86, 275–314; 89 (1928), S. 299–389; 91 (1930), S. 100–168.

Jürgen MITTAG (Hg.), Die Idee der Kulturhauptstadt Europas. Anfänge, Ausgestaltung und Auswirkungen europäischer Kulturpolitik, Essen 2008.

Michael MITTERAUER, Markt und Stadt im Mittelalter. Beiträge zur historischen Zentralitätsforschung, Stuttgart 1980 (Monographien zur Geschichte des Mittelalters, 21).

Michael MITTERAUER, Das Problem der zentralen Orte als sozial- und wirtschaftshistorische Forschungsaufgabe, in: Vierteljahrschrift für Sozial- und Wirtschaftsgeschichte 58 (1971), S. 433–467.

Peter MORAW, Einheit und Vielfalt der Universität im alten Europa, in: Alexander PATSCHOVSKY/Horst RABE (Hg.), Die Universität in Alteuropa, Konstanz 1994 (Konstanzer Bibliothek, 22), S. 11–27.

Peter MORAW, Das Hauptstadtproblem in der deutschen Geschichte, in: Damals 24 (1992), S. 246–271.

Peter MORAW/Rudolf SCHIEFFER (Hg.), Die deutschsprachige Mediävistik im 20. Jahrhundert, Ostfildern 2005 (Vorträge und Forschungen, 62).

Marco MOSTERT, The Political Ideas of Abbo of Fleury. Theory and practice at the end of the tenth century, in: Francia 16,1 (1989), S. 85–100.

Marco MOSTERT, Die Urkundenfälschungen Abbos von Fleury, in: Fälschungen im Mittelalter, 4, Hannover 1988, S. 287–318.

Matthias MÜLLER, Paris, das neue Jerusalem? Die Ste-Chapelle als Imitation der Golgatha-Kapellen, in: Zeitschrift für Kunstgeschichte 59 (1996), S. 325–336.

Lucien MUSSET, Nordica et Normannica. Recueil d'études sur la Scandinavie ancienne et médiévale, les expéditions des Vikings et la fondation de la Normandie, Paris 1997 (Studia Nordica, I).

Klaus NEITMANN, Was ist eine Residenz? Methodische Überlegungen zur Erforschung der spätmittelalterlichen Residenzbildung, in: Peter JOHANEK (Hg.), Vorträge und Forschungen zur Residenzenfrage, Sigmaringen 1990 (Residenzenforschung, 1).

William Mendel NEWMAN, Le domaine royal sous les premiers Capétiens (987–1180), Paris 1937.

Pierre NORA (Hg.), Erinnerungsorte Frankreichs, München 2005.

1204, la Normandie entre Plantagenêts et Capétiens, sous la direction d'Anne-Marie FLAMBARD HÉRICHER et de Véronique GAZEAU, Caen 2007.

Autour de Notre-Dame, sous la direction de Alain ERLANDE-BRANDENBURG/Jean-Michel LENIAUD/François LOYER/Christian MICHEL, Paris 2003 (Paris et son patrimoine).

Notre-Dame de Paris. Un manifeste chrétien (1160–1230). Colloque organisé à l'Institut de France le vendredi 12 décembre 2003, sous la présidence de Pierre RICHÉ et Monique CAZEAUX, actes édités par Michel LEMOINE, Turnhout 2004 (Rencontres médiévales européennes, 4).

Palais médiévaux (France-Belgique). 25 ans d'archéologie, sous la direction d'Annie RENOUX, Le Mans 1994.

Palais et Pouvoir. De Constantinople à Versailles, sous la direction de Marie-France AUZÉPY et Joël CORNETTE, Saint-Denis 2003.

Palais royaux et princiers au Moyen Âge. Actes du colloque international tenu au Mans les 6–7 et 8 octobre 1994, sous la direction d'Annie RENOUX, Le Mans 1996.

Palerme 1070–1492. Mosaïque de peuples, nation rebelle: la naissance violente de l'identité sicilienne, dirigé par Henri BRESC et Geneviève BRESC-BAUTIER, Paris 1993 (Mémoires, 21).

Werner PARAVICINI (Hg.), Das Gehäuse der Macht. Der Raum der Herrschaft im interkulturellen Vergleich. Antike, Mittelalter, Frühe Neuzeit, Kiel 2005 (Mitteilungen der Residenzen-Kommission der Akademie der Wissenschaften zu Göttingen, Sonderheft 7).

Werner PARAVICINI (Hg.), Höfe und Residenzen im spätmittelalterlichen Reich. Ein dynastisch-topographisches Handbuch, Teilbände 1–2, Ostfildern 2003 (Residenzenforschung, 15, I); Bilder und Begriffe, Teilbände 1–2, Ostfildern 2005 (Residenzenforschung, 15, II).

Werner PARAVICINI, Die ritterlich-höfische Kultur des Mittelalters, München 1994 (Enzyklopädie deutscher Geschichte, 32).

Werner PARAVICINI, Menschen am Hof der Herzöge von Burgund. Gesammelte Aufsätze, hg. von Klaus KRÜGER/Holger KRUSE/Andreas RANFT, Stuttgart 2002.

Paris 1400. Les arts sous Charles VI, Paris 2004 [Ausstellungskatalog].

Paris de Clovis à Dagobert. Catalogue établi sous la direction de Michel FLEURY/Guy-Michel LEPROUX/Dany SANDRON, Paris, 16 octobre 1996–5 janvier 1997, Paris 1996.

Paris et les Mérovingiens, »Clovis et son temps«, hg. von der Direction Générale de l'Information et de la Communication de la Mairie de Paris, Paris 1996.

Paris de la Préhistoire à nos jours, sous la direction de Marcel LE CLÈRE, Saint-Jean-d'Angély 1985 (L'histoire des départements de la France par les documents).

Le Parvis de Notre-Dame, archéologie et histoire 1624–2002 [Ausstellungskatalog], Paris 2002.

Hans PATZE/Werner PARAVICINI (Hg.), Fürstliche Residenzen im spätmittelalterlichen Europa, Sigmaringen 1991 (Vorträge und Forschungen, 36).

Patrick PERIN, Paris, merowingische Metropole, in: Die Franken – Wegbereiter Europas. Vor 1500 Jahren: König Chlodwig und seine Erben, 1, Mannheim–Mainz 1996, S. 121–128.

Aurélie PERRAUT, L'architecture des collèges parisiens au Moyen Âge, Paris 2009.

Yves PERRET-GENTIL, Bibliographie historique des petites villes d'Île-de-France (XVIe–XIXe siècles), Paris 2002 (Paris et Île-de-France. Mémoires, 53).

Jean-Charles PICARD u. a., Province ecclésiastique de Sens (Lugdunensis Senonia), Paris 1992 (Topographie chrétienne des cités de la Gaule des origines au milieu du VIIIᵉ siècle, 8).

Josef PIEPER, Scholastik. Gestalten und Probleme der mittelalterlichen Philosophie, München ³1991.

Ernst PITZ, Europäisches Städtewesen und Bürgertum. Von der Spätantike bis zum hohen Mittelalter, Darmstadt 1991.

La place de Grève, sous la direction de Michel LE MOËL et Jean DÉRENS, Paris 1991.

Philippe PLAGNIEUX, Le chevet de Saint-Martin-des-Champs à Paris: incunable de l'architecture gothique et temple de l'oraison clunisienne, in: Bulletin monumental 167 (2009), S. 3–39.

Daniel POWER, The Norman Frontier in the Twelfth and Early Thirteenth Centuries, Cambridge 2004 (Cambridge Studies in Medieval Life and Thought. Fourth Series).

Matthias PUHLE (Hg.), Aufbruch in die Gotik. Der Magdeburger Dom und die späte Stauferzeit. Landesausstellung Sachsen-Anhalt aus Anlaß des 800. Domjubiläums, 1–2, Mainz 2009.

Hastings RASHDALL, The Universities of Europe in the Middle Ages, neu hg. von Frederick M. POWICKE/Alfred B. EMDEN, 1–3, Oxford 1936 (Erstausgabe 1895).

Joseph RATZINGER, Die Geschichtstheologie des heiligen Bonaventura, Sankt Ottilien 1992.

Franz RAUHUT, Warum wurde Paris die Hauptstadt Frankreichs?, in: Heinrich BIHLER/Alfred NOYER-WEIDNER (Hg.), Medium aevum Romanicum. Festschrift für Hans Rheinfelder, München 1963, S. 267–287.

Pierre RICHÉ, Abbon de Fleury. Un moine savant et combatif (vers 950–1004), Turnhout 2004.

Pierre RICHÉ, Écoles et enseignement dans le Haut Moyen Âge. Fin du Vᵉ siècle–milieu du XIᵉ siècle, Paris ³1999.

Pierre RICHE/Jacques VERGER, Des nains sur des épaules de géants. Maîtres et élèves au Moyen Âge, Paris 2006.

Rituels. Mélanges offerts à Pierre-Marie Gy, o. p. Études réunies par Paul DE CLERCK et Éric PALAZZO, Paris 1990.

Michel ROBLIN, Petromantalum, Saint-Clair et le Vexin: trois énigmes à Saint-Clair-sur-Epte, in: Journal des Savants (1976), S. 3–31.

Michel ROBLIN, Le terroir de l'Oise aux époques gallo-romaine et franque. Peuplement, défrichement, environment, Paris 1978.

Michel ROBLIN, Le terroir de Paris aux époques gallo-romaine et franque. Peuplement et défrichement dans la Civitas des Parisii (Seine, Seine-et-Oise), Paris ²1971.

Bert ROEST, A History of Franciscan Education (c. 1210–1517), Leiden–Boston–Köln 2000 (Education and Society in the Middle Ages and Renaissance, 11).

Michel ROUCHE, Clovis, Paris 1996.

Michel ROUCHE (dir.), Fulbert de Chartres, précurseur de l'Europe médiévale?, Paris 2008 (Culture et civilisaitons médiévales).

Bernard ROULEAU, Paris: Histoire d'un espace, Paris 1997.

Bernard ROULEAU, Le tracé des rues de Paris, Paris 1988.

Ernest ROUSSEL, La bénédiction du Lendit au XIVᵉ siècle, in: Bulletin de la Société de l'histoire de Paris et de l'Île-de-France 24 (1897), S. 68–83.

Simone ROUX, Paris au Moyen Âge, Paris 2003.

Simone ROUX, La rive gauche des escholiers (XVᵉ siècle), Paris 1992 (Vivre l'histoire).

Konrad RÜCKBROD, Universität und Kollegium, Baugeschichte und Bautyp, Darmstadt 1977.

Walter RÜEGG (Hg.), Geschichte der Universität in Europa, 1: Mittelalter, München 1993.

Henri SAUVAL, Histoire et recherche des Antiquités de la ville de Paris, 1–3, Paris 1724, ND Paris-Genève 1974.

Wolfgang SCHENKLUHN, Architektur der Bettelorden. Die Baukunst der Dominikaner und Franziskaner in Europa, Darmstadt 2000.

Theodor SCHIEDER/Gerhard BRUNN (Hg.), Hauptstädte in europäischen Nationalstaaten, München–Wien 1983 (Studien zur Geschichte des neunzehnten Jahrhunderts, 12).

Jean-Claude SCHMITT, Les Lucquois de Paris au début du XVᵉ siècle: un »lobby« culturel?, in: Hagen KELLER/Werner PARAVICINI/Wolfgang SCHIEDER (Hg.), Italia et Germania. Liber amicorum Arnold Esch, Tübingen 2001, S. 439–446.

Martin SCHOEBEL, Archiv und Besitz der Abtei St. Viktor in Paris, Bonn 1991 (Pariser Historische Studien, 31).

Peter SCHÖLLER (Hg.), Zentralitätsforschung, Darmstadt 1972 (Wege der Forschung, 301).

Percy Ernst SCHRAMM, Der König von Frankreich. Das Wesen der Monarchie vom 9. bis zum 16. Jahrhundert. Ein Kapitel aus der Geschichte des abendländischen Staates, 1–2, Darmstadt ²1960.

Aloys SCHULTE, Pavia und Regensburg. Raumgeschichtliche Studie, in: Historisches Jahrbuch 52 (1932), S. 465–476.

Uwe SCHULTZ (Hg.), Die Hauptstädte der Deutschen. Von der Kaiserpfalz in Aachen zum Regierungssitz Berlin, München 1993.

Knut SCHULZ, »Denn sie lieben die Freiheit so sehr ...« Kommunale Aufstände und Entstehung des europäischen Bürgertums im Hochmittelalter, Darmstadt ²1995.

Le scuole degli ordini mendicanti (secoli XIII–XIV), 11–14 ottobre 1976, Todi 1978 (Convegni del Centro di studi sulla spiritualità medievale, 17).

W. B. SEDGWICK, Notes and Emendations on Faral's Les Arts Poétiques du XIIᵉ et du XIIIᵉ Siècle, in: Speculum 2 (1927), S. 331–343.

La Seine et Paris. Textes réunis par Arnaud ALEXANDRE et Stéphanie BOURA, Paris 2000 (Paris et son Patrimoine).

Josef SEMMLER, Die Residenzen der Fürsten und Prälaten im mittelalterlichen Paris (12.–14. Jahrhundert), in: Mélanges offerts à René Crozet à l'occasion de son soixante-dixième anniversaire, sous la direction de Pierre GALLAIS et Yves-Jean RIOU, II, Poitiers 1966, S. 1217–1236.

Walter SENNER, Gli studia generalia nell'Ordine dei Predicatori nel Duecento, in: Archivum Franciscanum Historicum 98 (2005), S. 151–175.

Arié SERPER, L'administration royale de Paris au temps de Louis IX, in: Francia 7 (1979), S. 123–139.

Gérard SIVÉRY, Philippe Auguste, Paris 1993.

Société des historiens médiévistes de l'Enseignement supérieur public, Les villes capitales au Moyen Âge. XXXVIᵉ Congrès de la SHMES (Istanbul, 1ᵉʳ–6 juin 2005), Paris 2006 (Histoire ancienne et médiévale, 67).

Andreas SOHN, Acqua alta a Parigi. Percezioni e reazioni durante il Medioevo, in: Michael MATHEUS/Gabriella PICCINNI/Giuliano PINTO/Gian Maria VARANINI (Hg.), Le calamità ambientali nel tardo Medioevo europeo: realtà, percezioni, reazioni. Atti del XII convegno del Centro di Studi sulla civiltà del tardo Medioevo, S. Miniato, 31 maggio–2 giugno 2008, Firenze 2010 (Centro di Studi sulla civiltà del tardo Medioevo San Miniato, Collana di Studi e Ricerche, 12), S. 277–296.

Andreas SOHN, La Commission du Vieux Paris de son origine à l'aube du XXIᵉ siècle. Recherche en histoire urbaine et préservation du patrimoine dans la capitale, in: Mélanges d'histoire de Paris à la mémoire de Michel Fleury, Paris 2004, S. 211–240.

Andreas SOHN, Michel Fleury (1923–2002) – ein Leben für Paris, in: Francia 30/1 (2003), S. 237–246.

Andreas SOHN, Frankreich, das Papsttum und die römische Kurie: zur Bilanz der Forschung und zu neuen Herausforderungen für die Geschichtswissenschaft, in: Michael MATHEUS (Hg.), Friedensnobelpreis und Grundlagenforschung. Ludwig Quidde und die Erschließung der kurialen Registerüberlieferung, Rom, 13.–16. Oktober 2008, Tübingen (Bibliothek des Deutschen Historischen Instituts in Rom) (im Druck).

Andreas SOHN, Grundzüge der mittelalterlichen Gedenkkultur in Europa. Mit Anmerkungen zur Memoria von Päpsten, Kardinälen, Bischöfen, Äbten und geistlichen Gemeinschaften, in: Gerhard AMMERER/Ingonda HANNESSCHLÄGER/Jan Paul NIEDERKORN/Wolfgang WÜST (Hg.), Höfe und Residenzen geistlicher Fürsten. Strukturen, Regionen und Salzburgs Beispiel in Mittelalter und Neuzeit. Ergebnisse der internationalen und interdisziplinären Tagung in der Salzburger Residenz, 19.–22. Februar 2009, Ostfildern 2010 (Residenzenforschung, 24), S. 39–55.

Andreas SOHN, Mehr als 2.000 Jahre Pariser Stadtgeschichte. Anmerkungen zur Geschichtsschreibung über die französische Hauptstadt vom 16. bis zum 20. Jahrhundert, in: Francia 28/1 (2001), S. 213–236.

Andreas SOHN, Vom Kanonikerstift zum Kloster und Klosterverband. Saint-Martin-des-Champs in Paris, in: Hagen KELLER/Franz NEISKE (Hg.), Vom Kloster zum Klosterverband. Das Werkzeug der Schriftlichkeit. Akten des Internationalen Kolloquiums des Projekts L 2 im SFB 231 (22.–23. Februar 1996), München 1997 (Münstersche Mittelalter-Schriften, 74), S. 206–238.

Andreas SOHN, Die Kapetinger und das Pariser Priorat Saint-Martin-des-Champs im 11. und 12. Jahrhundert. Mit Ausblicken auf die Beziehungen zwischen dem Konvent und den englischen Königen, in: Francia 25/1 (1998), S. 77–121.

Andreas SOHN, Jean Lebeuf (1687–1760) und Paris. Zu Person und historiographischem Œuvre, in: Helmut BRÄUER/Gerhard JARITZ/Käthe SONNLEITNER (Hg.), Viatori per urbes castraque. Festschrift für Herwig Ebner zum 75. Geburtstag, Graz 2003 (Schriftenreihe des Instituts für Geschichte [der Karl-Franzens-Universität Graz], 14), S. 625–643.

Andreas SOHN (Hg.), Memoria: Kultur – Stadt – Museum / Mémoire: Culture – Ville – Musée, Bochum 2006 (Herausforderungen. Historisch-politische Analysen, 18).

Andreas SOHN, Paris capitale: quand, comment, pourquoi?, in: Werner PARAVICINI/Bertrand SCHNERB (Hg.), Paris, capitale des ducs de Bourgogne, Ostfildern 2007 (Beihefte der Francia, 64), S. 9–35.

Andreas SOHN, Paris als Festung. König, Hof, Topographie und Urbanismus in der französischen Hauptstadt des hohen Mittelalters, in: Werner PARAVICINI/Jörg WETTLAUFER (Hg.), Der Hof und die Stadt. Konfrontation, Koexistenz und Integration in Spätmittelalter und Früher Neuzeit. 9. Symposium der Residenzen-Kommission der Akademie der Wissenschaften zu Göttingen veranstaltet in Zusammenarbeit mit der Historischen Kommission für Sachsen-Anhalt, dem Institut für Geschichte der Martin-Luther-Universität Halle-Wittenberg und dem Deutschen Historischen Institut Paris, Halle an der Saale, 25.–28. September 2004, Ostfildern 2006 (Residenzenforschung, 20), S. 371–385.

Andreas SOHN, Residenzentwicklung und Hauptstadtbildung im hochmittelalterlichen Frankreich. Zur Genese von Paris als Metropole, in: Michael JANSEN/Bernd ROECK (Hg.), Entstehung und Entwicklung von Metropolen. 4. Symposium der Interdisziplinären Arbeitsgruppe Stadtkulturforschung I. A. S., Bonn, 20.–23. Juni 1996, Aachen 2002 (Veröffentlichungen der Interdisziplinären Arbeitsgruppe Stadtkulturforschung I. A. S., 4), S. 47–56.

Andreas SOHN, Stadtgeschichtsforschung und Denkmalspflege in der französischen Capitale. Zum 100jährigen Bestehen der Commission du Vieux Paris, in: Francia 27/1 (2000), S. 163–189.

Andreas SOHN, Stadtmauern als Normen urbanen Wachstums. Das Beispiel Paris, vornehmlich im Mittelalter, in: Andreas Otto WEBER (Hg.), Städtische Normen – genormte Städte. Zur Planung und Regelhaftigkeit urbanen Lebens und regionaler Entwicklung zwischen Mittelalter und Neuzeit. 43. Arbeitstagung in Rothenburg o. d. T., 12.–14. November 2004, Ostfildern 2009 (Stadt in der Geschichte. Veröffentlichungen des Südwestdeutschen Arbeitskreises für Stadtgeschichtsforschung, 34), S. 33–57.

Andreas SOHN, Studium und Universität im Zeichen der Armut? Zu den Franziskanern in der europäischen Bildungsgeschichte, in: Heinz-Dieter HEIMANN/Angelica HILSEBEIN/Bernd SCHMIES/Christoph STIEGEMANN (Hg.), Gelobte Armut. Armutskonzepte der franziskanischen Ordensfamilie vom Mittelalter bis in die Gegenwart, Paderborn 2012, S. 155–182.

Andreas SOHN, Süddeutsche im mittelalterlichen Paris. Eine historische Spurensuche, in: Wolfgang WÜST/Georg KREUZER/David PETRY (Hg.), Grenzüberschreitungen. Die Außenbeziehungen Schwabens in Mittelalter und Neuzeit, Augsburg 2008 (Zeitschrift des Historischen Vereins für Schwaben, 100), S. 285–304.

Andreas SOHN, Urban IV. (1261–1264): »ein politischer Papst« des Mittelalters?, in: Historisches Jahrbuch 131 (2012) (im Druck).

Andreas SOHN (Hg.), Wege der Erinnerung im und an das Mittelalter. Festschrift für Joachim Wollasch zum 80. Geburtstag, Bochum 2011 (Aufbrüche. Interkulturelle Perspektiven auf Geschichte, Politik und Religion, 3).

Andreas SOHN, »Wissen dieser Welt«: Die Franziskaner als Träger und Mittler von Bildung und Kultur, Wissenschaft und Religion, in: Christoph STIEGEMANN/Bernd SCHMIES/Heinz-Dieter HEIMANN (Hg.), Franziskus – Licht aus Assisi. Katalog zur Ausstellung im Erzbischöflichen Diözesanmuseum und im Franziskanerkloster Paderborn, München 2011, S. 100–107.

Andreas SOHN/Jacques VERGER (Hg.), Die regulierten Kollegien im Europa des Mittelalters und der Renaissance / Les collèges réguliers en Europe au Moyen Âge et à la Renaissance, Bochum 2012 (Aufbrüche. Interkulturelle Perspektiven auf Geschichte, Politik und Religion, 4) (Drucklegung in Vorbereitung).

Andreas SOHN/Jacques VERGER (Hg.), Die universitären Kollegien im Europa des Mittelalters und der Renaissance / Les collèges universitaires en Europe au Moyen Âge et à la Renaissance, Bochum 2011 (Aufbrüche. Interkulturelle Perspektiven auf Geschichte, Politik und Religion, 2).

Andreas SOHN/Hermann WEBER (Hg.), Hauptstädte und Global Cities an der Schwelle zum 21. Jahrhundert, Bochum 2000 (Herausforderungen. Historisch-politische Analysen, 9).

La Sorbonne au service des humanités. 750 ans de création et de transmission du savoir (1257–2007), sous la direction de Jean-Robert PITTE, Paris 2007.

Rolf SPRANDEL, Die wirtschaftlichen Beziehungen zwischen Paris und dem deutschen Sprachraum im Mittelalter, in: Vierteljahresschrift für Sozial- und Wirtschaftsgeschichte 49 (1962), S. 289–319.

Ulrich STEVENS, Burgkapellen. Andacht, Repräsentation und Wehrhaftigkeit im Mittelalter, Darmstadt 2003.

Suger en question. Regards croisés sur Saint-Denis. Études réunies par Rolf GROSSE, München 2004 (Pariser Historische Studien, 68).

Les tendances actuelles de l'histoire du Moyen Âge en France et en Allemagne. Actes des colloques de Sèvres (1997) et Göttingen (1998) organisés par le Centre National de la Recherche Scientifique et le Max-Planck-Institut für Geschichte, sous la direction de Jean-Claude SCHMITT et Otto Gerhard OEXLE, Paris 2002 (Histoire ancienne et médiévale, 66).

Gunnar TESKE, Die Briefsammlungen des 12. Jahrhunderts in St. Viktor/Paris. Entstehung, Überlieferung und Bedeutung für die Geschichte der Abtei, Bonn 1993 (Studien und Dokumente zur Gallia Pontificia, 2).

Jacques THIRION, Le Portail Sainte-Anne à Notre-Dame de Paris, in: Cahiers de la Rotonde 22 (2000), S. 6–43.

Heinz THOMAS, Die Champagnemessen, in: Hans POHL (Hg.), Frankfurt im Messenetz Europas – Erträge der Forschung, Frankfurt 1991 (Brücke zwischen den Völkern. Zur Geschichte der Frankfurter Messe, 1), S. 13–36.

Lazare Maurice TISSERAND, Les îles du fief de Saint-Germain-des-Prés et la question des cimetières au XVIᵉ siècle, in: Bulletin de la Société de l'histoire de Paris et de l'Île-de-France 4 (1877), S. 114–131.

Universitas scolarium. Mélanges offerts à Jacques Verger par ses anciens étudiants. Réunis par Cédric GIRAUD et Martin MORARD, Genève 2011 (Hautes Études médiévales et modernes, 102).

Jacques VERGER, Charlemagne fondateur de l'université de Paris. Les ultimes avatars du mythe de la translatio studii dans l'Historia Universitatis Parisiensis de C.-É. Du Boulay, in: Famille, violence et christianisation au Moyen Âge. Mélanges offerts à Michel Rouche. Études réunies par Martin AURELL et Thomas DESWARTE, Paris 2005 (Cultures et civilisations médiévales, 31), S. 493–504.

Jacques VERGER, Culture, enseignement et société en Occident aux XIIᵉ et XIIIᵉ siècles, Rennes 1999.

Jacques VERGER, L'essor des universités au XIIIᵉ siècle, Paris 1998.

A. VERNET, L'inondation de 1296–1297 à Paris, in: Mémoires de la Fédération des Sociétés historiques et archéologiques de Paris et de l'Île-de-France 1 (1949), S. 45–53.

La ville des sciences sociales, sous la direction de Bernard LEPETIT et Christian TOPALOV, Paris 2001 (Histoire et société).

Inès VILLELA-PETIT, Le gothique international. L'art en France au temps de Charles VI, Paris 2004.

Vincennes aux origines de l'État moderne. Actes du colloque scientifique sur Les Capétiens et Vincennes au Moyen Age organisé par Jean CHAPELOT et Elisabeth LALOU à Vincennes les 8, 9 et 10 juin 1994, Paris 1996.

Max WEBER, La ville. Traduit de l'allemand par Philippe Fritsch. Préface de Julien Freund, Paris 1982.

Max WEBER, Wirtschaft und Gesellschaft. Die Wirtschaft und die gesellschaftlichen Ordnungen und Mächte. Nachlaß, 5: Die Stadt, hg. von Wilfried NIPPEL, Tübingen 1999 (Max Weber, Gesamtausgabe, Abteilung I: Schriften und Reden, 22,5).

Alfred WENDEHORST/Jürgen SCHNEIDER (Hg.), Hauptstädte. Entstehung, Struktur und Funktion, Neustadt an der Aisch 1979 (Schriften des Zentralinstituts für fränkische Landeskunde und allgemeine Regionalforschung an der Universität Erlangen-Nürnberg, 18).

Udo WENGST (Hg.), Historiker betrachten Deutschland. Beiträge zum Vereinigungsprozeß und zur Hauptstadtdiskussion (Februar 1990–Juni 1991), Bonn–Berlin 1992.

Karl Ferdinand WERNER, Die Ursprünge Frankreichs bis zum Jahr 1000, München 1995 (deutschsprachige Ersterscheinung 1989).

Ulrich WICKERT, Alles über Paris, München ²2006.

Alfried WIECZOREK/Bernd SCHNEIDMÜLLER/Stefan WEINFURTER (Hg.), Die Staufer und Italien. Drei Innovationsregionen im mittelalterlichen Europa, 1–2, Mannheim–Darmstadt 2010.

Jean-Pierre WILLESME, Les Jacobins de la rue Saint-Jacques. Étude topographique (XIIIᵉ–XVIIᵉ siècle), in: Mémoire dominicaine 8 (1996), S. 145–162.

Richard und Clara WINSTON, Notre-Dame, Wiesbaden 1976.

Joachim WOLLASCH, Cluny – »Licht der Welt«. Aufstieg und Niedergang der klösterlichen Gemeinschaft, Zürich 1996.

BILDNACHWEIS

1 Vincent Tournaire
2 Fotolia/JONATHAN
3 akg-images/Hervé Champollion
4 Vincent Tournaire
5 Fotolia/Yuriy Davats
6 Michaela Sohn-Kronthaler
7 Mémoires de la Fédération des Sociétés historiques et archéologiques de Paris et de l'Île-de-France, Bd. 1, 1949
8 akg-images/Erich Lessing
9 Entwurf: Andreas Sohn; Ausführung: Ursula Hugot
10 Andreas Sohn
11 Andreas Sohn
12 Andreas Sohn
13 Michaela Sohn-Kronthaler
14 Michaela Sohn-Kronthaler
15 akg-images
16 Michaela Sohn-Kronthaler
17 Hervé Champollion/akg-images
18 akg-images/Bildarchiv Monheim
19 akg-images
20 mauritius images/imagebroker/Egon Bömsch
21 akg-images/British Library
22 Universitätsbibliothek Basel
23 Fotolia/mirubi
24 bpk/The Metropolitan Museum of Art
25 Franziskanerkloster Bozen, Foto: Josef Pernter
26 Andreas Sohn